V&R Academic

Cadrage
Beiträge zur Film- und Fernsehwissenschaft

Band 3

Herausgegeben von
Ursula von Keitz

Susanne Haake

Die Narratologie des Kinobesuchs der 1930er bis 1950er Jahre

Formen des Erinnerns eines saarländischen
Publikums

Mit 25 Abbildungen

V&R unipress

Bibliografische Information der Deutschen Nationalbibliothek

Die Deutsche Nationalbibliothek verzeichnet diese Publikation in der Deutschen Nationalbibliografie; detaillierte bibliografische Daten sind im Internet über http://dnb.d-nb.de abrufbar.

ISSN 2198-5294
ISBN 978-3-8471-0565-7

Weitere Ausgaben und Online-Angebote sind erhältlich unter: www.v-r.de

Zgl. Dissertation, Fachbereich II der Universität Trier, 2014

Mein Dank gilt
meinen InterviewpartnerInnen
für die wundervollen Kinoerinnerungen,

meinen beiden Betreuern
Prof. Dr. Martin Loiperdinger (Medienwissenschaft, Universität Trier),
und Prof. Dr. Georg Guntermann (Germanistik, Universität Trier),

dem Land Rheinland-Pfalz für das Wiedereinstiegsstipendium,
dem Frauenbüro und Mentoring-Programm der Universität Trier,
dem Adolf-Bender-Zentrum St. Wendel,
dem Stadtarchiv St. Wendel

und meiner Familie.

Inhalt

0. Einführung

»An den Film kann ich mich gut / an diese Szene (!), immer wenn die gerufen haben ›Fährmann, hol' über!‹/ (...) Da kam der Tod drin vor. Da hat / Ja. An die Geschichte kann ich mich nicht mehr so arg /, aber diese Bilder! Die haben sich festgebrannt.«[1]

In der retrospektiven Betrachtung verbleiben am Ende die Kinoerinnerungen in den Köpfen der damaligen Zuschauer, wie sich an dem oben angeführten Zitat zum Film FÄHRMANN MARIA anschaulich zeigt. Die Eindrücke haben sich im Gedächtnis »festgebrannt«, um in dem Bild der Erzählerin zu bleiben, doch diese vielfältigen Facetten der kinematografischen Memoria drohen für die Forschung verloren zu gehen.

Die vorliegende Forschungsarbeit wirft einen neuen, vielschichtigen und kontextualisierenden Blick auf die Geschichte des Kinos im Nationalsozialismus und der frühen Bundesrepublik im Saarland, wobei die Erinnerungsarbeit lokaler Zeitzeugen[2] im Fokus steht. Das Ins-Kino-Gehen nimmt einen wichtigen Platz im kollektiven Gedächtnis der untersuchten Generation ein. Das ländliche Publikum stand bislang jedoch wenig im Fokus der Forschung, denn es überwogen zumeist rein faktografische und chronologische Darstellungen. Dieses Forschungsvorhaben beabsichtigt dies zu ändern und lokale Kinogeschichte unter besonderer Berücksichtigung des Publikums und dessen Filmerleben zu untersuchen, um einen Beitrag dazu zu leisten, die bestehende Lücke in der Filmgeschichtsschreibung zu schließen. Das Ziel der Forschungsarbeit besteht darin, Formen des Erinnerns lokaler Zeitzeugen an das Kino im Saarland der 1930er bis 1950er Jahre herauszuarbeiten und zu kategorisieren. Welche Kinoerinnerungen der Jugendzeit werden aus heutiger Sicht vergegenwärtigt, und in

---

1 Interviewausschnitt Elfriede Haßtenteufel (geb. 1927), aus Oberlinxweiler. Alle hier zitierten Interviewtranskriptionen beruhen auf Videoaufzeichnungen der Verfasserin. Vgl. ebenso: Anhang 1: Hinweise zur Transkription, S. 171.

2 Im Folgenden werden der Lesbarkeit wegen in allgemeinen Zusammenhängen die männliche Form angegeben, jedoch mit dem Hinweis, dass damit auch die weibliche Form mit gemeint ist.

welcher Art und Weise geschieht die narratologische Vermittlung dieser Erinnerung? Die Arbeit zeichnet Rezeptionsformen und -präferenzen in der ländlichen Region um St. Wendel im Saarland nach und dokumentiert deren Medienhandeln im Kontext der Lebenswelt und der historischen Ereignisse.

Erinnerung und Gedächtnis erfahren derzeit eine Konjunktur in der geisteswissenschaftlichen Forschung, zunehmend mit stärkerem medialen Einfluss.
Kapitel 1 »Kino und Erinnerung im Fokus der interdisziplinären Forschung«
zeigt das wissenschaftliche Interesse am Untersuchungsgegenstand auf. Sowohl
private Erinnerungen als auch öffentliche Erinnerungskultur in Politik und
Gesellschaft werden untersucht. Das erste Kapitel gibt einen Einblick in den
Forschungszusammenhang »Kino und Erinnerung« aus interdisziplinärer Sicht,
insbesondere aus der Sicht der Germanistik, Medienwissenschaft und Kulturwissenschaft. Aufgrund ihrer Lage und Geschichte wurde die Region um St.
Wendel, eine Kreisstadt im heutigen Nordsaarland an der Grenze zu Rheinland
Pfalz, für die Analyse ausgewählt. Die St. Wendeler Kinos im Spiegel der Zeitgeschichte stehen im Mittelpunkt von Kapitel 2 »Festlegung des Untersuchungsrahmens«, wobei der Zeitraum zum Ende der Mandatszeit 1935 ansetzt
und in der Nachkriegszeit endet. Das Ergebnis der Saarabstimmung mit dem
resultierenden Anschluss an das Dritte Reich hatte weitreichende Auswirkungen
auf die saarländische Filmindustrie. Die Veränderungen in der Kinolandschaft
St. Wendels werden deshalb entlang der archivalischen Quellen rekonstruiert.
Das Erheben von individuellen Kinoerinnerungen aus der Retrospektive heraus
stellt einen besonderen Anspruch an das Erhebungsinstrument, da es einen
komplexen Erinnerungsprozess abbilden muss. Kapitel 3 »Das narrative Interview als Erhebungsinstrument von Kinoerinnerung« stellt die Methode zur
Generierung von Kinoerinnerungen unter besonderer Berücksichtigung ihrer
Möglichkeiten und Grenzen vor. Einen wichtigen Aspekt bildet dabei das Generieren von Stegreiferzählungen. Um diese Erzählungen analysieren zu können, wird eine geeignete Analysemethode zur Erforschung der Kinoerinnerung
entwickelt, indem Ansätze der Cinema-Going-Forschung mit Methoden der
Germanistik und Kulturwissenschaft verknüpft werden. Kapitel 4 »Das interdisziplinäre Analyseinstrumentarium zur Untersuchung der Kinoerinnerung«
zeichnet die Durchführung der neu generierten Untersuchungsmethode
schrittweise nach.

Mit Kapitel 5 »Die narratologische Untersuchung der Kinogeschichten« beginnt die Analyse auf der Mikroebene, indem in sich abgeschlossene individuelle
Kinogeschichten auf erzähltechnische und stilistische Merkmale untersucht
werden. Zudem erfahren die Erzählungen eine erste thematische Einordnung:
5.1 »Filmisch-biografische Narrative«, 5.2 »Geschichten, die im Kino spielen«,
5.3 »Geschichten auf dem Weg ins Kino« und 5.4 »Filmische Adaptionen in der
Alltagswelt«. Gemäß der Forschungsintention werden darüber hinaus Prozesse

und Erinnerungsmodi während des Kommunizierens ermittelt. Erzählte Erinnerungsrelikte visueller Erfahrungen gilt es deshalb in ihrem Grad der Fiktionalisierung und Art der Darstellung aus der Retrospektive heraus in all ihren Abstufungen und Dimensionen aufzuzeigen. Kapitel 6 »Formen der narrativen Annäherung an die Kinoerinnerung« vereint ein neues Kategoriensystem, indem insbesondere auf die Bauform der Kinoerinnerung, auf Visualisierungsstrategien und den Umgang mit dem Raum-Zeit-Kontinuum im Erzählvorgang eingegangen wird.

In Form einer Erschließung und Kontextualisierung werden anschließend Spuren kollektiver Erinnerungen an das Kino einer Generation gesichert und damit wird ein wichtiger Aspekt der Alltagsgeschichte dieser Zeit erfahrbar gemacht sowie für weitere Forschungen im Sinne der Nachhaltigkeit aufbereitet. Kapitel 7 »Kinowelten und ihre Rahmenbedingungen« dokumentiert Funktionsräume der Kinoerinnerung, die mithilfe der Rahmen NS-Propaganda und Zweiter Weltkrieg kontextualisiert werden. Der veränderbare Rahmen zum Kinobesuch im Lebenslauf komplettiert dieses Kapitel zur Untersuchung übergeordneter Sinnzusammenhänge, um abschließend in Kapitel 8 »Zur Narration des Kinobesuchs der 1930er bis 1950er Jahre« wesentliche Erkenntnisse über das Erzählen über Kinoerinnerung zu bündeln.

Im Folgenden wird der Forschungsstand zum Thema »Kino und Erinnerung« dargelegt.

1. Kino und Erinnerung im Fokus der interdisziplinären Forschung

Erinnerung und Gedächtnis bilden aktuell ein stark anschwellendes Untersuchungsfeld in der geisteswissenschaftlichen Forschung. Dabei sind sowohl private Erinnerungen als auch öffentliche Erinnerungskultur in Politik, Geschichtsschreibung, Kunst und Kultur Gegenstand der Untersuchung. Dieses Kapitel gibt einen Überblick über den Forschungszusammenhang »Kino und Erinnerung« aus interdisziplinärer Sicht, insbesondere aus der Sicht der Germanistik, Medienwissenschaft und Kulturwissenschaft und von deren gegenseitiger Beeinflussung. Ausgehend von Halbwachs' Theorien werden zunächst relevante Theorien zur Erinnerungsforschung aus der Kulturwissenschaft dargestellt. Daran anschließend werden verschiedene Ansätze zur Rolle der Erzählung im Forschungszusammenhang vorgestellt. Hierzu zählen die Biografieforschung der Oral History, doch auch die germanistische Erzählforschung. Abschließend stehen medienwissenschaftliche Untersuchungsfelder im Vordergrund. Dargestellt werden mediale Untersuchungen zur Holocaust-Erinnerung, Cinema-Going-Forschung und zur lokalen Kinogeschichte.

> »Alles spricht dafür, daß sich um den Begriff der Erinnerung ein neues Paradigma der Kulturwissenschaften aufbaut, das die verschiedenen kulturellen Phänomene und Felder – Kunst und Literatur, Politik und Gesellschaft, Religion und Recht – in neuen Zusammenhängen sehen läßt.«[3]

Die Begriffe »Gedächtnis« und »Erinnerung« haben die Kulturwissenschaft der letzten Jahrzehnte stark geprägt. Seit Ende des 20. Jahrhunderts ist ein Aufschwung der Retrospektive zu verzeichnen, die sich in den unterschiedlichsten Erinnerungsformen und Disziplinen ausdrückt. Dabei sind Erinnerungstheorien kein neuer Ansatz. Die kollektivierten Erinnerungen führten bereits in den 1920er Jahren zu Gedächtnistheorien, die seither ganze Generationen von Kulturwissenschaftlern inspiriert haben. Als »Vater« der Gedächtnisforschung gilt der französische Soziologe und Philosoph Maurice Halbwachs.

---

3 Assmann, Jan: Das kulturelle Gedächtnis. München 2013, S. 11.

1.1   Maurice Halbwachs und das kollektive Gedächtnis

In seinen Werken »Les cadres sociaux de la mémoire« (1925)[4] und »La mémoire collective« (1939, 1950)[5] geht der französische Soziologe Maurice Halbwachs konstruktivistisch vor. Im Gegensatz zu späteren metaphorischen Ansätzen ist es für ihn in seinen frühen Werken das Individuum, das sich erinnert. Der Mensch könne sich jedoch nur erinnern, wenn es einen sozialen Bezugsrahmen gebe.[6] Auch wenn sein Werk zum kollektiven Gedächtnis ein Fragment geblieben ist, beeinflusste Halbwachs Generationen von Erinnerungsforschern unterschiedlicher Disziplinen, wie aus folgender Abbildung 1 zu entnehmen ist:

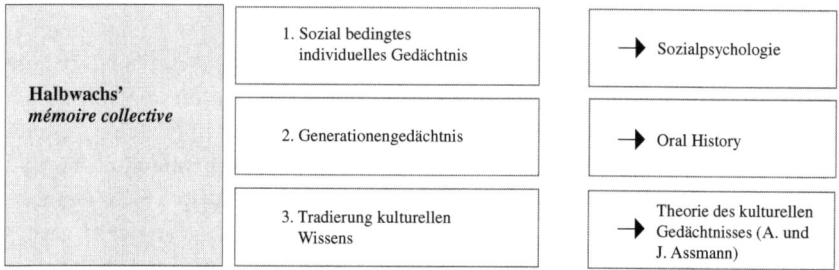

Abb. 1: Halbwachs' Konzept der mémoire collective und Zweige wissenschaftlicher Weiterführung.[7]

1.2   Formen kollektiver Gedächtnisse

Aufbauend auf Halbwachs' Theorien haben Aleida und Jan Assmann in den 1990er Jahren, gerade im Hinblick auf die Kategorisierung und Definition des Gedächtnisses, essentielle Grundlagen für die Forschung geschaffen. 1997 erschien Jan Assmanns Buch »Das kulturelle Gedächtnis. Schrift, Erinnerung und politische Identität in frühen Hochkulturen«.[8] Im ersten Teil seiner theoretischen Grundlagen geht der deutsche Archäologe, Religions- und Kulturwissenschafter auf Formen kollektiver Erinnerungen ein. Er unterteilt das kollektive Gedächtnis in das kommunikative und das kulturelle Gedächtnis.

---

4 Halbwachs, Maurice: Das Gedächtnis und seine sozialen Bedingungen. Frankfurt 1985. (französisches Original: Les cadres sociaux de la mémoire. Paris 1925)
5 Halbwachs, Maurice: Das kollektive Gedächtnis. Frankfurt 1985. (französisches Original: La mémoire collective. Paris 1925)
6 Halbwachs (1985), S. 121.
7 Erll, Astrid: Kollektives Gedächtnis und Erinnerungskulturen. Stuttgart 2011, S. 20.
8 J. Assmann (2013).

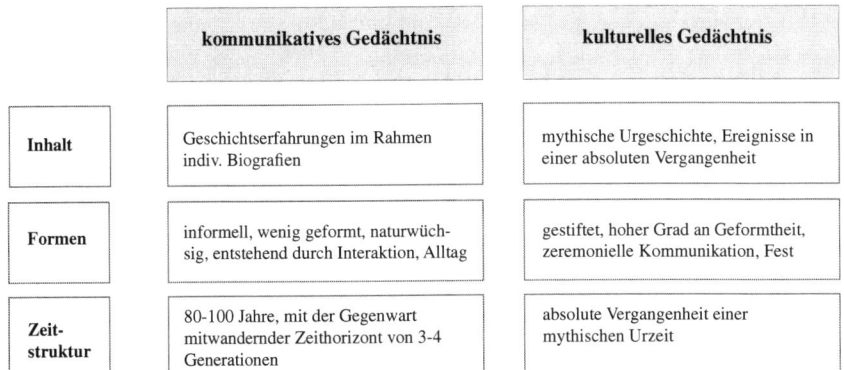

	kommunikatives Gedächtnis	kulturelles Gedächtnis
Inhalt	Geschichtserfahrungen im Rahmen indiv. Biografien	mythische Urgeschichte, Ereignisse in einer absoluten Vergangenheit
Formen	informell, wenig geformt, naturwüchsig, entstehend durch Interaktion, Alltag	gestiftet, hoher Grad an Geformtheit, zeremonielle Kommunikation, Fest
Zeit-struktur	80-100 Jahre, mit der Gegenwart mitwandernder Zeithorizont von 3-4 Generationen	absolute Vergangenheit einer mythischen Urzeit

Abb. 2: Kommunikatives und kulturelles Gedächtnis in Anlehnung an Jan Assmann.[9]

Der Hauptunterschied der Gedächtnisrahmen liegt für ihn in der mehr oder weniger starken Geformtheit der Erinnerungen und er macht dies an der Unterscheidung zwischen Alltag und Festlichkeiten fest. Das zweite Unterscheidungskriterium ist die Zeit. Das kommunikative Gedächtnis bildet einen kürzeren und individuelleren Rahmen als das kulturelle Gedächtnis. Jan und Aleida Assmann publizierten eine ganze Reihe an Werken zu diesem Thema, wobei sie ihre Gedächtnistheorien erweiterten. Aktuelles Buch in diesem kulturwissenschaftlichen Zusammenhang bildet Aleida Assmanns »Das neue Unbehagen an der Erinnerungskultur«, worin sie die neuesten Diskurse einordnet und die Gedächtnisforschung in einen internationalen Vergleich stellt.[10]

Während Jan Assmann das kulturelle Gedächtnis näher untersucht, legt Harald Welzer in Anlehnung an Halbwachs sein Hauptaugenmerk auf das kommunikative Gedächtnis, ohne dieses jedoch wie Assmann strikt vom kulturellen Gedächtnis zu trennen.[11]

> »›Kulturelles‹ und ›kommunikatives‹ Gedächtnis sind also nur analytisch zu trennen; in der Erinnerungspraxis der Individuen und sozialen Gruppen hängen ihre Formen und Praktiken miteinander zusammen, weshalb sich die Gestalt des ›kulturellen Gedächtnisses‹ auch – zumindest über längere Zeitabschnitte hinweg – wandelt, indem bestimmte Aspekte ab- und andere aufgewertet und wieder andere hinzugefügt werden.«[12]

In seinem Buch zum kommunikativen Gedächtnis verbindet Welzer Befunde der neurowissenschaftlichen Hirnforschung mit Theorien der Psychologie und

---

9 J. Assmann (2013), S. 56.
10 Assmann, Aleida: Das neue Unbehagen an der Erinnerungskultur. Eine Intervention. München 2013.
11 Welzer, Harald: Das kommunikative Gedächtnis. Eine Theorie der Erinnerung. München 2008, S. 13 ff.
12 Welzer (2008), S. 15 ff.

Kulturwissenschaft. Seine Ergebnisse unterstreichen die Prozesshaftigkeit des Erinnerns, die alles andere als eine faktengetreue Reproduktion vergangener Ereignisse darstellt. Im Gegenteil: Eigene Erinnerungen werden durch Gesehenes und Gelesenes ergänzt, so Welzer. Er nennt diese biografischen Verschmelzungen mit der Welt der Filme und Bücher »Stoffe, aus dem die Lebensgeschichten sind«.[13]

Welzer interessiert vor allem, wie sich das Gedächtnis innerhalb von Familien im Laufe der Zeit verändert.[14] Da Alltagsgeschichten durch den Filter des Erinnerungsprozesses erzählt würden, spielen Reflexions- und Verarbeitungsmechanismen eine wichtige Rolle, so wie es das Autorenteam um Harald Welzer in der Publikation »Opa war kein Nazi« für die Zeit des Nationalsozialismus betont.[15] In der Weitergabe der NS-Geschichten von Großeltern an ihre Kinder und Enkel geschehe ein Umdeutungsprozess. Die Autoren sprechen von einer »kumulativen Heroisierung«.[16] Ein Großteil der NS-Geschichten handele von Leidens- und Heldengeschichten, wobei der Holocaust keine Rolle spiele. Insbesondere durch die Generation der Enkel sei ein Umschreiben der eigenen Familiengeschichte zur Heldengeschichte zu verzeichnen und eine kritische Reflexion über das Verhalten der Großeltern geschehe dabei selten. Somit verhält sich nach Ansicht des Autorenteams das Familiengedächtnis stark kontrastiv zum vermittelten Geschichtsbild, beispielsweise in der Schule. Welzers Untersuchungen des kommunikativen Familiengedächtnisses sind in die Forschung der Oral History einzuordnen, deren Ursprünge im Folgenden näher dargestellt werden.

1.3 Oral History – Lebenserfahrung und kollektives Gedächtnis

Seit den 1980er Jahren werden in der Geschichtswissenschaft verstärkt mündliche Quellen ausgewertet, die mithilfe von Interviews erhoben wurden. Es geht den Forschern insbesondere darum, Geschichten des täglichen Lebens zu eruieren, die nicht in den Geschichtsbüchern oder Archiven festgehalten wurden. Die Methode der Oral History wurde in Deutschland besonders durch den Historiker Lutz Niethammer und seine Publikation »Lebenserfahrung und kollektives Gedächtnis« bekannt. Niethammer legte in seinem groß angelegten

---

13 Welzer (2008), S. 185.
14 Welzer (2008), S. 152 ff.
15 Welzer/ Moller/ Tschunggnall: »Opa war kein Nazi«. Nationalsozialismus und Holocaust im Familiengedächtnis. München 2010.
16 Welzer/ Moller/ Tschunggnall (2010), S. 205.

Oral-History-Projekt im Ruhrgebiet den Grundstein für diese Befragungsmethode im deutschsprachigen Raum.[17]

In diesen Forschungszusammenhang ist Herwart Vorländer einzuordnen, der 1990 ein Standardwerk zur Oral History veröffentlichte. Laut Vorländer soll es nicht mehr darum gehen, »hinter dem Rücken und über die Köpfe der Subjekte hinweg zu erforschen, sondern deren Perspektive in diese Forschung mit hineinzuholen«.[18] Die Oral History biete die Möglichkeit, denjenigen eine Stimme zu geben, die bislang wenig gehört wurden. So findet sich in Vorländers Sammelband beispielsweise der genderspezifische Beitrag »Ich glaub' nicht, daß ich Wichtiges zu erzählen hab' …« zur Oral History in der historischen Frauenforschung.

Die Methode der Oral History ist in der Geschichtswissenschaft nicht unumstritten. Kritiker warnen vor einer unreflektierten Übernahme des Erzählten als historische Wahrheit und fordern eine verstärkte Kontextualisierung durch zusätzliche Quellen. Doch um die bloße Rekonstruktion von Geschichte geht es der Oral History nicht, sondern es wird untersucht, wie Erfahrungen von Zeitzeugen verarbeitet und gesellschaftlich verankert wurden.[19] Die Untersuchung biografischer Erinnerung in Form von Erzählungen ist auch in der Germanistik kein neuer Forschungsgegenstand.

1.4 Narratologische Ansätze zwischen den Disziplinen

»Narratologie versteht sich nicht als eigenständige Disziplin, sie ist also nicht als ›die Wissenschaft von den Erzählungen‹ anzusehen. Sie lässt sich gegenüber anderen Disziplinen nicht systematisch abgrenzen; sie ist eher ein Wissenssystem, das unter schiedliche Disziplinen durchquert, eine ›Querschnitt-Disziplin‹. So hat sie auch keinen institutionalisierten Ort in den Wissenschaften (es gibt kein ›Department of Narratology‹).«[20]

Die moderne Erzähltheorie entstammt der Literaturwissenschaft und deren strukturalistischen Ansätzen. Hierbei ist insbesondere der französische Erzähltheoretiker Gérard Genette zu nennen, der mit seinen Untersuchungsinstrumenten Zeit, Modus und Stimme nicht nur die geisteswissenschaftliche

---

17 Niethammer, Lutz: Lebenserfahrung und kollektives Gedächtnis. 1985.
18 Vorländer, Herwart (Hg.): Oral History. Mündlich erfragte Geschichte. Göttingen 1990, S. 10.
19 Schneider, Karl Heinz/ Kießler, Stefan: Oral History. Online unter: http://www.lwg.uni-hannover.de/w/images/6/68/Oral_history_Schneider_Kiessling_2003.pdf (Stand: 22.2.2014).
20 Schönert, Jörg: Was ist und was leistet Narratologie? Anmerkungen zur Geschichte der Erzählforschung und ihrer Perspektiven. In: literaturkritik 4 (April 2006).

Forschung beeinflusst hat.[21] Monika Fludernik geht darüber hinaus in ihrer Einführung in die Erzähltheorie auf neue Medien ein.[22] Sie betont insbesondere die spezifischen Erzählformen des Films und interaktiven Geschichtenerzählens. »Während beim Film Visualität als Medium interessante Verschiebungen in der Präsentation notwendig macht, ist es bei Computer-Erzählungen die Tatsache, dass es kein vorgegebenes Plot gibt, sondern dieses nur in Teilen existiert, – als Episoden in verschiedener, vom Leser zu gestaltender Anordnung.«[23]

Mit dem Erzählen in Alltagsgesprächen befasst sich daneben seit den 1970er Jahren insbesondere die Linguistik. Klaus Brinker und Sven Sager haben in diesem Zusammenhang wichtige Grundlagenforschung erbracht.[24] In ihrem Handbuch stellen sie elementare Einheiten, Strukturen und Strategien dar, die das Fundament für die Analyse von Erzählungen im Gesprächsverlauf bilden. Hierzu gehören auch die linguistische Analyse und Interpretation von nonverbalen Gesprächsbeiträgen, die hauptsächlich mithilfe von Mimik und Gestik geäußert werden.

Die Erzähltheorie zeichnet sich vor allem durch eine interdisziplinäre Ausrichtung aus. Neben der Germanistik und Medienwissenschaft prägt sie ebenfalls Ansätze der Kultur- und Sozialwissenschaften. Der Literaturwissenschaftler Albrecht Koschorke verbindet in seinem Grundlagenwerk »Wahrheit und Erfindung. Grundzüge einer Allgemeinen Erzähltheorie« erzähltechnische Ansätze mit Theorien aus der Kulturwissenschaft.[25] Einen guten Überblick über die Bedeutung der Narratologie für die Kulturwissenschaft bietet darüber hinaus Ansgar Nünnings Artikel »Wie Erzählungen Kulturen erzeugen: Prämissen, Konzepte und Perspektiven für eine kulturwissenschaftliche Narratologie«. Er betrachtet die kulturwissenschaftliche Theorie des Erzählens in ihrer kulturellen Bedingtheit und historischen Variabilität unter besonderer Beobachtung der Bedeutung von Narrativen für Kulturen.[26] Ansgar Nünnig ist es auch, der zusammen mit Astrid Erll das Zusammenwirken aus Medien und kollektivem Gedächtnis untersucht.

---

21 Genette, Gérard: Die Erzählung. Paderborn 2010.
22 Fludernik, Monika: Erzähltheorie. Eine Einführung. Darmstadt 2010.
23 Fludernik (2010), S. 129.
24 Brinker, Klaus/ Sager, Sven: Linguistische Gesprächsanalyse. Eine Einführung. Berlin 2006.
25 Koschorke, Albrecht: Wahrheit und Erfindung. Grundzüge einer Allgemeinen Erzähltheorie. Frankfurt a.M. 2012.
26 Strohmaier, Alexandra (Hg.): Kultur – Wissen – Narration: Perspektiven transdisziplinärer Erzählforschung für die Kulturwissenschaften. Bielefeld 2013, S. 27.

1.5 Medien und kollektive Erinnerungen

Nünnig und Erll analysieren die Transformationen der Erinnerungen in das kollektive Gedächtnis durch Medien.[27] Damit reagieren sie darauf, dass bei den bisherigen Theorien, sei es bei Halbwachs oder Assmann, auf den Medienbegriff nur unspezifisch eingegangen wurde. Der Band stellt aktuelle Diskussionsergebnisse des Sonderforschungsbereichs »Erinnerungskulturen« an der Universität Gießen dar, der über zwölf Jahre von der Deutschen Forschungsgemeinschaft finanziert wurde.[28] Leitbegriffe ihrer Betrachtung sind: Konstruktivität, Historizität und Kulturspezifität. Medien besitzen in ihren Augen mehr als nur einen archivalischen Charakter, denn durch diese entstehe häufig erst die Erinnerung, die im kollektiven Gedächtnis gespeichert wird. Erll benutzt dabei einen weiten Medienbegriff, der sowohl Schrift und Bild als auch Informationstechnologien umfasst, und setzt diesen in Zusammenhang mit kulturellen Erscheinungsformen.[29] Aleida Assmann beteiligt sich an dem Band mit einem Beitrag zur Anpassung ihrer Begriffe »Speicher- und Funktionsgedächtnis« auf aktuelle Phänomene wie die Digitalisierung von Erinnerung. »Über die Medien findet das Individuum Zugang sowohl zu gruppenspezifischem Wissen, wie Daten und Fakten, als auch zu sozialen ›Denk- und Erfahrungsströmungen‹ (Halbwachs 1991, 50) – kurz: zu der Gesamtheit der symbolisch verfassten Vorstellungskraft.«[30] In Anlehnung an Halbwachs' soziale Rahmen spricht Astrid Erll von »cadres mediaux«, die die Vorstellungskraft der Menschen beeinflussen. Spätestens mit Erlls Untersuchungen haben die neuen Medien Einzug in die kulturwissenschaftlichen Untersuchungen gehalten.

1.6 Der Holocaust als medialer Erinnerungsgegenstand

»Kaum eine historische Phase des 20. Jahrhunderts wie die des ›Dritten Reichs‹ und des Zweiten Weltkriegs ist so anhaltend medial bearbeitet worden und kaum ein Ereignis dieses Zeitraums so oft und immer wieder aufs Neue mediatisiert worden wie der Holocaust«, so beginnen Ursula von Keitz und Thomas Weber in ihrem Vorwort zum Sammelband »Mediale Transformationen des Holo-

---

27 Erll, Astrid/ Nünning, Ansgar (Hg.): Medien des kollektiven Gedächtnisses. Konstruktivität – Historizität – Kulturspezifität. Berlin 2004.
28 Online unter: http://www.uni-giessen.de/erinnerungskulturen/home/index.html (Stand: 23.2.2014).
29 Siehe auch Erll, Astrid: Travelling Memory, In: Parallax 17, 4, 2011, S. 4–18.
30 Erll (2011), S. 155.

causts«.[31] Neben traditionellen Medien wie Fernsehen und Kino werden auch andere Träger der Erinnerung untersucht, wie Comics, Websites, Museen und Gedenkstätten. Ein wichtiger Gesichtspunkt, den die Autoren betonen, ist der Generationenübergang in Bezug auf die Tatsache, dass bald keine Zeitzeugen mehr über die NS-Zeit berichten können. Formen des medialen Umgangs damit bilden das Grundgerüst dieses Sammelbands.

In diesen medien- und kulturwissenschaftlichen Diskurs reihen sich auch Theorien ein, die explizit den Film als Erinnerungsträger beziehungsweise -erzeuger untersuchen. Dabei sind vor allem Alison Landsberg und sein Ansatz des »Prosthetic memory« zu nennen.[32] Er untersucht die amerikanische Erinnerung an den Holocaust im Zeitalter der Massenmedien. Objekte der Erinnerung sind unter anderem Filme. Er macht dies an Beispielen wie Steven Spielbergs SCHINDLERS LISTE oder Roman Polanskis DER PIANIST fest und zeigt auf, wie solche Filme Einfluss auf die amerikanische Erinnerungskultur haben. Die rezipierten Bilder der Filme schreiben sich in das autobiografische Gedächtnis ein und sind kaum noch von den eigenen, individuellen Erfahrungen zu unterscheiden. Somit leisten Filme einen eigenen, medialen Beitrag zur Erinnerungsarbeit.

1.7   Identitätsstiftende Erinnerungsorte

In Noras Erinnerungstheorie können Filme ebenso zu Erinnerungsorten werden wie Baudenkmäler und historische Ereignisse. Der Historiker Pierre Nora formulierte bereits 1990 die »lieu de mémoire«, die französischen Erinnerungsorte in sieben Bänden. Nora geht davon aus, dass Erinnerungen sich insbesondere durch den Ritus an Orten verdichten und für die Identität einer Nation von essentieller Bedeutung sind.[33] Dabei können nicht nur geografische Orte wie der Eiffelturm, sondern auch Ereignisse oder Begriffe durch ihre symbolische Kraft und Sinnstiftung zum Erinnerungsort werden. Als ein Beispiel für symbolische Erinnerungsorte nennt Nora die Marseillaise. 2005 erfolgte, wenn auch in gekürzter Fassung, die Veröffentlichung der französischen Erinnerungsorte in deutscher Sprache. Die Erinnerungsorte Pierre Noras dienten als Vorlage für Forschungsprojekte und Publikationen in anderen europäischen Ländern. So veröffentlichten Étienne François und Hagen Schulze 2001 »Deutsche Erinne-

---

31 Keitz, Ursula von/ Weber, Thomas (Hg.): Mediale Transformationen des Holocausts. Berlin 2013.
32 Landsberg, Alison: Prosthetic Memory. Remembering the Holocaust in the Age of Mass Culture. New York 2004.
33 Nora, Pierre (Hg.): Erinnerungsorte Frankreichs. München 2005.

rungsorte«.[34] In dem drei-bändigen Werk taucht der NS-Propagandafilm JUD SÜSS als einziger filmischer Erinnerungsort auf. Mit den 2012 erschienenen europäischen Erinnerungsorten in drei Bänden erweitert sich die Theorie der Erinnerungsorte auf eine überstaatliche Ebene.[35]

Pierre Nora löste innerhalb der Kulturwissenschaft eine Debatte darüber aus, welche Kriterien zur Bestimmung eines Erinnerungsorts gegeben sein müssen. Ohne Nora seinen Erfolg abzusprechen, kritisiert Patrick Schmidt in seinem Beitrag im Sammelband »Medien und kollektives Gedächtnis« das Konzept Pierre Noras, indem er die Erinnerungsorte als zu unbestimmt formuliert erachtet, da deren Auswahl die Gefahr einer Beliebigkeit in sich bergen würden.[36] Schmidt unterscheidet dagegen stärker als Nora zwischen Topoi und Medien des kulturellen Gedächtnisses und verwendet als Folge seiner Kritik an Nora den aus der Literaturwissenschaft stammenden Begriff der »Plurimedialität«.[37]

1.8 Lokale Kinogeschichte – Das Besinnen auf den Ort der Erinnerung

Lange Zeit hat sich die Medienwissenschaft allein mit der Analyse der Filme als solche befasst. Publikumsforschung oder auch das Kino als Örtlichkeit stand nicht im Fokus der Untersuchung. Zudem untersuchte die Kinoforschung anfänglich hauptsächlich das Publikum in den Lichtspielhäusern der Metropolen. Das Kinopublikum auf dem Lande blieb unbeachtet. Das Interesse für regionale Filmgeschichtsforschung wuchs erst Mitte der 1980er Jahre und damit parallel zum Aufkommen der Oral History in Deutschland.[38] Das Aufblühen der regionalen Filmforschung sei laut Thiele auf parallele Tendenzen in den Sozial- und Kulturwissenschaften zurückzuführen. Jens Thiele beschreibt den Ort des Kinos als »Erlebnisort, der eng mit den Fantasien und Träumen des Kinopublikums verknüpft war«.[39] An vielen Orten würden diese Erlebnisorte heute nur noch auf historischen Fotografien existieren, laut Thiele seien sie Geschichte geworden. Doch der Autor betont noch einen weiteren Erinnerungsort: in den Köpfen derer, die damals ins Kino gingen. Thiele bedauert, dass die Publikumsfor-

---

34 François, Étienne / Schulze, Hagen (Hg.): Deutsche Erinnerungsorte. München 2001.
35 Boer/ Pim den, Duchhardt/ Heinz, Kreis/ Georg, Schmale/ Wolfgang (Hg.): Europäische Erinnerungsorte. München 2012.
36 Erll/ Nünnig (2004), S. 25–43.
37 Erll/ Nünnig (2004), S. 38.
38 Thiele, Jens: Der begrenzte und der weite Blick – Fragen an die regionale Filmforschung. In: Steffens, Joachim/ Thiele, Jens/ Poch, Bernd (Hg.): Spurensuche-Film und Kino in der Region. Oldenburg 1993, S. 9ff.
39 Thiele (1993), S. 12.

schung zu einer »öden Besucherstatistik verkommen ist«, und möchte das Kinoerlebnis mit all seinen Erwartungen in den Blickpunkt der Forschung rücken. Regionale und allgemeine Filmgeschichte sollten eine Einheit bilden, einer gemeinsamen wissenschaftlichen Fragestellung unterstellt sein. Thiele betont die Bedeutung der regionalen Forschung, jedoch nicht ohne auf die Wichtigkeit hinzuweisen, diese nicht in einen gesamtwissenschaftlichen Kontext einzuordnen.

Karl Prümm schränkt die regionale Filmforschung wie folgt ein: Forschung, »die sich auf eng umgrenzte, überschaubare, kleinteilige Räume bezieht«.[40] Der Autor führt in seinem Artikel zum Stand der regionalen Forschung deren Vor- und Nachteile auf. Auf der einen Seite bedeute dies Reduktion, auf der anderen Seite Konzentration auf das Detail. Prümm betont, dass das »Besondere untrennbar mit dem Allgemeinen« verbunden sein müsse und die Verknüpfung der beiden Pole die Aufgabe der regionalen Filmforschung sei.[41] Der Autor nennt in diesem Kontext das Kino des Wiederaufbaus nach 1945, dessen Aufgabe es war, das Bedürfnis nach Ablenkung zu stillen.

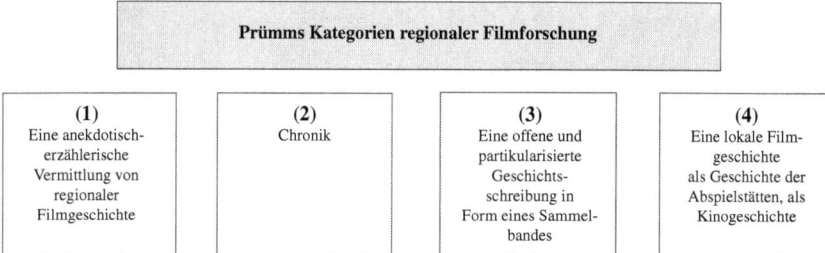

Abb. 3: Kategorien regionaler Filmforschung in Anlehnung an Karl Prümm.[42]

Das Ziel einer regionalen Filmgeschichtsschreibung bestehe nach Prümm nicht darin, eine nahtlose Darstellung der Ereignisse anzustreben. »Lokale Filmgeschichte kann nur programmatisch als Momentgeschichte geschrieben werden mit dem Mut, sich zum Partikularen und Begrenzten zu bekennen.«[43] Prümm plädiert dabei für die vierte Form der Filmgeschichtsschreibung: die Kinogeschichte als Geschichte der Abspielstätten unter interdisziplinärer Betrachtung (vgl. Abb. 3 oben).

---

40 Prümm, Karl: Ergebnisse, Tendenzen, Perspektiven. Zum Stand regionaler Forschung. In: Steffens, Joachim/ Thiele, Jens/ Poch, Bernd (Hg.): Spurensuche-Film und Kino in der Region. Oldenburg 1993, S. 19.
41 Prümm 1993, S. 25.
42 S. o.
43 Prümm 1993, S. 27.

Knut Hickethier befasst sich mit der regionalen Filmforschung, indem er in seinem Aufsatz Thesen über die Bedeutung dieses Forschungszweigs aufstellt.[44] Die wichtigsten sind im Folgenden zusammengefasst: Zunächst betont der Autor, dass die regionale Filmforschung einen wichtigen Teil zum Wandel der Kunst- zur Mediengeschichtsschreibung beigetragen hat. Bislang habe ein Schwerpunkt auf ästhetischen Gesichtspunkten gelegen, weniger auf den konkreten Orten. Die regionale Filmgeschichtsschreibung verfolge einen anderen Ansatz, indem sie betone, dass sich Geschichte gerade in den lokalen und regionalen Besonderheiten manifestiere.[45] Verstehe man die regionale Geschichte als pars pro toto der allgemeinen Filmgeschichte, so sei wenig Neues zu erwarten. Neues stecke hingegen in den zusätzlichen Quellen, die durch regionalgeschichtliche Forschung erschlossen werden können. Dabei spricht er vor allem die lokale Presse an, die bislang wenig in der allgemeinen Forschung berücksichtigt wurde. Die darin aufgeführte Programmauswahl leiste einen wichtigen Beitrag zur Filmgeschichte.

»Die biografische Forschung ist ein wesentlicher Bereich der Mediengeschichtsschreibung des Kinos.«[46] Hickethier klammert bei der Betrachtung der Kinogeschichte die Zuschauerbiografie nicht explizit aus und stellt Aspekte vor, wie die regionale Filmgeschichtsschreibung der Rezeptionsgeschichte dienen könnte, nämlich in der Darstellung der Publikumsstruktur, Häufigkeit des Kinobesuchs, des Sozialverhaltens im Kino, der Normenkonflikte, der Veränderung der Wahrnehmung und Rezeption einzelner Filme. Hickethier sieht die Publikumsgeschichte, insbesondere deren Identitätsstiftung, als einen wichtigen Impulsgeber für die Filmgeschichtsschreibung. Trotz dieses Plädoyers beruhen lokale Kinogeschichten vor allem im deutschsprachigen Raum oftmals auf der Auswertung amtlicher, publizistischer und archivalischer Quellen.

1.9   Die Cinema-Going-Forschung

Vorreiter auf dem Feld der Publikumsforschung bilden angelsächsische Studien der Cinema-Going-Forschung. Darunter sticht ein Projekt des Britischen Filminstituts unter dem Namen »Screen Dreams« hervor, das die Erinnerungen in fünf Filmclubs für ältere Menschen in der Londoner Region der 1920er bis 1960er mithilfe von Interviews erfasste und 2003 im Kontext einer Ausstellung

---

44 Hickethier, Knut: Die Bedeutung regionaler Filmforschung für die überregionale Filmgeschichte. In: Steffens, Joachim/ Thiele, Jens/ Poch, Bernd (Hg.): Spurensuche-Film und Kino in der Region. Oldenburg 1993.
45 Hickethier (1993), S. 32/33.
46 Hickethier (1993), S. 42.

veröffentlichte.[47] In diesen Kontext fällt auch Annette Kuhns Forschungsprojekt zur britischen Filmkultur der 1930er Jahre, deren Ergebnisse sie in dem Buch »An everyday magic« (2002) zusammentrug.[48] Ausgehend von den individuellen Erinnerungen von Zeitzeugen generiert sie Typen der Kinoerinnerungen, in denen der gesehene Film nicht immer im Mittelpunkt stehe.[49] In den Kinoerinnerungen gehe es häufig um den Besuch im Kino als sozialer Akt. Dieser Typus C sei am stärksten ausgeprägt. Kuhns Typen der Kinoerinnerung sind in der folgenden Tabelle noch einmal zusammengefasst:

Abb. 4: Typen der Kinoerinnerung in Anlehnung an Annette Kuhn.[50]

Kuhn betont darüber hinaus in ihrem Aufsatz »Heterotopie, Heterochronie« die Verknüpfung von örtlichen und zeitlichen Deixis mit der Kinoerinnerung. Sie stützt sich dabei auf die Theorie des französischen Philosophen Michel Foucault und ordnet die Kinoerinnerung dadurch kulturwissenschaftlich in die Gedächtnisforschung ein: »Es gibt eine Art Assimilation des Magischen und eine Verzauberung des Alltäglichen, die für das Kinogedächtnis als besondere Form des kulturellen Gedächtnisses durchaus spezifisch sein könnte.«[51]

Das Interesse an der Erforschung des Ins-Kino-Gehens stieg in den letzten Jahren national wie international stark an. Dies zeigt sich beispielsweise an der internationalen Forschergruppe HOMER, die das Zusammenwirken von Filmverleih, Cinema-Going und Filmerlebnis untersucht:

---

47 Vgl. Screen Dreams: Cinema-going in South East London 1920–60. Age Exchange Reminiscence Centre, September–Dezember 2003.
48 Kuhn, Annette: An everyday magic. London und New York 2002.
49 Kuhn, Annette: Was tun mit der Kinoerinnerung? In: montage AV 19/1/2010, S. 117–134.
50 S. o., S. 132.
51 Kuhn, Annette: Heterotopie, Heterochronie: Ort und Zeit der Kinoerinnerung. In: Schenk, Irmbert/ Tröhler, Margrit/ Zimmermann, Yvonne (Hg.) Film – Kino – Zuschauer: Filmrezeption. Marburg 2010, S. 38.

»The History of movie-going, exhibition and reception or HOMER Group was founded in June 2004 by an international group of cinema scholars to promote the understanding of the complex phenomena of cinema-going, exhibition, and reception, from a multidisciplinary perspective.«[52]

Vergleichend betrachtet werden Entwicklungen im städtischen und ländlichen Milieu, in kolonialen und postkolonialen Epochen oder auch nicht kommerzielle und kommerzielle Screenings. Ein Teil der Ergebnisse dieses Forschungsnetzwerks ist in dem Sammelband »Explorations in new cinema history« (2011) von Biltereyst, Maltby und Meers nachzulesen.[53]

Am 19.6.2013 tagten auf internationaler Ebene Forscher zum HOMER-Workshop in Prag, um Ergebnisse der Cinema-Going-Forschung zusammenzutragen und zu diskutieren:

»The growing number of case studies in local film history increases the need for comparative studies of cities, regions, and nations, while the relationship between micro and macro history(ies) is becoming a major issue for the field. The analysis of patterns and networks in film culture also calls for special attention to methodology. We aim to bring European perspectives on cinema-going and film exhibition into dialogue with US, Australian, African, South American and Asian research.«[54]

Neben diesem internationalen Netzwerk gibt es noch weitere, die das anschwellende Forschungsfeld demonstrieren. Einen Schwerpunkt auf die Stadt-Land-Perspektive legte der internationale Workshop »The Lure of the City: Cinema Culture in Small-Towns and Rural Communities in Europe« im Rahmen des Forschungsschwerpunkts Comparative Cinema History, der im September 2013 in Saarbrücken stattfand.[55] Das Netzwerk der Deutschen Forschungsgemeinschaft »Erfahrungsraum Kino« ist ein weiteres Organ, das sich mit dem Rezeptionserlebnis Kinobesuch befasst:

»Das sich überwiegend aus jungen Wissenschaftlern zusammensetzende Netzwerk ›Erfahrungsraum Kino‹ untersucht die Umbrüche des Wahrnehmungsdispositivs der Filmerfahrung in Bezug auf den architektonischen und sozialen Ort des Kinos. Das Netzwerk macht es sich zur Aufgabe, den Transformationen des Nutzungs- und Wahrnehmungsdispositivs Kino nachzuspüren. Dem Arbeitsthema nähert sich das Netzwerk aus den verschiedenen filmwissenschaftlichen Arbeitsbereichen Geschichte, Theorie und Ästhetik.«[56]

52 Online unter: http://www.cims.ugent.be/news/homer-workshop-homernecs-2013 (Stand: 22.2.2014).
53 Maltby, Richard / Biltereyst, Daniel / Meers, Philippe: Explorations in New Cinema History. Wiley-Blackwell, Chichester 2011.
54 Online unter: http://homerproject.blogs.wm.edu (Stand: 16.4.2014).
55 Tagung vom 20.–21.09.2013 in Saarbrücken, online unter: http://www.kmg.uni-saarland.de/cch/index.htm (Stand: 16.4.2014).
56 Online unter: http://www.erfahrungsraum-kino.de/projekte (Stand: 24.2.2014).

All diese Forschungszusammenschlüsse demonstrieren das zur Zeit große Interesse an der regionalen Publikumsforschung. Eine weitere soziologisch-empirische Herangehensweise findet sich bei Elisabeth Prommer. Als wissenschaftliche Assistentin im Bereich Medienforschung der Hochschule für Fernsehen und Film München veröffentlichte sie 1999 eine umfassende Studie zur Bedeutung des Kinobesuchs im Lebenslauf. Dazu erhob sie Erinnerungen von einhundert Kinobesuchern in München und Leipzig, um sie aus historischer, sozialer und politischer Perspektive zu untersuchen. Neu an ihrem Ansatz ist die medienbiografische Orientierung: Um die Bedeutung des Rezeptionserlebnisses bestimmen zu können, untersucht Prommer die Bedeutung des Ins-Kino-Gehens entlang des Lebenslaufs.

Vorliegende Promotionsschrift ordnet sich in den in diesem Kapitel vorgestellten, zur Zeit stark expandierenden Forschungszusammenhang ein und beschreitet zugleich neue Wege. Mittelpunkt dieser wissenschaftlichen Arbeit ist eine Regionalstudie innerhalb eines klar umrissenen Untersuchungsraums: Zeitzeugen aus dem Raum St. Wendel erinnern sich an das Kino ihrer Jugendzeit der 1930er bis 1950er Jahre. Im Folgenden wird zunächst der Untersuchungsrahmen mit einem kurzen regionalgeschichtlichen Abriss näher erläutert.

2. Festlegung des Untersuchungsrahmens: Die St. Wendeler Kinos im Spiegel der Zeitgeschichte

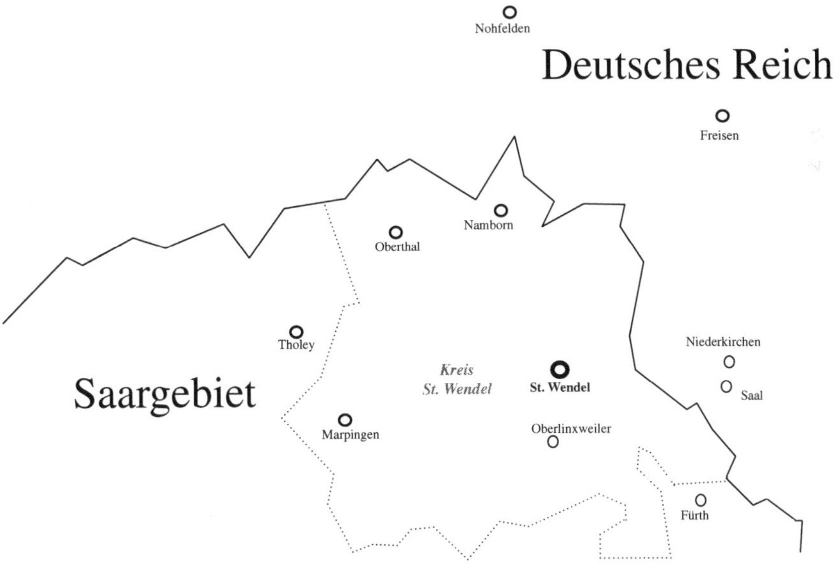

Abb. 5: Karte des Kreises St. Wendel zur Saargebietszeit (1920–35).

Die Region um St. Wendel, eine Kreisstadt im heutigen Nordsaarland, wurde aufgrund ihrer Lage und Geschichte für die Untersuchung ausgewählt. St. Wendel stellte 1930 mit knapp 9.000 Einwohnern den wirtschaftlichen und politischen Mittelpunkt des sonst ländlich geprägten Gebiets dar.[57] Im Untersuchungszeitraum der 1930er bis 1950er Jahre fanden sich jedoch andere territoriale Gegebenheiten vor als heute. Der Landkreis St. Wendel gehörte in der Mandatszeit von 1920 bis 1935 nicht in Gänze zum Saargebiet, denn das Ostertal mit den Dörfern um Saal, Niederkirchen und Marth gehörten zu diesem Zeit-

---

57 Kretschmer, Rudolf: Geschichte der Stadt St. Wendel 1914–1986 (Bd. 1). St. Wendel 1986.

punkt zum Dritten Reich. Dieser Untersuchungsraum ermöglicht es folglich, Kinoerinnerungen in einer Grenzregion zu untersuchen.

Im Folgenden werden die wichtigsten Eckpunkte historischer Ereignisse in Zusammenhang mit der St. Wendeler Kinolandschaft dargestellt.

2.1   Das Ende der Mandatszeit

Ab 1926 gab es in St. Wendel nur ein kommerziell geführtes Kino, das Zentral-Kino im Besitz der Familie Marzen.[58] Während der Mandatszeit von 1920 bis 1935 wurden an drei bis vier Tagen in der Woche Filme vorgeführt, wobei das Programm zumeist einmal die Woche gewechselt wurde. Auf die französische Verwaltung hatte sich das Kino in der Form eingestellt, dass die Zielgruppe der französischen Zöllner die Titel auf Französisch lesen konnten.[59] Das später Central-Theater genannte Kino zeigte bis zum Ende der Mandatszeit vorwiegend deutsche und amerikanische Unterhaltungsfilme, wobei es nur wenige Angebote für Kinder und Jugendliche gab. Die Regierungskommission kontrollierte laut Kretschmer das Filmangebot.[60] So wurden 1935 die Propagandafilme ADOLF HITLER UND DIE GESCHICHTE SEINER BEWEGUNG und ES GRÜSST DIE SAAR verboten.[61] Schon vor Einführung des Tonfilms illustrierten abgespielte Schallplatten musikalisch die gezeigten Filme. Am 18. 10. 1930 begann in St. Wendel mit dem Musikfilm LIEBESWALZER das Tonfilmzeitalter.

---

58 Anmerkung: Das Zentral-Kino wurde nach 1935 in Central-Theater umbenannt.
59 Kretschmer (Bd.2, 1986), S. 311.
60 Kretschmer (Bd.2, 1986), S. 311.
61 S. o.

Abb. 6: Filmanzeige »Liebeswalzer«, St. Wendeler Zeitung, 18.10.1930.

2.2 Die Folgen der Saarabstimmung

Seit 1920 stand das Saargebiet als Folge des Ersten Weltkriegs unter Völkerbundsmandat. Die Stimmung, insbesondere gegen die französische Leitung der Völkerbundskommission, nahm Jahr für Jahr zu.[62] Im Versailler Vertrag war festgeschrieben, dass die Bevölkerung des Saargebiets 1935 abstimmen sollte, ob es zu Deutschland oder Frankreich gehören wolle. Die dritte Abstimmungsoption beinhaltete das zeitweilige Beibehalten des damaligen Zustands unter Völkerbundsverwaltung, dem Status quo.[63] Es entstand ein Abstimmungskampf, insbesondere zwischen den Anhängern des Status quo und den Anhängern für den Anschluss an das Dritte Reich. Das Abstimmungsergebnis jedoch war eindeutig, denn mit über 90 Prozent votierten die Saarländer für den Anschluss an das Dritte Reich.[64] Kurz darauf bereisten Parteigrößen der Nationalsozialistische Deutsche Arbeiterpartei (NSDAP) das Saarland.

---

62 Brill/ Planz/ Plettenberg/ Zimmer (2014), S. 59.
63 S. o.
64 S. o.

»Auch die ausgezeichnete Stimmung hielt den ganzen Tag über an und fand schönsten Ausdruck in der feierlich erleuchteten Grenzstadt, durch deren Straßen zu später Stunde eine unübersehbare Menschenmenge zieht. Ihre Herzen schlagen nur dem einen, so lang ersehnten deutschen Vaterlande entgegen.«[65]

Dieses Abstimmungsergebnis spiegelte sich auch in St. Wendel wider. Mit 91,8 Prozent stimmten die Einwohner für den Anschluss.[66] Am 14.01.1935 berichtet die St. Wendeler Zeitung bereits ganz im Sinne der nationalsozialistischen Propaganda über die Feierlichkeiten. Unter dem Titel »Alles dem Vaterland« findet sich dort eine emphatische Beschreibung über das Feuerwerk zu Ehren des Anschlusses an das deutsche Reich: »Wir hörten unseren Schwur von der deutschen Grenze herüber: Laßt uns es in den Himmel schrein, wir wollen niemals Knechte sein!«

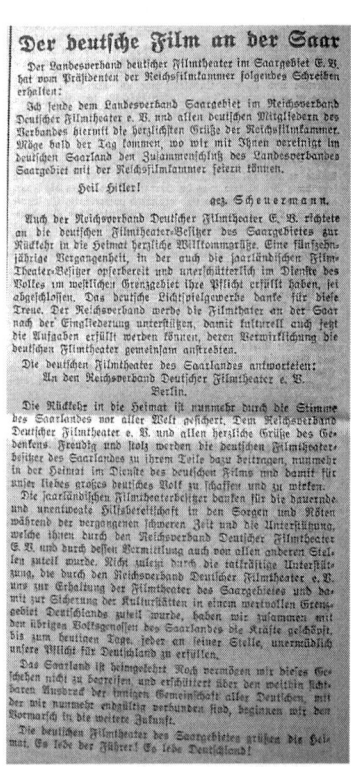

Abb. 7: »Der deutsche Film an der Saar«, St. Wendeler Zeitung, 22.11.1935.

---

65 St. Wendeler Zeitung vom 14.01.1935.
66 Brill/ Planz/ Plettenberg/ Zimmer (2014), S. 68.

Der Ausgang der Saarabstimmung hatte einschneidende Auswirkungen auf die saarländische Filmindustrie. Bereits eine Woche nach der Abstimmung »begrüßten« die saarländischen Filmtheater in einem Zeitungsbericht den Anschluss an das Dritte Reich: »Die deutschen Filmtheater des Saarlandes grüßen die Heimat. Es lebe der Führer! Es lebe Deutschland!«[67] Es wurde von einem Zusammenschluss des Landesverbands Saargebiet mit der Reichsfilmkammer gesprochen. Was so euphorisch klingt, bedeutete die Gleichschaltung der Filmbranche vonseiten des Propagandaministeriums. So stand St. Wendel bald unter dem Einfluss der nationalsozialistischen Filmpolitik, und dies zeigte sich im veränderten Filmprogramm, aber auch in neuen Angeboten von Filmvorführungen. So wurde der Filmvolkstag eingerichtet, an dem es möglich war, verbilligt ins Kino zu gehen.[68] Die Vorführungen der Gaufilmstellen wurden nun auch im Saarland in ländlichen Regionen durchgeführt. Diese liefen ebenso im Ostertal weiter, beispielsweise in der Gaststätte »Zur alten Post« im bereits gleichgeschalteten Niederkirchen.

Abb. 8: Gaststätte »Zur alten Post« in Niederkirchen.[69]

---

67 S. o.
68 Vgl. Artikel »Filmvolkstag vergnügungssteuerfrei«, St. Wendeler Volksblatt vom 28. 2. 1938.
69 Foto: Privatsammlung Hans Kirsch, 1930er Jahre.

Staatspolitisch wertvolle Filme wurden zur Pflichtveranstaltung, beispielsweise
für die Hitler-Jugend (HJ). Eigens für die junge Zielgruppe wurden zusätzlich
Jugendfilmstunden eingerichtet.[70] In den ersten Jahren nach der Rückgliederung
lief das Grundrepertoire nationalsozialistischer Propagandafilme im St. Wendeler Kino, zum Beispiel SA MANN BRAND oder HITLERJUNGE QUEX, welche
bereits in den Jahren zuvor im Dritten Reich gezeigt worden waren.[71] Die Anzeige zu HITLERJUNGE QUEX zeigt deutlich die Verknüpfung des Filmerlebnisses mit der Gleichschaltung der örtlichen Jugend, die hier explizit in Form der
St. Wendeler Hitler-Jugend genannt wird.

Abb. 9: Anzeige »Hitlerjunge Quex«, St. Wendeler Volksblatt, 18.03.1935.

---

70 St. Wendeler Volksblatt, 5.11.1936.
71 Kretschmer (Bd.2, 1986), S. 372.

**Gebiet Saarpfalz
eröffnet seine Jugendfilmstunden**

Die Presse- und Propaganda-Abteilung des Gebietes Saarpfalz teilt mit: Wie im vergangenen Jahre so werden auch in diesem Winter wieder im ganzen Gebietsbereich Jugendfilmstunden durchgeführt werden, die allen Hitlerjungen unseres Gebietes Gelegenheit geben, an dem künstlerisch hochwertigen deutschen Filmschaffen Anteil zu nehmen. Die Eröffnung der Jugendfilmstunden-Spielzeit für das Jahr 1936/37 erfolgt am Sonntag, den 8. November 1936, im Ufa-Theater zu Saarbrücken durch den Gebietsführer. Zur Aufführung gelangt der Film „Verräter". Am gleichen Sonntag werden in allen Städten des Gebietes Filmstunden durchgeführt werden, sodaß an diesem Sonntag mindestens 10 000 Angehörige der nationalsozialistischen Jugend an den Filmstunden des Gebietes Saarpfalz teilhaben werden.

Abb. 10: Artikel »Gebiet Saarpfalz eröffnet seine Jugendfilmstunden«, St. Wendeler Volksblatt, 5. 11. 1936.

Am 7. 8. 1936 eröffnete nach Beendigung der Bausperre für Kinos im Alten Woog ein zweites Kino, das Neue Theater (NT) im Besitz der Familie Gard.[72] Dieses wurde 1938 weiter modernisiert und renoviert.[73] Die Tatsache, dass zwei Kinos in St. Wendel existieren konnten, deutet auf die große Nachfrage der St. Wendeler Bürger hin. Beide Lichtspielhäuser kooperierten mit nationalsozialistischen Organisationen. Das Central-Theater bot beispielsweise am 24. 11. 1936 Extravorstellungen zugunsten des Winterhilfswerks an, während das Neue Theater am 12. 1. 1938 Filme der Gaufilmstelle zeigte.[74] Da diese Vorstellungen meist zusätzlich zum gezeigten Programm liefen, bedeutete dies folglich eine zusätzliche Einnahmequelle. Die Filmvorführungen wurden an Veranstaltungen der NSDAP angepasst. So blieb am 9. 4. 1938 das Lichtspielhaus einen Abend lang geschlossen, damit die Angestellten des Kinos der Rede Adolf Hitlers zuhören konnten.[75] Der Einfluss der Nationalsozialisten auf das Kino und die Auswirkungen des Führerkults werden an diesem Beispiel überdeutlich.

---

72 S. o.
73 St. Wendel Volksblatt vom 2. 8. 1938.
74 St. Wendel Volksblatt vom 24. 11. 1936 und 12. 1. 1938.
75 St. Wendel Volksblatt vom 9. 4. 1938.

Abb. 11: Anzeige »Neues Theater heute geschlossen«, St. Wendeler Volksblatt, 9.4.1938.

Nachdem St. Wendel 1938 zur Garnisonsstadt erklärt worden war, prägten Soldaten das Stadtbild.[76] Nach Kriegsausbruch setzten die St. Wendeler Kinos zunächst ihr Filmprogramm fort, jedoch wurden zunehmend nur deutsche Filme gezeigt.[77] Mit dem Beginn des Zweiten Weltkriegs rückte die Wochenschau als kriegswichtiges Mittel in den Vordergrund. Durch das Zeigen der angeblichen großen Erfolge der Wehrmacht wollten die Nationalsozialisten die Menschen bei »Kriegslaune« halten, was mit der Realität vor allem zu Kriegsende wenig zu tun hatte.[78] Das Central-Theater wurde im letzten Kriegsjahr bei einem Luftangriff zerstört.[79] Die Kinovorführungen in beiden Kinos wurden eingestellt.

2.3   Die Kinos in St. Wendel nach dem Zweiten Weltkrieg

Bereits Ende 1945 wurde unter französischer Besatzung mit den Umbaumaßnahmen im Gesellenhaus in St. Wendel begonnen, um dort ein provisorisches Kino zu eröffnen: die »Saalbau-Lichtspiele«.

Ab März 1946 boten das Central-Theater und das Neue Theater ebenfalls wieder ihr Filmprogramm an, jedoch mit zeitlicher Anpassung an die Ausgangssperre.[80] Für die französischen Soldaten wurde in der Kaserne ein eigenes Kino eingerichtet. St. Wendeler Bürger hatten dort nur Zugang, wenn sie in der Kaserne angestellt waren. Für die Ostertaler Bevölkerung wurde nach dem Krieg in Saal ein lokales Kino im Tanzsaal der örtlichen Wirtschaft eingerichtet, das

---

76 Schumann, Franz-Josef: Heimatbuch des Landkreises St. Wendel. St. Wendel 1994, S. 169ff.
77 Kretschmer (Bd. 2, 1986), S. 412.
78 Stahr, Gerhard: Volksgemeinschaft vor der Leinwand? Der nationalsozialistische Film und sein Publikum. Berlin 2001, S. 177.
79 Kretschmer (Bd. 2, 1986), S. 412.
80 Kretschmer (Bd. 2, 1986), S. 412.

noch bis Anfang in die 1950er Jahre stark frequentiert wurde.[81] Dies zeigt den großen Bedarf an kinematografischer Abwechslung in den Nachkriegsjahren.

Abb. 12: Im Gasthaus Drumm in Saal wurden noch bis 1962 Filme gezeigt.[82]

Dieser kurze Auszug aus der Kinogeschichte St. Wendels mithilfe der archivalischen Quellen zeigt, dass die Perspektive der Kinobesucher bislang unerhoben geblieben ist. Um die Kinoerinnerung des damaligen Publikums und deren Erzählform untersuchen zu können, wird ein spezifisches Erhebungsinstrument benötigt. Im Folgenden wird das narrative Interview als Methode der Generierung von Kinoerinnerung dargestellt.

---

81 Anmerkung: Am 3. 7. 1962 schließt Kino in Saal aus mangelnder Rentabilität. (Quelle: Kirsch 1994, S. 385/386.)
82 Foto: Privatbesitz Hans Kirsch.

3. Das narrative Interview als Erhebungsinstrument von Kinoerinnerung

Zu Beginn gilt es, ein geeignetes Erhebungsinstrument auszuwählen. Eine etablierte kinogeschichtliche Untersuchungsmethode ist die Programmanalyse. Darin werden die Programmstruktur der lokalen Presse untersucht und Erkenntnisse durch weitere archivalische Quellen validiert. Individuell-biografische Kinoerinnerungen finden sich jedoch selten in der historischen Lokalpresse St. Wendels. Es werden im Untersuchungszeitraum von 1930 bis 1945 vor allem Filme in Anzeigen und Artikel beworben, Aussagen über die Aufgaben des Films veröffentlicht oder Filmstars portraitiert. Inhalte über das örtliche Publikum und deren Kinogeh-Verhalten sind selten Teil der Artikel. Die regionale Verknüpfung verbleibt zumeist bei der Nennung des Kinos.

Individuelle Kinoerinnerungen zu generieren stellt das Erhebungsinstrument vor besondere Aufgaben, denn es muss einen Erinnerungsprozess abbilden können. Dabei sind Kinoerinnerungen in sich alles andere als homogen, sondern sehr komplex als visuell geprägte Erinnerungen im Kopf des Erzählers, die verbalisiert werden müssen. Die Erhebung muss folglich die notwendige Freiheit und Ergebnisoffenheit bieten, um zum Erzählen zu animieren. Deshalb ist dieses Forschungsprojekt explorativ auf der qualitativen Ebene angelegt.[83]

Als Erhebungsmethode wurde das narrative Videointerview in Anlehnung an Fritz Schütze ausgewählt, der ein in der Wissenschaft weit beachtetes Befragungsverfahren in der biografisch-orientierten Forschung entwickelt hat.[84] Im Gegensatz zu durch Leitfragen gestützten Interviews steht hier die erzählerische Formulierung von Lebenserinnerung im Vordergrund des Erhebungsdesigns. Diese ursprünglich aus der qualitativen Sozialforschung kommende Methode wurde längst von anderen Fachbereichen, insbesondere von der Kultur- und Geschichtswissenschaft, adaptiert.

---

83 Küsters, Ivonne: Narrative Interviews. Grundlagen und Anwendungen. Wiesbaden 2009, Kapitel 3, S. 17–38.
84 Schütze, Fritz: Biographieforschung und narratives Interview. In: Neue Praxis. Kritische Zeitschrift für Sozialarbeit und Sozialpädagogik. Bd. 13, S. 283–293.

Fritz Schütze vertritt die These, dass soziale Wirklichkeit nicht außerhalb des Handelns der Gesellschaftsmitglieder existiere, sondern diese entstehe durch interaktive Kommunikation und ist damit Ausdruck eines Prozesses, den er »on going social prozess« nennt.[85] Im Mittelpunkt steht, »wie das Handeln bzw. die das Handeln anleitenden Orientierungsstrukturen der einzelnen Gesellschaftsmitglieder, wie die sprachliche Interaktion und die gemeinsam geteilte bzw. hergestellte soziale Wirklichkeit miteinander zusammenhängen«.[86] Schütze betrachtet die soziale Wirklichkeit »von innen«, das heißt aus der Perspektive von Individuen.[87]

Mithilfe des narrativen Interviews ist eine Erhebungsgrundlage geschaffen, mit der das Verstehen des sozialen Phänomens der Erinnerung an den Kinobesuch gefördert wird. Sie eignet sich durch ihren Aufbau gut zur Rekonstruktion von Prozessen und zur Typologisierung der Kinoerinnerung und bietet die nötige Offenheit und Kommunikation, um Erzählungen zur anschließenden Analyse und Interpretation entstehen zu lassen. Im Folgenden wird die Erhebungsmethode näher erörtert. Viele Punkte beziehen sich auf Ivonne Küsters Grundlagenwerk »Narrative Interviews«, das einen weitreichenden Überblick über die Methode und deren Anwendung bietet.[88] Zunächst wird näher dargestellt, welche Rolle das Stegreiferzählen im narrativen Interview spielt.

3.1   Das Stegreiferzählen – Die Verbindung zur Erzähltheorie

»Darin besteht nämlich das Ziel des narrativen Interviews: im Stegreiferzählvorgang eigener Ereignisverwicklungen die in die Gegenwart transportierte Erfahrungsaufschichtung, auf die in den Handlungs- und Interaktionsabläufen der je aktuellen Alltagspraxis nur mit relativ allgemeinen Vorstellungsrahmen, Denkkategorien und Interpretationsfolien Bezug genommen wird, durch die Dynamik des Erzählvorgangs wieder zu verflüssigen und so der Tendenz nach, trotz der notwendigen Raffungen und Erinnerungsverluste, den damaligen Erlebnisstrom erneut zu verlebendigen und auf diese Weise die Erfahrungsaufschichtung des Gedächtnisses zu konkretisieren und aufzufrischen.«[89]

---

85 Schütze, Fritz: Was ist kommunikative Sozialforschung? Thesen zur Arbeitstagung »Regionale Sozialforschung«. In: Gärtner, Adrian/ Hering, Sabine: Regionale Sozialforschung, Modellversuch »Soziale Studiengänge« an der GhK, Materialien 12, Kassel 1978, S. 117 ff.

86 Küsters (2009), S. 18.

87 Flick, Uwe/ Kardorff, Ernst von/ Steinke, Ines (Hg.): Was ist qualitative Forschung. Einleitung und Überblick. In dies.: Qualitative Forschung. Ein Handbuch. Reinbeck bei Hamburg 2000, S. 14.

88 Küsters (2009), S. 17–38.

89 Schütze, Fritz: Das narrative Interview in Interaktionsfeldstudien I. Studienbrief der Fernuniversität Hagen 1987, S. 237.

Im Mittelpunkt des narrativen Interviews steht inhaltlich die biografische Kommunikation. Schütze stellt dabei das Stegreiferzählen ins Zentrum seiner Methode, welches ohne große Vorbereitung von Seiten des Erzählers im Laufe des Gesprächs entstehen soll. Einflüsse auf den Erzählgegenstand, die sich durch die Retrospektive und den Interviewrahmen ergeben, können durch diese besondere Art des Erzählens aufgespürt und leichter überwunden werden. Trotz aller Widrigkeiten wie dem Erinnerungsverlust und raffende Passagen erzähle laut Schütze der Interviewpartner frei ohne vorheriges Einüben und strategische Formung der Geschichte.[90]

An dieser Stelle sei betont, dass gerade diese Art der nachträglichen Verformung im Rahmen der Generierung der Kinoerzählung Gegenstand der Analyse dieser wissenschaftlichen Arbeit über die Kinoerinnerung ist und somit keine Verzerrung der Erhebung darstellt, denn untersucht werden soll, in welcher Art und Weise über das Kino der Jugendzeit gerade durch die Retrospektive heraus erzählt wird.

In diesem Zusammenhang muss auf die Interviewsituation näher eingegangen werden. Ein Interview stellt natürlich für den Gesprächspartner keine alltägliche Kommunikationssituation dar und die Anwesenheit einer Kamera verstärkt zudem diesen Effekt. Es herrscht eine unterschiedlich hierarchische Rollenverteilung mit unterschiedlichen Sprecherinteressen, die in der Auswertung berücksichtigt werden müssen. Im Falle der Untersuchung von Kinoerinnerungen wurde das Interview in Form eines Gesprächs in gewohnter Umgebung zu Hause durchgeführt. Ein Vorgespräch und die persönliche Vermittlung der Interviewpartner vor Ort in St. Wendel sorgten zudem für das nötige Vertrauensverhältnis. Des Weiteren sollte kein Alltagsgespräch in der Familie simuliert werden, sondern ein Gespräch in angenehmer Atmosphäre geschaffen werden, in dem Erinnerungen an das Kino, auch im Hinblick auf ihre Konservierung im Gedächtnis für die kommende Generation, formuliert werden können. Das Aufnehmen auf Video bietet darüber hinaus einen entscheidenden Vorteil für die Analyse. Gerade ein visuell geprägter Erinnerungsgegenstand wie das Kino und die gezeigten Filme erfordert eine audiovisuelle Auswertung. Mithilfe von Videomaterial können so auch nonverbale Erinnerungsmodi an das Kino in Form von Gestik und Mimik in der Auswertung berücksichtigt werden.[91]

»Nicht nur der ›äußerliche‹ Ereignisablauf, sondern auch die ›inneren Reaktionen‹ die Erfahrungen des Biographieträgers mit den Ereignissen und ihre interpretative Ver-

90 S. o.
91 Dazu gibt es bereits Studien etablierter Sprachwissenschaftler wie Sager, Sven F.: Osnabrücker Hefte zur Sprachtheorie. Heft 70 (2005) OBST Nonverbale Kommunikation im Gespräch. Die Autorin achtet in diesem Zusammenhang den Wunsch der Interviewten, weder das Videomaterial noch Fotos zu veröffentlichen.

arbeitung in Deutungsmustern gelangen zur eingehenden Darstellung. Zudem werden durch den Raffungscharakter des Erzählvorgangs die großen Zusammenhänge des Lebensablaufs herausgearbeitet, markiert und mit besonderen Relevanzsetzungen versehen. Schließlich kommen auch Stümpfe der Erfahrung von Ereignissen und Entwicklungen zum Ausdruck, die dem Biographieträger selbst nicht voll bewußt werden, von ihm theoretisch ausgeblendet oder gar verdrängt sind oder doch zumindest hinter einer Schutzwand sekundärer Legitimationen verborgen bleiben sollen.«[92]

Einen weiteren Vorteil in dieser Untersuchungsmethode sieht Schütze in der Analyse der »inneren Reaktionen«.[93] Stegreiferzählungen bieten die Möglichkeit der Analyse der Interpretationsschemata, indem Erinnerungen nachträglich gewichtet werden, und sind deshalb essentiell wichtig zur Ermittlung der biografischen Identität. Dies gilt ausdrücklich auch für die Kinoerinnerungen. Durch die explorative Ausrichtung des narrativen Interviews tritt der Forscher weitestgehend in den Hintergrund. Somit eignet sich die Methode gut, um Gründe des Kinobesuchs im Lebenslauf und deren Einflüsse auf die medienbiografische Identität zu eruieren.

3.2   Hinweise zur Durchführung: Die drei Phasen des Interviews

Schütze gliedert das narrative Interview in drei Teile: Der erste Teil beinhaltet nach einer kurzen Erzählaufforderung die autobiografische Anfangserzählung, in der sich der Interviewer zurücknimmt. Die Erzählaufforderung stellt eine offene Frage dar, die zum Erzählen animiert. Im folgenden zweiten Teil, dem so genannten Nachfrageteil, stellt der Interviewer bevorzugt nur Fragen, die zum Erzählen auffordern. Erst im letzten Teil werden Fragen zur Abstraktion gestellt, die auch routinemäßige Handlungen und Begründungen mit einbeziehen.[94] Hierbei handelt es sich um eine lineare und idealtypische Darstellung. In der Praxis der mündlichen Befragung komme es, so Küsters, durchaus auch zu Abweichungen von dieser Reinform durch Mischen der drei Teile.[95] Die Beschreibung der Durchführung des narrativen Interviews betont den größtmöglichen Raum, den die Befragten zur Herstellung von Kinoerzählungen erhalten können.

---

92 Schütze (1983), S. 285–286.
93 Schütze (1983), S. 286.
94 Schütze (1983), S. 285.
95 Küsters (2009), S. 53.

3.3   Die Auswahl der Stichprobe

Um narrative Interviews durchzuführen zu können, bedarf es einer ausreichenden Vertrauensgrundlage zwischen den Gesprächspartnern. Dass sich die Kinoerinnerungen zumindest zum Teil auf die NS-Zeit beziehen, erschwert den Zugang zu den Befragten. Bedenken und Ängste hinsichtlich nachträglicher Anklage behindern die Bereitschaft für ein Interview. Demgegenüber stehen die Ansprüche des Prinzips der »theoretischen Repräsentativität«.[96] Dies bedeutet, dass die Stichprobe ein Abbild der theoretisch relevanten Kategorien darstellen soll. Küsters nennt dies »theoretisches Sampling«.[97]

Gezielt befragt wurde die Generation der Kinojugend in St. Wendel, die sich in den 1930er bis 1950er Jahren im Alter der Adoleszenz befand. Es wurde darauf geachtet, dass die Interviewpartner möglichst einen Querschnitt der relevanten Jahrgänge 1915 bis 1937 abbilden, um so Charakteristika der kollektiven Erinnerung dieser Generation herausarbeiten zu können. Die Auswahl der Interviewpartner geschah nach folgenden Kriterien: Alter, Geschlecht, Wohnort, Bildungsgrad beziehungsweise Milieu und Zugang zum Kino.

Zur Erhebung der Kinoerinnerung wurden 15 Personen befragt.[98] Im Hinblick auf die regionale Ausrichtung des Forschungsinteresses begrenzte sich die Stichprobe auf Menschen, die in der Adoleszenz Zugang zu den St. Wendeler Kinos hatten. Um die Region abbilden zu können, wurde noch einmal territorial zwischen der Stadtbevölkerung und der Landbevölkerungen in den angrenzenden Dörfern unterschieden. Drei Interviewpartner stammen direkt aus der Stadt St. Wendel und lebten damals in unmittelbarer Nähe zu den St. Wendeler Kinos. Zudem wurden sieben Personen aus Oberlinxweiler befragt, einem angrenzenden Stadtteil St. Wendels. Die dritte Befragungsgruppe umfasste Interviewpartner in den Nachbardörfern Saal und Niederkirchen, etwa sieben Kilometer von St. Wendel entfernt und damit die ländlichste Umgebung des Untersuchungsraums.

Zum Interview erklärten sich drei Männer und insgesamt zwölf Frauen bereit. Dahinter verbergen sich hauptsächlich demografische Hintergründe. Dieser Umstand ermöglicht es jedoch, genderspezifische Faktoren im Hinblick auf eine weibliche Kinoerinnerung in die Auswertung hineinzunehmen. Im Hinblick auf den Bildungsstand wurde ein Querschnitt abgebildet. Die Befragten haben zum Teil einen akademischen Hintergrund, zum Teil auch Volksschulabschlüsse. Dementsprechend breit sind auch die Berufe der Befragten: von der Hausfrau

---

96 Hermanns, Harry: Die Auswertung narrativer Interviews. Ein Beispiel für qualitative Verfahren. In: Hoffmeyer, Zlotik, Jürgen (Hg.): Analyse verbaler Daten. Opladen 1992, S. 116.

97 Küsters (2009), S. 48. In Bezug auf: Strauss, Anselm/ Corbin, Juliette: Grounded Theory: Grundlagen qualitativer Sozialforschung. Weinheim 1996.

98 Vgl. Anhang 3: Liste der Interviewpartner, S. 172 f.

über Fachangestellte im Verkauf bis hin zu hohen Positionen im Landkreis oder auch im schulischen Bereich.

Die Interviewlänge erstreckt sich zwischen 15 Minuten und 80 Minuten und gibt einen Hinweis darauf, wie unterschiedlich stark die Gesprächsgrundlage zum Thema »Kino« ausgeprägt war.

3.4   Fragestellungen der Erhebung der Kinoerinnerungen

Die Erzählaufforderung solle nach Schütze ein Gespräch in Gang setzen, ohne Ergebnisse vorwegzunehmen.[99] Um eine Vergleichbarkeit zu erhalten, empfehle es sich, so Küster, zu Beginn immer die gleiche Frage zu stellen. Zur Erhebung der Kinoerinnerung bietet sich der erste Kinobesuch als Einstiegsfrage an. Somit setzt die Fragestellung an dem insistierenden Punkt in der Medienbiografie der Interviewpartner an. In dieser Frage bereits angelegt sind die lebensbiografische Ausrichtung des Gesprächs im Nachfrageteil und damit auch eine gewisse Chronologie des Gesprächsverlaufs. Die Tabelle im Anhang 2 zeigt einen Querschnitt aller Themenfelder, die in den Interviews befragt wurden, ohne Maßgabe, gemäß der gewünschten Offenheit des Gesprächsverlaufs, zu allen Punkten Fragen stellen zu müssen oder eine Reihenfolge einzuhalten.[100]

3.5   Grenzen und Abgrenzungen innerhalb des ausgewählten Verfahrens

»Wer sich erinnert, lügt«, so lautet die Überschrift der Rezension der FAZ zu Harald Welzers Publikation »Das kommunikative Gedächtnis«.[101] Welzer betont in seiner Publikation aus neurologischer und kulturwissenschaftlicher Sicht die Dynamik und auch Kreativität des menschlichen Gedächtnisses.[102] Kritiker der biografischen Erzählung sehen in der Authentizität das Hauptproblem, denn Fiktionalität sei nicht immer direkt erkennbar. Hinzu komme das mögliche Beeinflussen von Antworten durch die Fragestellung, denn geantwortet werde in Orientierung an sozialer Erwünschtheit. Zumindest im Nachfrageteil biete sich, anders als bei anderen Methoden, jedoch die Möglichkeit, Fiktion und Verzer-

---

99 Schütze (1983), S. 285.
100 Vgl. Anhang 2: Liste der Themenfelder der Befragung, S. 171 f.
101 Quelle: Frankfurter Allgemeine Zeitung, 08.10.2002, Nr. 233 / Seite L34. Online unter:
     http://www.faz.net/aktuell/feuilleton/buecher/rezension-sachbuch-wer-sich-erinnert-luegt-
     1550094.html (Stand: 1.3.2014).
102 Welzer (2008).

rungen zu entlarven, betont Küsters.[103] Die erhobenen Kinoerinnerungen aus den Videointerviews sind letztendlich im Spiegel der historischen Ereignisse zu betrachten, so dass parallel ein genaues Studium amtlicher, publizistischer und archivalischer Quellen notwendig ist. Dies bietet die Möglichkeit, an gegebener Stelle das Spannungsverhältnis zeitgenössischer Wahrnehmung und die Erinnerung daran aus heutiger Sicht einander gegenüberzustellen. Im Falle der Kinoerinnerungen im gewählten Untersuchungszeitraum ist es notwendig, die individuellen Erinnerungen als Teil der Rezeptionsgeschichte in den Kontext der Gleichschaltungspolitik und Propaganda des Nationalsozialismus sowie des Kriegsgeschehens und dessen Folgen einzuordnen.

Die angedeuteten Grenzen beeinträchtigen das Ziel der Forschungsfrage jedoch in keiner Weise. Die durchgeführten narrativen Interviews dienen nicht der Generierung von Faktenwissen, denn hierfür eignen sich andere Untersuchungsmethoden anhand von archivalischen Quellen, wie beispielsweise die Programmanalyse. Erinnerungen an das Kino gestalten sich immer subjektiv, sie werden im Laufe der Zeit verformt. Im Fokus der Betrachtung soll der narrative Prozess der mündlich generierten Kinoerinnerung stehen, somit deren Erfahrungsaufschichtung im Gedächtnis und in welcher Form diese Geschichten erzählt werden.[104] Damit ist nicht die Biografie Gegenstand der Untersuchung, sondern biografische Kommunikation der Kinoerinnerung.

---

103 Küsters (2009), S. 35.
104 In Anlehnung an: Schütze (1983), S. 285.

4. Das interdisziplinäre Analyseinstrumentarium zur Untersuchung der Kinoerinnerung

Eine am Kinobesuch orientierte medienwissenschaftliche Theorie unter der besonderen Berücksichtigung der Formen von erzählter Erinnerung fehlt im Rahmen der Mediengeschichtsschreibung bislang fast vollständig. Deshalb ist es notwendig, neue Wege zu beschreiten, um diese Lücke zu füllen. In diesem Kapitel wird ein interdisziplinäres Analyseinstrumentarium dargestellt, um narratologische Formen des Erinnerns an das Kino zu analysieren und in einem Funktionszusammenhang darstellen zu können. Ausgehend von der Regionalität und Individualität des Untersuchungsfelds ist ein schrittweises Vorgehen von der Mikro- zur Makro-Ebene notwendig.

Schritt 1:
Die Analyse der Erzählung des Kinobesuchs auf der Mikroebene

In sich abgeschlossene, individuelle Erzählungen über Kinoerlebnisse werden einzeln erzähltechnisch und gesprächsanalytisch untersucht. Schwerpunkt der Erzähltextanalyse bilden nach der Theorie von Gérard Genette die Ebenen Ordnung, Dauer, Frequenz, Modus und Stimme.[105] Hinzu kommt eine Stilanalyse, die insbesondere auf sprachliche Visualisierungsmöglichkeiten ausgelegt ist. Rhetorische Mittel, wie die Metapher, sind in diesem Zusammenhang zu nennen. Mit der linguistischen Gesprächsanalyse kommt die Ebene des zweiten Interaktanten, folglich die Rolle des Interviewers, hinzu, indem Gesprächsstrategien im Ganzen und Gesprächsschritte zur Kinoerinnerung im Kleinen unter Berücksichtigung der nonverbalen Kommunikation untersucht werden.[106] Die Vereinigung beider Untersuchungsebenen kennzeichnet den ersten Schritt zur Analyse der Erzählungen über den Kinobesuch, um anschließend in Schritt zwei Formen des Erinnerns an den Kinobesuch zu kategorisieren.

---

105 Genette (2010), S. 17–171.
106 Brinker/ Sager (2006).

Schritt 2:
Kategorisierung der Kinoerinnerung

Erinnerungen an die Rezeption eines visuellen Mediums kennzeichnen sich durch ein antithetisch aufgebautes Spannungsgefüge: Nähe versus Distanz, Eigenes versus Fremdes, Vergangenheit versus Gegenwart, Verbalität versus Nonverbalität und schließlich Fiktionalität versus Realität. Dieses Gefüge bildet die Grundlage für die Aufstellung eines allgemeingültigen Systems, das die beiden Parameter, Erinnerungsgegenstand Kino und die Narration der Erinnerung daran, in einen Beziehungszusammenhang stellt. Erkenntnisse der bisherigen kultur- und medienwissenschaftlichen Theorie werden mit eingebunden und verglichen. Die Kinoerzählungen werden anschließend in den Gedächtniskarten der Erzähler verortet, um diese in einen Funktionszusammenhang darzustellen und zu klassifizieren.[107]

Schritt 3:
Kontextualisierung und Analyse des Medienhandelns im Lebenslauf

In einem dritten Schritt werden in Anlehnung an Halbwachs exemplarisch Rahmenbedingungen des Kinobesuchs untersucht, indem historische, politische und gesellschaftliche Einflussfaktoren auf das Medienhandeln im Lebenslauf bestimmt werden. Für den Untersuchungszeitraum dieser Arbeit sind vor allem zwei historisch-politische Themenbereiche zu berücksichtigen: die nationalsozialistische Propaganda und die Folgen des Zweiten Weltkriegs. Hinzu kommt in einem zweiten Teil der zeitlich-biografische Rahmen. Mithilfe der Theorien aus der Cinema-Going-Forschung wird das Medienhandeln im Kontext des Lebens der befragten Zeitzeugen ermittelt.[108] In dieser Untersuchung kommt der Erinnerung an den ersten Kinobesuch eine besondere Bedeutung zu, da es sich um das initiierende Ereignis im Medienkonsum des Rezipienten handelt. Schwerpunkt bildet daran anknüpfend die Veränderung der Bedeutung des Kinos im Lebenslauf und damit auch die Veränderungsdynamik der Kinogehfrequenz. Mithilfe der Motivationsanalyse gilt es herauszufinden, wie sich diese Einflussfaktoren im Verlauf des Lebens verändern und welche Auswirkungen sie damit auf die Kinogehmotivation haben.

---

107 Vgl. Kuhn, Annette: Was tun mit der Kinoerinnerung? In: montage AV 19/1/2010, S. 117–134.
108 Prommer, Elisabeth: Kinobesuch im Lebenslauf: eine historische und medienbiographische Studie. Konstanz 1999.

Schritt 4:
Untersuchungen zum kollektiven Kinogedächtnis auf der Makroebene

Zum Schluss erfahren alle Aspekte der interdisziplinären Fragestellungen eine integrative Bündelung, bei der es zu klären gilt, in welcher Form die herausgearbeiteten Ergebnisse Beiträge zur Erforschung eines kollektiven Kinogedächtnisses einer Generation liefern. Was verbindet die Menschen in ihren gemeinsamen Erinnerungen an das Kino und die gezeigten Filme? Und welche Rückschlüsse lassen sich daraus für das damalige jugendliche Publikum ziehen? Aus kulturwissenschaftlicher Perspektive werden abschließend Charakteristika der Erinnerungskultur an das Kino einer Generation der Kinojugend der 1930er bis 1950er Jahre, exemplarisch gezeigt an der Region St. Wendel, bestimmt.

5. Die narratologische Untersuchung der Kinogeschichten

Die Untersuchung der erzählten Kinoerinnerung beginnt auf der Mikroebene. Im Rahmen der narrativen Interviews kommt es immer wieder zu längeren Gesprächsschritten, in denen in sich abgeschlossene Geschichten erzählt werden. Diese werden in diesem Kapitel auf ihre Merkmale hin untersucht; dabei ist es thematisch in folgende Kategorien eingeordnet:

5.1 Filmisch-biografische Narrative
5.2 Geschichten, die im Kino spielen
5.3 Geschichten auf dem Weg ins Kino
5.4 Filmische Adaption in der Alltagswelt

Kapitel 5.1 »Filmisch-biografische Narrative« vereint alle jene Erinnerungen, die um die gesehenen Filme kreisen. Exemplarisch werden drei Filmerinnerungen analysiert: Erinnerungen an BEN HUR, FÄHRMANN MARIA und DER ABTRÜNNIGE. Bei der Analyse wird besonderer Wert darauf gelegt, das Zusammenspiel aus filmischem Plot, erinnertem Bild und biografischer Narration zu untersuchen. Die obige Auflistung der vier Kategorien der narratologischen Untersuchung des Kinobesuchs deutet jedoch schon darauf hin, dass in vielen Kinoerinnerungen der gesehene Film nicht im Vordergrund steht. Kapitel 5.2 »Geschichten, die im Kino spielen« handelt von Erzählungen, die im Kino selbst stattfinden. Dazu gehören sowohl Rezeptionserlebnisse im Kinosaal als auch Geschichten hinter den Kulissen und an den Ein- und Ausgängen des Kinos. Untersucht wird, welche erzähltechnischen Formen gewählt werden, um das Kino als Ort in Erzählungen zum Handlungsträger werden zu lassen. Des Weiteren spielen Geschichten häufig auf dem Weg zum Kino. Welche Erzählstrategien gewählt werden, um Geschichten vor und nach dem Kinobesuch entlang von Stationen zu situieren, wird in Kapitel 5.3 »Geschichten auf dem Weg ins Kino« näher betrachtet. Im letzten Kapitel 5.4 »Filmische Adaption in der Alltagswelt« finden sich Erzählungen, in denen die Kinoerlebnisse als Erinnerungsspuren in Alltagsgeschichten integriert sind. Deren erzähltechnische Formung wird im letzten Kapitel eruiert.

Die Kinoerinnerungen werden im Folgenden aus erzähltechnischer und gesprächsanalytischer Perspektive untersucht, um anschließend typische Formen und Strukturen des Erzählens über das Kino herauszuarbeiten. Begonnen wird mit Erinnerungen an Filme.

5.1   Filmisch-biografische Narrative

>»[...] Der hat mir einfach/ Der hat mich fasziniert! Das war damals/ Wie gesagt, ich bin
>ja nicht oft ins Kino gegangen. Ganz wenig, ne. Und damals hat mich meine Tante
>mitgenommen und ihr Mann. Und dann weiß ich noch, dass es damals DER DRITTE
>MANN war. Das hat sich damals gedreht um (.) das Penicillin, wie das entdeckt worden
>ist und wie sie das dann/ und das hat ja dann einer gestohlen und der hat das dann noch
>einmal/ Das sind sie dann immer dem auf der Spur gewesen für den da zu bekommen.
>Das war der Inhalt von dem Film, net. Das weiß ich noch. Aber sonst, kann ich eigentlich
>nicht viel vom Kino erzählen.«[109]

Filmplots werden selbst Jahrzehnte, nachdem der Film gesehen wurde, immer noch erzählt. Wie bei Helene Schubmehls Erinnerung an den Film DER DRITTE MANN deutlich wird, ruft die Erinnerung an den Filmplot positive Emotionen hervor. Vor allem die Rarität ihrer Kinobesuche macht diesen einen Film zu einem besonderen Erlebnis. Wenngleich Helene Schubmehls Erinnerung an den Film DER DRITTE MANN recht kurz ausfällt, zeigt sich an diesem Beispiel dennoch deutlich, wie erinnerte Filmhandlungen Teil des Gedächtnisses bleiben.

Es werden in den folgenden Abschnitten drei detaillierte Filmerinnerungen erzähltechnisch untersucht. Die erste Erzählung in Kapitel 5.1.1 »Das Sakrileg« handelt über den Film DER ABTRÜNNIGE, der die Geschichte eines Geistlichen erzählt, der der Kirche abgeschworen hat. Irma Klein besuchte mit ihrer Schulklasse in den 1920er Jahren den Film BEN HUR. Ihre Erinnerungen werden in Kapitel 5.1.2 »Ben Hur und der Ziegel« untersucht. Das letzte Beispiel 5.1.3 »›Fährmann, hol' über!‹ oder der Blick in den Tod« handelt über den Film FÄHRMANN MARIA. Im Mittelpunkt von Elfriede Haßenteufels Erinnerung steht eine Szene, in der die Protagonistin zum ersten Mal auf den »Tod« trifft. Im Folgenden wird Franz-Josef Denis' Geschichte über das Sakrileg in Form eines entweihten Sektkübels untersucht.

---

109 Interviewausschnitt Helene Schubmehl (geb. 1929), aus Oberlinxweiler.

5.1.1 Das Sakrileg

Im Zentrum des Films DER ABTRÜNNIGE aus dem Jahr 1920 steht die Rückkehr des Protagonisten zum katholischen Glauben.[110] Der Stummfilm von Heinrich Valentin und das Remake aus den 1950er Jahren wurden aufgrund ihrer Dramatik und wegen der »konfessionellen Propaganda« durchaus kontrovers diskutiert.[111] In seiner Ausgabe vom 17. 11. 1954 beschreibt der Spiegel den Inhalt des Films wie folgt:

> »DER ABTRÜNNIGE (Frankreich). Ein vom Katholizismus abgefallener Priester erschlägt im Glaubensstreit seinen Freund und findet dadurch zur Kirche zurück. Der Regisseur und Autor Léo Joannon hat seiner konfessionellen Propaganda so viel – nicht nur geistig-seelische – Dramatik beigegeben, daß der Diskussionsfilm auch die am Problem zunächst kaum Interessierten aufregt. Großartig, gegen Dogmen, gegen Fromme, Unfromme und auch sich selbst anwütend: Pierre Fresnay als der Abtrünnige. (SFC/Gaumont.)«[112]

Franz-Josef Denis gehörte in seiner Jugendzeit nicht zu den regelmäßigen Kinogängern. Ein Film ist ihm jedoch bis ins hohe Alter im Gedächtnis geblieben: DER ABTRÜNNIGE. Bei Betrachtung des beschriebenen Filminhalts erstaunt es, dass Denis tragische Momente des Films, wie den Tod des befreundeten Seminaristen, nicht erwähnt. Somit bleibt der Erzählhöhepunkt als essentieller Punkt im Spannungsbogen des Films unerzählt. Stattdessen erzählt Denis eine ganz bestimmte Szene mit einer metaphorisch aufgeladenen Requisite. Seine Gedanken kreisen um einen Sektkelch inklusive konsekrierten Wein als Symbol für den Leib Christi. Immer wieder kommt er während seiner Erzählung auf diese Szene mit dem Kelch zurück:

> *»Können Sie sich dennoch noch an Filme erinnern? Ich meine mich daran zu erinnern, dass es da so einen Film zum Karfreitag gab.*
>
> *Denis: (Überlappung) Ja! Da kann ich mich entsinnen. Das war eine Sache. Da gab es einen Film, der hieß DER ABTRÜNNIGE. (...) (.) Das war die Geschichte eines Geistlichen, eines katholischen Geistlichen, der (.) seinen Beruf aufgegeben hatte und sich als, weiß nicht warum, irgendeinem Grunde, dann nichts mehr mit zu tun haben wollte. Und da ging das los im Film. Was der da machte und wie er sich da aus der Klemme zieht. (Gestik des Herauswindens mit den Händen) Wie er dann an einer Universität unterrichtet und wie er mit Studenten zusammenkommt und wie dann (.) (...) auch (.) Studenten der Theologie, also aus dem Priesterseminar, (.) (...) in einer Runde saßen eines Tages, da kann ich mich an diese (!) eine Szene erinnern (lächelt) und (.)/ (...) Das war auch ein Film wegen dieses Inhalts und des Themas, den meine Eltern dann (.) mir*

---

110 Vgl. Eintrag im Filmportal des Deutschen Filminstituts, Online unter: http://www.film portal.de/film/der-abtruennige_b859b8f6b839494aaf07e748bcc8f760 (Stand 22. 4. 2014).
111 DER SPIEGEL 47/1954 vom 17. 11. 1954, S. 41.
112 S. o.

erlaubt haben zu sehen. Das/ Der lief ausgerechnet an Karfreitag. Also deswegen ist das mir so im Gedächtnis/, weil das damals eine wirklich (.) (…) sagen wir mal Ausnahmesituation war. Da war also, ich weiß nicht, wenn Sie sich interessieren über den Inhalt des Films (zustimmendes hmm) vielleicht gibt es ihn noch in einem verstaubten Archiv. (.) Ich kann mich noch an eine Szene erinnern, die sehr bewegend war. Da hat dieser (.) entsprungene Geistliche (.) in einem Sektkübel eine ganze Flasche Wein konsekriert, wie das in der Kirche war, also in der Wandlung verwandelt (Gestik des Händedrehens) und dann (.) wollte er das im Kreis herumgeben und, (.) (…) ich weiß nicht, wer/ (.) Es ist Ihnen wohl bekannt (…) die/ die (.) Lehre der katholischen Kirche (unterstreichende Gestik der Hände) (zustimmendes hmm) mit dem konsekrierten Wein, der dann das Blut Christi (unterstreichende Gestik der Hände) darstellt, und dann hat einer dieser jungen Theologiestudenten das als ein Sakrileg angesehen und wollte nicht, dass da irgendwie die anderen sich darüber lustig machen. Holt den ganzen Sektkübel und trinkt ihn in einem Zug aus. Das war also sehr (lacht) erstaunlich und eine/ eine bewegende Szene (lacht), kann ich mich noch daran erinnern, weil das so was Besonderes (Gestik der Hände) war.«[113]

Bereits während der insistierenden Frage unterbricht Franz-Josef Denis die Interviewerin und übernimmt vorzeitig das Rederecht. Dies unterstreicht sein starkes Bedürfnis, die Geschichte über den Abtrünnigen zu Karfreitag zu erzählen. Denis beginnt seinen Gesprächsschritt mit der Beteuerung, dass er sich an diesen Film noch gut erinnern könne. Dies gleicht einem Wunsch nach Legitimation zum Erzählen, fast so, als müsse er erst die Wahrhaftigkeit seiner Erinnerung verifizieren.

Bevor Denis auf die eigentliche Szene zu sprechen kommt, gibt er die inhaltlichen Eckpunkte des Films wieder, die für seine Geschichte relevant sind: »Das war die Geschichte eines Geistlichen, eines katholischen Geistlichen.«[114] Den Namen des Geistlichen nennt Denis nicht, jedoch seine Profession, die er im Nebensatz mit dem Attribut »katholisch« ergänzt. Am Ende der inhaltlichen Einführung in den Film verbleibt die Hauptfigur schemenhaft, auf ihren Beruf reduziert und austauschbar. Eine Implementierung findet jedoch der Konflikt der Geschichte in Form der Abkehr des Helden von seiner Berufung und somit stellt Denis dieses Dilemma in den Mittelpunkt seiner Filmerzählung.

Mit dem diskursiven Marker »Und da ging das los mit dem Film« kündigt Denis explizit den Beginn der Erzählhandlung an.[115] Es folgt eine kumulierende Aneinanderreihung von chronologischen Abläufen mit der Konjunktion »wie«, die eine starke Raffung des Geschehens zur Folge hat. Er greift zunächst proleptisch der Handlung vor, indem er die Lösung eines Konflikts mit dem Ausspruch »aus der Klemme ziehen« andeutet. Seine Gestik mit den Händen un-

---

113 Interviewausschnitt Franz-Josef Denis (geb. 1927), aus St. Wendel.
114 Interviewausschnitt Franz-Josef Denis.
115 S. o.

terstützt dabei das Herauswinden illustrativ. Die Vorausdeutung erzeugt beim Zuhörer durch den Wissensvorsprung Neugier und damit erzähltechnisch Spannung. Es folgt der Aufbau des Settings der Geschichte und das Einführen weiterer Figuren der Filmhandlung. Dies stellt Denis während des Erzählens vor eine besondere Aufgabe; mehrere Sprechpausen deuten auf seine stockende Erinnerung. Die erinnerte Szene lokalisiert Denis daraufhin konkreter im studentischen Milieu des Priesterseminars.

Mit »eines Tages« setzt Denis einen zeitlichen Marker und trennt damit die gerafft erzählte Vorgeschichte von der Kernhandlung. Eine Verstärkung erfährt der zeitliche Marker durch die wiederholte Ankündigung »Da kann ich mich an diese (!) eine Szene erinnern«.[116] Doch vor Beginn der Kernhandlung fügt Denis der Erzählung einen erklärenden Einschub hinzu; die initiierte Aktion erfährt damit eine jähe Zäsur. Indem die Legitimation des Kinobesuchs durch die Eltern betont wird, zeigt sich, dass der Kinobesuch sozialen Abhängigkeiten unterworfen war. Der zweite Hinweis seines erklärenden Einschubs betrifft die wiederholte Reflexion seiner Erinnerungsleistung. Denis nennt den besonderen Feiertag als Fixierung seines Kinobesuchs, der ihm als Erinnerungsstütze dient. Dass ein Film über einen Geistlichen, der sich von der katholischen Kirche abgewandt hat, an Karfreitag lief, erweckt sein Unverständnis, das Franz-Josef Denis mit einer leicht schüttelnden Kopfbewegung kommentiert.

Eine Gesprächsschrittübergabe kündigt sich an, indem Denis die Interviewerin direkt anspricht. Da die Angesprochene durch ein zustimmendes Hörersignal den Gesprächsschritt bei Denis belässt, kehrt Denis zur angekündigten Szene zurück: »Ich kann mich an eine Szene erinnern, die sehr bewegend war«.[117] Dadurch dass die Zuhörerin Denis zum Erzählen animiert, wird sie zur Komplizin des Erschaffens der Kinoerinnerung. Denis beschreibt im Weiteren, wie der Geistliche einen Sektkübel mit Wein füllt und konsekriert. Dies veranlasst ihn zu einer erneuten Ansprache der Interviewerin: »Es ist Ihnen wohl bekannt (…) die/ die (.) Lehre der katholischen Kirche«.[118] Denis ergänzt nun die Symbolik des Requisits in Form des Bluts Jesu Christi und die Szene, die bereits zweimal angekündigt wurde, wird nun stark komprimiert in einem Satz dargestellt. Den Höhepunkt seiner Erzählung verkörpert ein kurzes Handlungsdetail des Films: Ein Theologiestudent trinkt den konsekrierten Wein in einem Zug aus. Dies löst noch zum Zeitpunkt des Interviews ein derart großes Erstaunen aus, so dass Denis wiederholt betont, dass die Szene so ergreifend war, und dies durch seine Gestik untermauert. Die abschließende Reflexion über sein

---

116 S.o.
117 Interviewausschnitt Franz-Josef Denis.
118 S.o.

Erinnerungsvermögen bildet inhaltlich einen Rahmen zum Anfang des Gesprächsschritts.

Wie wichtig es Franz-Josef Denis ist, diese Filmgeschichte zu erzählen, zeigt sich vor allem in zwei Punkten. Zum einen fällt er der Fragestellerin ins Wort und übernimmt damit selbstgewählt das Rederecht. Zum anderen ist seine Erinnerung an starke Gefühle geknüpft, die sich in seiner Körpersprache zeigen. Eine solch emotionale Verbindung zum Erinnerungsgegenstand lässt die Filmsequenz über Jahrzehnte hinweg im Gedächtnis des Zeitzeugen überdauern. Denis verkörpert den Erzählertyp des Erklärers, was sich insbesondere in seinen verständnisfördernden Einschüben zeigt. Seine Perspektive ist die eines Beobachters, so gibt er in der dritten Person das wieder, was er in seiner Erinnerung auf der Leinwand gesehen hat. Diese Distanz zeigt sich auch in der mangelnden Personalisierung des Protagonisten, denn dieser bleibt während der gesamten Geschichte auf seine Profession reduziert. In der Erzählstruktur lässt sich eine Zweiteilung feststellen. Der erste Teil der Vorgeschichte ist durch Raffung der Chronologie und Reduktion der Filmhandlung auf das Wesentliche geprägt. Im zweiten Teil mit der konkreten Szene finden sich mehr Details im Bereich der Handlung und des Settings, beispielsweise durch das Requisit des Sektkübels. Dennoch: Immer wieder durch Einschübe unterbrochen, zerfällt der narratologische Zusammenhang der Geschichte in Einzelstücke.

In Denis' Erzählung über den Film DER ABTRÜNNIGE dominiert die erklärende Ebene, die das Miterleben der Handlung oder Mitfühlen mit dem Protagonisten aus der Perspektive des Zuhörers erschwert. Es zeigt sich deutlich der Mechanismus der inhaltlichen Auswahl einzelner Details der Filmhandlung. Denis wählt eine Szene des Films aus und verformt diese durch seine spezifische Erzählweise und seinen eigenen Spannungsverlauf. Seine Erinnerung demonstriert die Überlebensdauer symbolisch aufgeladener Filmbilder, insbesondere dann, wenn sie mit individuellen Emotionen verbunden sind. Die Filmerinnerung ist eng verknüpft mit der Lebenswelt des Erzählers. Die Entweihung des Sektkübels stellt für Franz-Josef Denis, der in einem konservativ-katholischen Elternhaus aufgewachsen ist, ein derart großer emotionaler Konflikt dar, dass sich dieses Bild des geschändeten Sektkübels als Symbol der Gefahr für die katholische Kirche in seinem Gedächtnis festgeschrieben hat.

5.1.2 Ben Hur und der Ziegel

Am 30. 12. 1925 feierte der Monumentalfilm BEN HUR in New York Premiere. Drei Jahre Produktionszeit unter erheblichem finanziellen Aufwand und schwierigsten Bedingungen brachte schließlich M-G-M einen großen Publikumserfolg.[119] Der Stummfilm, insbesondere die 225 Meter Wagenrennen, gelten bis heute als Klassiker der Filmgeschichte. BEN HUR war Irma Kleins erster Film, den sie im Kindesalter gesehen hat:

> »[…] Ja. Das war damals/ Sagen wir mal. Ja. Da war ich so neun Jahre, net. Da sind wir das erste Mal ins Kino gegangen. In BEN HUR! Mit der Schule war das noch, net. Sind wir zusammen gegangen, weil das war ja ein christlicher Film, so damals von den Römern und da sind wir zusammen ins Kino gegangen.«[120]

In ihrem Gesprächsschritt gibt sie in knapper Form die Eckpunkte des Kinobesuchs wieder. Hierzu zählt zuallererst die Einordnung des Ereignisses in ihre eigene Biografie. In einem zweiten Schritt erklärt sie mit dem Hinweis auf die Schule den sozialen Rahmen und Grund des damaligen Kinobesuchs und indem sie in der Wir-Form spricht, betont sie das Gruppenerlebnis des Besuchs. Ihre anschließende Filmbeschreibung steht konträr zu den damaligen euphorischen Filmrezensionen. Der gesehene Film erfährt durch »christlich« und »von den Römern« eine knappe Beschreibung; zu einer narratologischen Formung der Erinnerung kommt es nicht.[121] Mit der Phrase »[…] und da sind wir zusammen ins Kino gegangen« schließt Klein ihren Gesprächsschritt. Die Beschreibung endet vor der Filmsichtung und somit steht der Akt des Ins-Kino-Gehens zunächst im Vordergrund ihrer Erinnerung.

> »[…] Ja, das war, sagen wir mal, das war ja eigentlich von den Christen, die Christen, net ja. Ei, dann der Einmarsch von den/ (…) von den (.) Gladiatoren da, net. Dann waren, sagen wir mal, die in den Arenas da, die Kämpfe. Net ei.«[122]

Auf die Filmhandlung kommt Irma Klein erst nach Erzählaufforderung zu einem späteren Zeitpunkt des Interviews zu sprechen. Klein eröffnet ihre zweite Erzählung mit einem summarischen Überblick und nennt das Setting mit den wichtigsten Akteuren und Handlungsdetails. Ihre stockende Erinnerung zeigt sich in Satzabbrüchen und Denkpausen. So bleiben die Akteure der Handlung einer Schablone gleich, unpersönlich und nur durch ihre Gruppenzugehörigkeit als »Christ« oder »Gladiator« charakterisiert.

> »Und dann der Ben Hur, der war ja dann Christ, net. Der hat sich ja dann in/ in eine unchristliche (…) Frau hat er sich dann verliebt. Net ei. Und ist dann (.) er ist zum Christentum über und wie dann der Kaiser, Tiberias war der Kaiser, ne, damals, net, Kaiser Tiberias, Habe ich das noch richtig in Erinnerung? Net? (Lachen) Ja. Der hat ja den Einmarsch (.) in Rom gemacht gehabt, ne. Und hat der Ben Hur, der hat oben auf der/ (.) auf dem Gebäude, net, hat der gekuckt nach dem Einmarsch, net, und da ist eine

---

119 Brownlow (1997), S. 477–488.
120 Interviewausschnitt Irma Klein (geb. 1919), aus Oberlinxweiler.
121 S.o.
122 S.o.

Dach/ ein Ziegel runter gefallen, net. Und hat einen verletzt. Und da ist er ja gefangen genommen worden.«[123]

Mit dem diskursiven Marker »Und dann der Ben Hur« eröffnet sie die Handlung, indem sie die Liebesgeschichte Ben Hurs zu einer »unchristlichen« Frau erzählt.[124] Die Hauptfiguren der Geschichte erhalten einen Namen: Ben Hur und sein Antagonist Kaiser Tiberias. All diese Punkte dienen der gerafften Zusammenfassung der Vorgeschichte. Irma Kleins unsichere Erinnerung zeigt sich wiederum durch die eingeschobene, reflexive Rückfrage »Habe ich das noch richtig in Erinnerung?« mit der Gesprächsabsicht, dass die Zuhörerin den Wahrheitsgehalt ihrer Erinnerung verifiziert.[125] Der Höhepunkt der Geschichte bildet eine konkrete Szene, die sie im Gegensatz zu ihren ansonsten summarischen Paraphrasen detaillierter und zeitdeckend erzählt. Ihre Gestik und Mimik unterstreichen die Nähe der Erzählerin zum Erinnerungsgegenstand.

Tiberias marschiert in Rom ein, während Ben Hur dies aus erhöhter Position verfolgt. Irma Klein unterstreicht Ben Hurs Blick von oben durch ihr Hinabschauen und die nach unten geöffneten Handflächen. Sie sorgt dadurch für eine Lokalisierung der Hauptfiguren im Setting der Szene, indem sie selbst den Blickwinkel Ben Hurs übernimmt. Gleich einem Zoom auf eine Detaileinstellung erzählt sie nun, wie ein Dachziegel hinunterfällt, jemanden verletzt und Ben Hur inhaftiert wird.

»War dann nachher/ (.) War dann ja im Gefängnis gewesen, weil er Christ war, net. Ist dann aber nachher (.) rausgekommen aus dem Gefängnis und hat sich dann in den Katakomben/ war dann , net ei, und dann ist er nachher/ Ja, wie war/? Ja, da ist die Familie/Ich weiß gar nicht mehr richtig, wie das da war. Die Familie, bei der wo er da war, die ist dann auch in Gefangenschaft gekommen. [...] Er hat dann noch müssen kämpfen! In der Arena hat er noch müssen kämpfen. Ja, net. Wie damals die Galdiatoren waren.«[126]

Irma Klein geht nun wieder gerafft chronologisch mithilfe von »und dann«-Verknüpfungen vor. Die Handlung zerfällt durch eine Reihe von Satzabbrüchen und Sprechpausen in ihre Bruchstücke, deren Zusammenhang erschließt sich der Erzählerin nicht mehr. Mit der Reflexion über die Gefangenschaft der Familie gerät die chronologische Wiedergabe der Filmhandlung völlig ins Stocken. An dieser Stelle verlässt Klein die Geschichtsebene.[127] Der Hinweis auf Remakes und die jährliche Wiederholung des Films zu Ostern lassen darauf schließen, dass Irma Klein die Filmhandlung wiederholt rezipiert hat. Die narrativen Plots

---

123 Interviewausschnitt Irma Klein.
124 S. o.
125 S. o.
126 Interviewausschnitt Irma Klein.
127 S. o.

der verschiedenen Versionen des Films BEN HUR überlagern sich in ihrer Erinnerung zu einem Filmstoff ihrer Erzählung. Klein schließt die Erzählung inhaltlich mit dem Anfangssetting »Arena« ab, indem die zu Beginn aufgezählten Begriffe »kämpfen« und »Arena« nun mit der Hauptfigur Ben Hur verknüpft werden.

Den Ausgang der Auseinandersetzung erzählt Irma Klein ebenso wenig wie den Ausgang der anfänglich erwähnten Liebesgeschichte. Irma Klein bleibt auf der beschreibenden Erzählebene, der Spannungsbogen über ihren Gesprächsschritt hinweg bleibt unabgeschlossen.

a)   Die Sache mit dem »Tiberias« – Die Überlagerung von narrativen
     Inhalten

Gerade in der Beschreibung der Figur des »Kaisers Tiberias« äußert Irma Klein Unsicherheiten. Gemeint ist Kaiser Tiberius, der in der Remake-Fassung BEN HURs aus dem Jahr 1959 eine wichtige Rolle spielt. Er begnadigt den beschuldigten Ben Hur im Rahmen eines Triumphzugs von Arrius. In der Szene mit dem Dachziegel zieht jedoch der neue Statthalter Valerius Gratus in Rom ein.

Somit kommt es in der Erzählung zu einer zweifachen fiktionalen Transformation: Zum einen werden Figuren im Film vertauscht und damit erhält Tiberius in Irma Kleins Fassung eine ganz andere Bedeutung für die Geschichte. Zum anderen werden die beiden Filmversionen, die mit einem zeitlichen Abstand von über dreißig Jahren entstanden sind, in ihrer Erinnerung zu einer Erzählung zusammengefügt. In diesen Zusammenhang gehört ebenso Kleins Verwechslung, dass die erste Fassung BEN HURs ein Tonfilm war.[128] Durch die wiederholte Sichtung des Filmplots erfährt der Stoff der Geschichte eine Konservierung im Gedächtnis. Noch 2010 wurde eigens für das Fernsehen BEN HUR neu verfilmt.[129] In diesem Fernsehmehrteiler nimmt die Szene mit dem Ziegel ebenfalls eine zentrale Rolle ein. Irma Kleins Erinnerung ist folglich die Erinnerung eines Filmstoffs, der auf den gleichnamigen Roman von Lewis Wallace Bezug nimmt, und nicht die Erinnerung eines singulären Rezeptionserlebnisses.[130]

b)   Mit dem Kino auf Reisen

Mit der Rückfrage »Waren Sie schon in Rom?« an die Interviewerin vergleicht Irma Klein den erinnerten Filmort mit dem heutigen Rom. Eine spätere Ur-

---

128 Interviewausschnitt Irma Klein.
129 Hanfeld, Michael: »Der schnellste Ben Hur aller Zeiten«, Online unter: http://www.faz.net/
    aktuell/feuilleton/fernsehen/neuverfilmung-der-schnellste-ben-hur-aller-zeiten-1827774.
    html (Stand: 16.3.2014).
130 Lewis Wallace: Ben-Hur. Eine Erzählung aus der Zeit Christi. München 2002.

laubsreise ermöglichte es ihr, wichtige historische Orte Roms wie das Kolosseum und die Katakomben zu besichtigen. Diese Verknüpfung zeigt, dass die Illusion des Films funktionierte. Denn Drehort war keineswegs Rom, sondern in der Fassung BEN HURs aus dem Jahre 1925 wurde das Wagenrennen im amerikanischen Culver City gedreht. Die Originaldekoration aus dem Circus Maximus wurde in der Postproduktion im Bild ergänzt.[131] Die Reiseerfahrungen Irma Kleins vereinen sich ebenfalls in einem Transfigurationsprozess mit dem erinnerten Filmort. Der Übergang zwischen dem historischen Ort und dem Filmset geschieht dabei fließend. In der Retrospektive verbinden sich beide zu einem neuen Erinnerungsort der Erzählung.

Der Reise-Exkurs nach Rom verdeutlicht zudem Irma Kleins Beweggründe, ins Kino zu gehen. Der Besuch in der Filmwelt bedeutete für sie, in eine fremde Welt einzutauchen, ferne Länder zu sehen, andere Kulturen kennenzulernen. Irma Klein begibt sich mithilfe der Filmleinwand auf Expedition:

> »[…] Die ganze, sagen wir mal, Lebeart (!) von damals, wie die Römer gelebt haben, net, wie sie sind so, net/ und wie die Sklaven (!), wie die dann da waren und haben also/ Das war schon ganz interessant so, net ei ja. Man hat andere Länder kennengelernt und dann, sagen wir mal so, auch die ganzen/ ja, da waren ja die ganzen Gladiatoren (!) und dann, sagen wir mal, die ganzen (.) Kleider, wo sie da an hatten, die Uniformen (!) und dann was da so alles war. Wie die, sagen wir mal so, wie die gelebt haben. Und ja haben alles müssen, ja, sagen wir ja, der Unterschied war ja zwischen den Herrschern und dem Volk war ja sehr, sehr krass! (hmm) Wie es heute auch noch gibt. Net? Ei ja. […]«[132]

Irma Kleins Reise in die Filmwelt erfährt zusätzlich eine historische Komponente. Ihre Beschreibung gleicht dadurch einer Zeitreise zu einer fremden Kultur in einer vergangenen Zeit. Als unbeteiligte Beobachterin betreibt sie eine Milieustudie zum Herrschaftssystem unter Kaiser Tiberius und überträgt das Gesehene zudem in die Gegenwart. Ihre Erzählerrolle bleibt mit der Perspektive der dritten Person vom Geschehen distanziert und kommentierend.

Mit dem Film auf Reisen zu gehen, war für viele Befragte ein wichtiger Beweggrund, ins Kino zu gehen. Die dargestellte Welt des Films bildete einen Gegenpol zur eigenen Welt und eine dadurch wertvolle Erfahrung. Im Kino waren Länder zu sehen, die das Publikum, insbesondere in der ländlichen Region St. Wendels, sonst nicht sehen konnte. Filmische Reiseziele waren auf der einen Seite große Städte wie Rom oder Prag, auf der anderen Seite waren es die Berge und Natur, die die Zuschauer in den Heimatfilmen bestaunen konnten. Die filmische Reiselust beinhaltete jedoch auch eine Zeitreise, zu der Irma Kleins filmische Expedition in die Zeit des Kaisers Tiberius zählt.

---

131 Brownlow, Kevin (1997), S. 456.
132 Interviewausschnitt Irma Klein.

5.1.3 »Fährmann, hol' über!« oder der Blick in den Tod

»Dank großer atmosphärischer Stimmigkeit, dramaturgischer Präzision und einer starken lyrischen Note gehört dieser Legendenfilm zu den besten deutschen Arbeiten im Genre des phantastischen Films. Hohen Anteil daran hat auch die unbedingte Glaubwürdigkeit, welche die faszinierende Sybille Schmitz den metaphysischen Zügen der Titelfigur zu verleihen vermag.«[133]

Der hauptsächlich in der Lüneburger Heide gedrehte deutsche Spielfilm FÄHRMANN MARIA aus dem Jahr 1935 charakterisiert sich durch seine atmosphärischen Bilder in Schwarz-Weiß und seine sphärische Filmmusik, komponiert von Herbert Windt. Am 18. 12. 1936 kündigt das Central-Theater im St. Wendeler Volksblatt den Film FÄHRMANN MARIA an.

Abb. 13: Anzeige »Fährmann Maria«, St. Wendeler Volksblatt, 18. 12. 1936.

Ganz im Sinne der NS-Propaganda ist in der Anzeige von einem »Film von deutscher Seele« die Rede.[134] Im Text der Filmanzeige wird der Heimatgedanke des Films gelobt, vor allem die Darbietung von Sybille Schmitz, die die Protagonistin des Films verkörpert. Drei euphorische Ausrufe charakterisieren den Film: »Legende der Heide! Hymne der Heimat! Hohelied der Liebe!« Die bedingungslose Liebe bis zur Selbstaufopferung ist ein zentrales Motiv des Films. Maria rettet einen jungen Mann vor Verfolgern in schwarzen Gewändern. Ihre

---

133 Kramer, Thomas (Hg.): Lexikon des deutschen Films. Stuttgart 1995, S. 97.
134 St. Wendeler Volksblatt vom 18. 12. 1936.

Spannung erhält die Liebesgeschichte durch die Bedrohung in Person eines geheimnisvollen Fremden, der eines Abends am anderen Ende des Ufers steht. FÄHRMANN MARIA lief in der Vorweihnachtszeit 1936 eine Woche lang in den St. Wendeler Kinos. Elfriede Haßtenteufel war damals neun Jahre alt, als ihre Eltern sie mit ins Kino nahmen. Ihre Filmerinnerung setzt genau an der Stelle an, als Maria zum ersten Mal den in Schwarz gekleideten Fremden erblickt:

> »Da an einen kann ich mich noch gut erinnern. Das war FÄHRMANN MARIA. (…) Wer die Schauspieler? Keine Ahnung. Dafür war ich zu jung, ne? Aber an diesen Film kann ich mich noch/ (…) eine bisschen düstere Szene (…) und (.) die Frau, (…) die war der Fährmann. Wissen Sie, das hieß dann immer ›Hol über!‹ Wenn die/ Da gab es keine Brücke in diesem Film, in dieser Geschichte, ne? Und wenn man auf die andere Seite wollte, dann/ dann hat man gerufen: ›Fährmann, hol über!‹ Und dann ist der mit seinem Schiff/ Das ging nur/ An der Leine (demonstriert Leinenziehen) ist das dann rüber gerudert worden, also gezogen! Also, die hat an der Leine das Boot auf die andere Seite gezogen. Und dann ist man auf die andere Seite wieder gefahren worden. Das kann ich/ An den Film kann ich mich gut/ an diese Szene (!), immer wenn die gerufen haben ›Fährmann, hol über!‹/ (…)«[135]

Haßtenteufel eröffnet ihre Erzählung mit dem Reflektieren über die eigene Erinnerungsleistung, wobei sie zunächst den Titel des Films nennt. Die reflexive Selbstbefragung nach der Besetzung des Films bleibt unbeantwortet. Mit dem Adjektiv »düster« charakterisiert Haßtenteufel die Atmosphäre der erinnerten Szene mit der Fährfrau, die sie im Folgenden ausführt. Wichtiges Handlungsdetail bildet der appellativische Ausruf »Hol' über«, um den Haßtenteufels Gedanken kreisen. Drei Mal im Gesprächsschritt wiederholt sie diese Worte, jedoch in abgewandelter Form, indem sie von Mal zu Mal weitere Details ergänzt. Im Film selbst taucht dieser Satz jedoch nicht auf; denn dort erklingt eine Glocke, um den Fährmann zu rufen. Dieses zusätzliche Fiktionalisieren des fiktionalen Filmplots dient erzählerisch zur Versprachlichung der Erinnerungen. Mit dem dramatischen Erzählmodus unterstreicht Elfriede Haßtenteufel ihre Nähe zum Erinnerungsgegenstand, was sich auch in der gewählten Ich-Perspektive zeigt. Die Lebendigkeit der Erzählung zeigt sich zudem durch physisches Erzählen. Als sei sie selbst die Fährfrau Maria, demonstriert Haßtenteufel das Leinenziehen und schlüpft damit in die Rolle der Hauptfigur ihrer Filmerinnerung. Mit der Nennung des Tods markiert sie einen neuen Abschnitt der Erzählung:

> »Da kam der Tod drin vor. Da hat/ Ja. An die Geschichte kann ich mich nicht mehr so arg/, aber diese Bilder! Die haben sich festgebrannt (Hand geht zur Stirn). Weshalb? Wieso? Warum? Weiß ich nicht, ne? Auf jeden Fall (.) ruft dann die Stimme ›Maria! Oder Fährmann, ruf über!‹ Die Frau hieß Maria in dem Film, das weiß ich noch! Und dann kam die da hin und steht hier eine Gestalt! (…) Rappeldürr. (…) der Tod. (Hände zeigen

---

135 Interviewausschnitt Elfriede Haßtenteufel (geb. 1927), aus Oberlinxweiler.

schmalen Körperbau) In schwarzes Gewandt, schwarze Kaputze, ne? Und dann (…)
(angedeutetes Kopfschütteln) Und da hat die natürlich Angst bekommen, ne? Was soll
das sein? Ich selbst weiß nicht mehr wieso, weshalb, warum das war, aber/ Da kann ich
mich noch gut dran erinnern. Scheinbar hatte ich da ein bisschen Angst, dass ich das
behalten habe. (zustimmendes hmm) Kann ja gut sein, ne?«[136]

Der personifizierte Tod, der den Fährmann ruft, lässt die Erzählerin auch heute
noch erschaudern, wie Mimik und Körperhaltung verraten.[137] Ihr Blick schweift
dabei in die Ferne und sie betont die visuelle Kraft dieser Filmstelle. Elfriede
Haßtenteufel verwendet dabei die Metapher »festgebrannt«. Mit den Fingern
ihrer Hand demonstriert sie das Festbrennen auf ihrer Stirn und betont eine
direkte Kausalität zwischen den eindrucksvollen und gleichzeitig erschrecken-
den Bildern und dem Erinnern.

Mit der alliterativen und kumulativen Anhäufung von Fragewörtern unterzieht sie sich selbst einem Verhör bezüglich ihres Erinnerungsvermögens. Noch
ein letztes Mal wiederholt sie den Ausruf »Maria! Oder Fährmann ruf rüber!«
und ergänzt als Detail den Namen der Hauptfigur.[138] Während Maria in der
Erzählhandlung das andere Ufer erreicht, scheint die Szene stillzustehen. Zeit-
dehnend beschreibt Haßtenteufel Marias Blick in den Tod. An ihrem eigenen
Körper demonstriert sie das schmale Aussehen des Fremden und gleichzeitig
Marias Angst, die der Anblick des Tods bei ihr auslöste. Haßtenteufel gibt in
diesem Moment mit »Was soll das sein?« Marias Gedanken wieder, ein weiteres
Indiz ihrer Perspektivenübernahme und Fiktionalisierung des Erinnerungs-
gegenstands.[139]

»Da kann ich mich noch gut dran erinnern. Scheinbar hatte ich da ein bisschen Angst, dass ich das behalten habe.«[140] Mit der Reflexion über die eigene
Emotionalität endet Elfriede Haßtenteufels Erzählung. Die Angst, die sie im
Anblick des Tods empfand, ließ insbesondere die visuelle Erinnerung über all
die Jahre lebendig bleiben. Aleida Assmann schreibt in ihrem Aufsatz »Soziales
und kollektives Gedächtnis«: »Erinnert wird, was als auffällig wahrgenommen
wurde, was einen tiefen Eindruck gemacht hat, was als bedeutsam erfahren
wurde. Emotionen sind die Aufmerksamkeitsverstärker, die auch der Erinnerung beitragen.«[141] Meist sind mit Emotionen verbundene Bilder und Sequenzen
die letzten Fragmente, die von einer Filmrezeption in Erinnerung bleiben. Den

---

136 Interviewausschnitt Elfriede Haßtenteufel.
137 S. o.
138 Interviewausschnitt Elfriede Haßtenteufel.
139 S. o.
140 S. o.
141 Assmann, Aleida: Soziales und kulturelles Gedächtnis. Vortrag im Rahmen eines Inter-
    nationalen Symposiums in Berlin 2006. Online unter: www.bpb.de/system/files/pdf/
    0FW1JZ.pdf (Stand: 16. 4. 2014).

Gesamtzusammenhang des Films erinnert Elfriede Haßtenteufel nicht mehr. So bleibt die zweite zentrale Figur des Films von Frank Wysbar unerwähnt. Maria nimmt einen Mann bei sich auf, um ihn vor dem Tod, gespielt durch Peter Voß, zu beschützen. Durch eine List gelingt es ihr, den Tod ins Moor zu locken, worin dieser versinkt. Der glückliche Ausgang der Liebesgeschichte bleibt in dieser Filmerinnerung Elfriede Haßtenteufels unerzählt.

Die drei untersuchten Filmerinnerungen sind geprägt durch ganz unterschiedliche Nähe- und Distanz-Verhältnisse in Bezug auf den Erinnerungsgegenstand. Dies zeigt sich zuallererst in der Erzählperspektive. In ihrer Erzählung über BEN HUR übernimmt Irma Klein in der dritten Person die Rolle der Beobachterin der erinnerten Szene. Dieser Rolle steht antithetisch Elfriede Haßtenteufels Eintauchen in die Rolle der Protagonistin gegenüber, in der sie nicht nur in der Ich-Form, sondern sowohl in dramatischer als auch physischer Erzählweise ihre Erinnerung vergegenwärtigt. Das Zusammentreffen der erinnerten filmischen und mündlich erzählten Narrationsstruktur lässt doppelte Fiktionalisierungen entstehen, wie sich im Ausruf »Fährmann, hol' über!« und in der unterschiedlichen Ordnung der Zeit zeigt.[142] Versprachlichte filmische Plots sind geprägt durch Vorausdeutungen, proleptische Rückgriffe, Raffungen und Dehnungen, die den Zuhörer in die erzählte Geschichte involvieren. Dabei spielen Emotionen im Erinnerungsprozess eine wichtige Rolle. Dies zeigt sich sowohl in Franz-Josef Denis' als auch in Elfriede Haßtenteufels Erzählung. Gefühle dienen als Erinnerungsverstärker und konservieren erinnerte Filmbilder über Jahrzehnte hinweg. Doch häufig ist es nicht der Film, der im Zentrum der Kinoerinnerung steht. In Kapitel 5.2 werden Erzählungen analysiert, die das Kino als Ort zum Gegenstand haben.

5.2   Geschichten, die im Kino spielen

Dieses Kapitel unterzieht Erzählungen, die am Ort des Kinos stattfinden, einer näheren Analyse. Das Kino selbst wird zum Erinnerungsträger, der gesehene Film tritt dabei in den Hintergrund. Die Erzählungen dieses Kapitels werden in drei Bereiche unterteilt. Kapitel 5.2.1 »Rezeptionserlebnisse« untersucht Geschichten während der Filmsichtung im Kinosaal und ist damit den zuvor untersuchten Filmerinnerungen am nächsten. Kapitel 5.2.2 »Der Kinobesuch unter Kontrolle« analysiert gebündelt Geschichten an den Ein- und Ausgängen des Kinos. Abschließend erfolgt in Kapitel 5.2.3 »Eine Erweiterung des Blicks auf den Kinobetrieb« ein Perspektivenwechsel, indem Erzählungen untersucht werden, die hinter den Kulissen des Kinos spielen.

---

142 Interviewausschnitt Elfriede Haßtenteufel.

5.2.1 Rezeptionserlebnisse

Das Kapitel 5.2.1 stellt einen Übergang dar: von der rein filmischen Erinnerung hin zur Erinnerung an das Kino als Ort. In diesen Kinogeschichten steht die Rezeption der Filme im Vordergrund. Untersucht werden im Folgenden Walter Schmitts und Marianne Müllers Erzählungen über ihren ersten Kinobesuch, der jeweils in einer Gaststätte stattfand. Es bleibt zu untersuchen, wie der ungewöhnliche Ort auf das Rezeptionserlebnis einwirkt und damit die Erzählweise der Befragten bestimmt.

a)   »Heute spielt da ein Kino!« oder die Technik, die faszinierte

Am 30.11.1934 feiert der Spielfilm PRINZESSIN TURANDOT im Berliner Gloria Palast Premiere. Der Tobis-Klangfilm in Schwarz-Weiß handelt von der chinesischen Kaisertochter Turandot. Um ihr Herz zu gewinnen, müssen ihre Verehrer Rätsel lösen. Gelingt ihnen die Lösung nicht, bezahlen sie dies mit ihrem Leben.[143]

Abb. 14: Anzeige »Prinzessin Turandot«, St. Wendeler Volksblatt, 22.3.1935.[144]

---

143 PRINZESSIN TURANDOT (Deutschland 1934), Online unter: http://www.filmportal.de/
   film/prinzessin-turandot_6ab390824bbd4633bddecfcd10fb09db (Stand 16.4.2014).
144 Filmanzeige, St. Wendeler Zeitung, 22.3.1935.

PRINZESSIN TURANDOT bildet Walter Schmitts ersten Kontakt mit der Welt des Films.

>»Können Sie sich daran erinnern, wann Sie zum ersten Mal ins Kino gegangen sind oder an die ersten Filme?

Schmitt: Ja, also. Das erste Mal, nicht, habe ich, wie gesagt, als (...) dreizehn-, vierzehn-Jähriger solch eine Kinoveranstaltung in einem Gastwirtssaal erlebt, nicht. Soweit ich mich entsinnen kann, war das also TURANDOT, was dort abgespielt worden ist. (...) (.) Dort wurde ich mitgenommen. (...) (.) Den Eindruck, ja, die Technik hat mich vielleicht schon etwas interessiert, wie also derjenige, der die Apparatur dort hinten führte, das alles dort vorne, nicht, also, sehr, sehr schön auf den Bildschirm brachte. Das hat fasziniert (!), nicht, weil das etwas Neues war.«[145]

Walter Schmitts Beschreibung seines ersten Kinobesuchs beginnt mit einer faktenorientierten Aufzählung der Rahmenbedingungen, die einem reflektierten Abrufen und schrittweisen Zusammensetzen seiner Erinnerung gleicht. Dies äußert sich deutlich in seiner Sprechweise. Denkpausen und ein verlangsamtes Sprechtempo bestimmen die Gesprächsschritteröffnung. Den größten Teil nimmt im Folgenden sein Interesse für die neue Vorführtechnik ein, deren Funktionsweise im Raum er näher bestimmt. Die Erinnerung daran löst positive Emotionen aus, die in seiner Mimik und auch in der Wertung »sehr schön« zum Ausdruck kommen. Aus lexikalischer Sicht fällt an dieser Stelle der Begriff »Bildschirm« auf, der ursprünglich mit dem Fernsehen verbunden ist.[146] Hier zeigt sich, dass zur Formulierung von Kinoerinnerungen auch Vokabular verwandter audiovisueller Rezeptionserfahrungen herangezogen wird. Die gezeigten Bilder auf der Leinwand, und damit der Film an sich, werden inhaltlich nicht näher beschrieben. Sein Resümee zur Begründung seiner Faszination schließt diesen ersten Teil seines Gesprächsbeitrags zum Film PRINZESSIN TURANDOT ab.

>»Später war es nicht mehr neu, nicht. Da hat man sich schon daran gewöhnt gehabt, nicht, in fortgeschrittener Zeit. Da hat man natürlich das (.) Kino gesehen, nicht, teils nicht, man wollte den anderen beweisen, nicht, dass man auch ins Kino gehen konnte und gehen durfte, net? Das war natürlich von Familie zu Familie verschieden, nicht, weil das verschieden beurteilt worden ist und war auch (...) von der Schule aus nicht so all zu gerne gesehen, weil damals wenige Lehrfilme gezeigt wurden, sondern Unterhaltungsfilme gezeigt wurde, nicht, und das war an sich nicht gar nicht so beliebt. Das waren die Eindrücke, die man so hatte, nicht. Später als Student hat man sich all das gar nicht mehr gestört, nicht. Da ist man eben ins Kino gegangen. Das war damals ganz selbst-

---

145 Interviewausschnitt Walter Schmitt (geb. 1915), aus St. Wendel.
146 S. o.

verständlich, nicht. Da gab es gar kein/ Das war schon ganz modern, genauso wie es heute ist.«[147]

An dieser Stelle springt Schmitt zu einem späteren Zeitpunkt seiner Biografie, um die Veränderung seiner Gründe des Kinobesuchs zu ergänzen. Ins-Kino-Gehen stellt sich als ein wichtiger Teil der Adoleszenz dar, denn es bedurfte der Zustimmung der Eltern. In diesem Zusammenhang betont er, dass beide erzieherische Instanzen, Elternhaus und Schule, dem Kino kritisch gegenüberstanden. In einer zweiten zeitraffenden Prolepse vollzieht Schmitt einen Sprung in die späteren Jugendjahre, indem er sein Kinogehverhalten der Jugend- bis Studentenzeit innerhalb weniger Sätze reflektiert. Der eigentliche Kinobesuch in der Gaststätte oder der Film selbst sind nicht mehr Teil seiner Erzählung. Mit dem Beendigungssignal »Das waren diese Eindrücke, die man so hatte, nicht?« kündigt Schmitt an, seinen Redebeitrag abzuschließen.[148] Er betont die Modernität der späteren Rezeptionserlebnisse, indem er diese mit der heutigen Filmprojektion vergleicht. Damit ist Schmitt im extradiegetischen Rahmen des Gesprächs angelangt. Für ihn ist mit dem Hinweis auf die spätere Normalität des Kinobesuchs die Episode erzählt. Zu einer narratologischen Formung der Kinoerinnerung, beispielsweise im Hinblick auf eine konstruierte Handlung, kommt es nicht.

> »[...] Ich sagte eben schon, nicht, mitgenommen hat mich damals mein Onkel. (hmm) Da war ich auf Besuch, nicht. War so, glaube ich, in Ferien, nicht, gell. Und da sagte er: ›Ach, heute Abend, es ist ja Sonntag Abend!‹, so net. ›Heute Abend spielt da ein Kino!‹, nicht. Da sagte ich: ›Ein Kino, was ist denn das?‹ ›Ei das ist/ (.) Da dreht jemand und das wird gezeigt da vorne.‹ (Handflächen zeigen nach vorne) Und das hat mich natürlich interessiert, nicht, gell. Bin dann mitgegangen, nicht, und habe den Film gesehen, nicht. (.) Glaube, viel habe ich mir nicht drunter vorstellen können, aber für mich war es interessant, wie man/ wie das überhaupt funktioniert, nicht. Das da hinten einer (Gestik des Rollens) da irgendwie etwas macht mit einem Apparat und vorne, nicht, kann man also wunderbar, nicht, Bilder sehen. Das hat damals interessiert, nicht, gell. (...) Das waren so die ersten Eindrücke, die man damals hatte.«[149]

Die anschließende Nachfrage evoziert Schmitts Wiederaufnahme des Erzählens über seinen ersten Kinobesuch, was er nun mit häufigen Gestiken unterstreicht. Mit der Nennung des Onkels, der seinen Besuch ermöglichte, kommt zur rein technischen Betrachtung eine gesellschaftliche Komponente hinzu. Dieser Hinweis unterstreicht die Besonderheit dieses Ferienerlebnisses im Alltag des Befragten. Noch nachträglich mit Stolz erfüllt richtet sich Walter Schmitt an dieser Stelle in seiner Sitzposition auf.

---

147 S. o.
148 Interviewausschnitt Walter Schmitt.
149 S. o.

Im Gegensatz zum Gesprächsschritt zuvor gibt der Erzähler nun zeitdeckend in wörtlicher Rede den Dialog der Einladung ins Kino wieder. Walter Schmitt tritt das erste Mal innerhalb der Erzählung aktiv als handelnde Person aus der Ich-Perspektive auf und das dramatische Erzählen deutet auf seine Nähe zum Erinnerungsgegenstand hin. Die Vorführtechnik steht weiterhin im Vordergrund, wenn nämlich der Onkel innerhalb des Dialogs erklärt, wie die Projektion abläuft. Schmitt untermalt dieses Vorführdetail durch physisches Erzählen, indem er das Drehen der Filmrolle mit den Händen imitiert. Mithilfe der Gestik unterteilt er zudem den Raum in Projektionsfläche, Zuschauerbereich und Vorführstation. Mit der Wiederholung des Satzes »Das waren so die ersten Eindrücke, die man damals hatte« integriert Schmitt eine Zäsur in seiner Erzählung.[150]

> »Und das fand statt in einem Wirtshaussaal. Nicht in einem Kino, wie man es heute kennt, sondern in einem Wirtshaussaal. Da hat man die ganze Apparatur, die der betreffende Operateur hatte, nicht, die hat man also gesehen, wie er das dorthin abspielte und vorne auf der Leinwand wiedergab. Dazu, nicht, spielte dann noch jemand (.) irgendeine entsprechende Melodie, die zum Bild gepasst hat, nicht, gell, oder passen sollte, sagen wir mal so, nicht, gell. (Lachen) Ja, das war dies.«[151]

Der erinnerte Ort mit seiner einsehbaren Projektionstechnik sorgt erst für die Generierung des Erzählstoffs. Der Saal wird dadurch zum wichtigen Handlungsträger von Schmitts Erzählung. Die akustische Seite des Filmerlebnisses blieb bislang unbeachtet und diese wird im Folgenden durch ihren Mangel an Kohärenz zwischen Musik und Bild beschrieben. Die Diskrepanz, die sich in dem korrektiven Einschub zeigt, ruft bei Walter Schmitt in der retrospektiven Betrachtung konträr dazu positive Emotionen hervor. Mit dem Beendigungssignal »Ja, das war dies« schließt Schmitt seinen zweiten Gesprächsschritt ab.[152]

> »Hat auch jemand etwas dazu erzählt oder gab es nur Musik?
>
> Schmitt: (Ehefrau im Hintergrund verneinendes hhm) Das war ja meistenteils nur Musik, nicht. Man musste also so viel Fantasie haben, nicht, und deshalb sagte ich eben: (.) (…) Das Bild selbst (!) hat einem nicht allzu viel gesagt, nicht, gell. Wenn man gewusst hätte, worum es sich drehte, nicht, dann hätte man wahrscheinlich das etwas interessanter verfolgen können. Aber das war damals gar nicht so sehr wichtig, nicht. Man hat halt eben gesehen, wie sich die Personen dort vorne sich bewegten und so weiter, nicht. Das war das Interessante, nicht, gell.«[153]

Im letzten Gesprächsschritt zum Film PRINZESSIN TURANDOT reflektiert Walter Schmitt über das gesehene Bild auf der Leinwand. Dadurch, dass Schmitt

---

150 Interviewausschnitt Walter Schmitt.
151 S. o.
152 S. o.
153 S. o.

den Terminus »Bild« anstelle des Ausdrucks »Film« verwendet, verdeutlicht er implizit, dass sich ihm die Zusammenhänge der Bilderfolge als filmische Handlung nicht erschlossen haben. Im Falle Schmitts funktioniert das Rezeptionserlebnis nur bedingt und dennoch ist gerade dieser Kinobesuch ein wichtiger Teil seiner Medienbiografie. Dies deutet darauf hin, dass noch andere Faktoren neben dem Filminhalt von Bedeutung sind, um Kinoerinnerungen im Gedächtnis abzuspeichern und zu kommunizieren.

Die erste Filmrezeption stellt für Walter Schmitt ein Erlebnis innovativer Projektionstechnik dar. Dies betont er mehrfach, seine Erinnerungen kreisen um diesen Aspekt, den er detailliert verbal wie nonverbal paraphrasiert. Die provisorische Situation in der Gaststätte ermöglichte es ihm, dies genau zu studieren, und die Vorführtechnik im Raum wird zum Handlungsträger. Seine Geschichte vom ersten Kinobesuch ist geprägt durch erklärende Passagen und Zwischenfragen, die der narratologischen Strukturierung in Form einer chronologischen Handlung entgegenwirken. Höhepunkt der Nähe zum Erinnerungsgegenstand bildet der Dialog mit dem Onkel, der durch seine wörtliche Wiedergabe ein Gefühl des Dabeiseins beim Zuhörer evoziert. Der Kinobesuch stellte des Weiteren ein besonderes Ereignis für Walter Schmitt dar, da er so seinen Freunden beweisen konnte, dass auch er zur Gruppe der Kinogänger gehörte. Somit wird der Akt des Ins-Kino-Gehens zu einem wichtigen Teil seiner Jugendzeit, insbesondere in Form einer zeitweiligen Befreiung vom Elternhaus. Mit seiner Studentenzeit setzt Walter Schmitt einen klaren Endpunkt des Einflussbereichs der Eltern in seiner Medienbiografie.

b)   »Von den Mondköpfen« – Marianne Müllers erster Kinobesuch

Der französische Film MAMAN COLIBRI (dt. Titel MAMA KOLIBRI, 1937) feierte Ende 1946 Premiere in den Kinos. Der Filminhalt verspricht eine unglückliche Liebesgeschichte mit Betrug und Verrat. Marianne Müller befand sich im Grundschulalter, als sie diesen Film sah.[154] Selbstgesteuert gleich zu Beginn des Interviews erzählt sie über ihren ersten Film MAMA KOLIBRI:

> *»Und der allererste Film. An den kann ich mich auch noch gut erinnern. Der hieß MAMA KOLIBRI! Und der war mit Untertiteln. Was wir ja gar nicht verstanden haben. (Kopfschütteln) Das war, also/ So schnell konnten wir gar nicht lesen noch in dem Alter, wo ich damals im Kino war, wie das dort unten drunter gestanden hat. Das ist mir unheimlich in Erinnerung geblieben, weil das/ das fand ich also unverschämt (!), ne? Und dann/ Das war ein französischer (!) Film.«*[155]

---

154 Mama Colibri (Wenn Liebe wieder erwacht). Illustrierter Film-Kurier Nr. 2906.
155 Interviewausschnitt Marianne Müller (geb. 1937), aus Saal.

In der Gesprächsschritteröffnung verleiht die Erzählerin ihrer Geschichte Authentizität, indem sie ihr gutes Erinnerungsvermögen betont und sich dadurch die Legitimation zum Erzählen erteilt. Müller beginnt mit der Nennung des Filmtitels und schließt sogleich ein weiteres Detail des Films an, an diesem der erste Konflikt ihrer Geschichte angesiedelt ist: die Untertitelung. Die Erwähnung der Untertitel zeigt, wie entscheidend die Lesekompetenz im Kindesalter zum Gelingen der Filmrezeption beitrug. Indem Marianne Müller aus der Wir-Perspektive erzählt, ordnet sie sich in eine Gruppe junger Kinogänger ein, die ähnlich irritierende Erfahrungen gemacht haben. Sie verdeutlicht ihren resultierenden Ärger durch einen wertenden Einschub. Die mit dem Rezeptionserlebnis verknüpften Emotionen dienen als Erinnerungsstütze und bilden einen wichtigen Teil ihrer Kinoerinnerung.

> *»Und dann habe ich zum ersten Mal so geschminkte Frauen gesehen. Also man hat gesehen/ So geschminkt, also Lippen geschminkt. Das hat man/ Es war zwar ein Schwarz-Weiß-Film, aber man hat das gesehen mit rote Fingernägel und so. Dann eben/ Es war alles ganz anders, wie wir Menschen (.) gewohnt waren zu sehen, ne. (…) Dann/ (blickt auf Notizen) Dann auf dem Land hat es so was nicht gegeben, dass da jemand im Krieg und so, und nach dem Krieg auch nicht direkt, dass da jemand geschminkt da rumgelaufen ist. Das war dann die Attraktion.«*[156]

Nach dem Diskursmarker »und dann« fokussiert Marianne Müller ihre Erzählung auf die Darstellerinnen des Films. Die Erinnerungen an die geschminkten Frauen auf der Leinwand verbinden sich mit der visuellen Kraft ihrer mündlichen Erzählung. Mit ihrer erzählerischen Fantasie koloriert Marianne Müller die Fingernägel der Frauen des Schwarz-Weiß-Films in roter Farbe und lässt den Zuhörer teilhaben an diesem Fiktionalisierungsprozess. Die Kraft des kolorierten Bilds verstärkt sich durch den Kontrast zu ihrer eigenen Lebenswelt, denn für Marianne Müller war damals dieser Anblick eine neue Erfahrung. Die gesehenen Einstellungen aus der Filmwelt luden ein zum Träumen, auch wenn sich die Filmhandlung ihr nicht erschloss. Mit einer positiven Bewertung dieser Rezeptionserfahrung kommt es zu einer Zäsur, um ein neues Thema zu eröffnen:

> *»Und was mir bei dem allerersten Film/ Was ich damals, also, auch noch ganz schrecklich gefunden habe, das war: So ein Tanzsaal, der hat ja in der Mitte die Tanzfläche und neben hat er so auf jeder Seite, wo die/ die Tanzpaare dann gehockt haben, das Publikum und so, die haben dann ja nicht auf der Tanzfläche gehockt, sondern daneben und das war eine Erhöhung. So zwei, drei Tritte war das höher wie der Tanzsaal. Und dann von dort habe ich gesessen und da von dort hat man die Menschen gesehen, also die Köpfe, wie lauter/ wie der Mond, wie wenn das der Mond wäre. So flach*

---

156 Interviewausschnitt Marianne Müller.

(Gestik des Wischens), wie ein Teller. Also, das war ganz komisch anzusehen. Und (...)
Kannst du mal einen Moment abstoppen gerade? (zeigt auf Kamera) (Band stoppt)«[157]

Das Kino als Ort steht jetzt im Vordergrund der Erzählung. Vorausdeutend
kündigt Müller eine weitere Begebenheit an, die sie als negativ empfand, ohne
dies zunächst zu erklären. Durch den proleptischen Einschub erhöht Marianne
Müller die Spannung und Erwartungshaltung beim Zuhörer. Detailreicher als
Schmitt beschreibt sie den Tanzsaal, der als Kinosaal genutzt wurde. Auffällig ist
das wiederholte Wortkompositum mit der Vorsilbe »Tanz-«, das unterstreicht,
dass Marianne Müller den Ort der Vorführung mit dem ursprünglichen Ver-
wendungszweck eines Tanzsaals verknüpft. In diesem Setting verortet Müller ein
ganz bestimmtes Erlebnis in Verbindung mit ihrer Sitzposition. Die Subjekti-
vität ihres Rezeptionserlebnisses zeigt sich dabei im Wechsel in die Ich-Perspektive. Die zuvor glorifizierten Frauen auf der Leinwand rufen nun durch ihr
Erscheinungsbild auf der Leinwand Irritationen hervor. Der ungünstige Blickwinkel zur Leinwand verzerrte die Kopfform der Schauspielerinnen derart, dass
sie auf Marianne Müller verstörend wirkten. Um deren Form zu paraphrasieren,
verwendet die Erzählerin das Stilmittel des Vergleichs. Sie stellt Ähnlichkeiten
zwischen der zweidimensionalen Kreisform des Monds beziehungsweise eines
Tellers und den Köpfen der Menschen auf der Leinwand her. Unterstützt wird
dieser doppelte Vergleich zusätzlich durch eine wischende Handbewegung vor
ihrem eigenen Gesicht. An dieser Stelle kommt es zu einer Erzählpause. Marianne Müller bittet darum, die Bandaufnahme zu stoppen, und greift mit dem
Zeigen auf die Kamera aktiv in die Linearität der Bandaufnahme und damit in
die Erzählzeit ein. Sie entscheidet damit, zu welchem Zeitpunkt das Band wieder
gestartet wird und das gesprochene Wort als Teil der Erzählung wieder dokumentiert wird.

> *»Ja. (...) (.) (Waltraud Schmidt: Von den Mondköpfen) Ah ja! Die Gesichter, die haben*
> *einfach ausgesehen so von der Seite und das hat mich ja auch so schockiert. Da habe ich*
> *nämlich daheim gesagt: ›Das war gar nichts. Die Leute haben alle so komisch ausge-*
> *sehen.‹ Warum das so war, das habe nachher erst später gemerkt, wo ich in der Mitte*
> *gesessen habe, wie an einem anderen Mal im Kino, dann habe ich dann genau in der*
> *Mitte gesessen und da waren die Köpfe normal und nicht so wie eine Scheibe, ne. Also*
> *(...) es bleibt bei mir im Kopf hängen, das ist etwas, was ich nie vergessen werde,*
> *wahrscheinlich. [...]«*[158]

Waltraud Schmidt, die im Hintergrund dem Interview zuhört, fungiert bei der
Wiederaufnahme der Aufzeichnung als Stichwortgeberin. Sie greift Müllers
Mond-Vergleich in Form einer Wortneuschöpfung auf. Im dramatischen Modus

---

157 S. o.
158 Interviewausschnitt Marianne Müller.

gibt Müller nun ihre Bewertung des ersten Kinobesuchs zu Hause wieder. Sie kommuniziert damit nur einen Teil ihrer Rezeptionserfahrung, da sie ihre Faszination für die Welt der geschminkten Frauen in ihrem Bericht ausspart. Dies erscheint als Indiz, dass die negativen Eindrücke die positiven überlagerten. Den Teil der Erzählung zu den »Mondköpfen« schließt Müller inhaltlich mit der Lösung des Problems durch eine veränderte Sitzposition bei späteren Kinobesuchen ab.

Marianne Müller erzählt, gestützt durch Notizen auf Papier, strukturiert; die Trennlinien zwischen den inhaltlichen Abschnitten sind sprachlich durch Marker deutlich gekennzeichnet. Am Ende jedes inhaltlichen Abschnitts finden sich Zwischenresümees, wie »Das war dann die Attraktion«, und Satzkonstruktionen mit »und dann« kennzeichnen den Beginn eines neuen Abschnitts.[159] Eine einschneidende Zäsur stellt das Stoppen der Bandaufnahme dar, die ein Bruch in der Erzählzeit zur Folge hat. Ihre Erzählung teilt sich in zwei große Abschnitte, die sich beide Male um visuelle Aspekte des Films und um Rezeptionsaspekte drehen. Im ersten Teil stehen auf visueller Ebene die geschminkten Filmschauspielerinnen im Mittelpunkt und auf Rezeptionsebene Verständnisprobleme beim Lesen der Untertitel. In dieser Situation treffen zwei konträre Welten aufeinander: die Filmwelt mit dem geschminkten Schauspielerinnen und die noch vom Zweiten Weltkrieg geprägte Alltagswelt. Im zweiten Teil bilden die »Mondköpfe« den visuellen Part und auf Rezeptionsseite steht die Sitzposition im Raum bei der Rezeption. Der Begriff »Mondköpfe« bleibt lexikalisch gesehen ohne zusätzliche Erklärung nur in diesem Kommunikationszusammenhang verständlich. Ihre Erzählung ist ein gutes Beispiel dafür, wie ein singuläres Rezeptionsereignis mit beschreibenden Details zum Vorführsaal verwoben wird.

c)   Das Erzählen über Rezeptionserlebnisse

Marianne Müller und Walter Schmitt erzählen beide über ihre erste Begegnung mit dem Medium Film und dennoch gestaltet sich ihre Erzählweise unterschiedlich. Dies zeigt sich bereits in der Grobstruktur der Erzählsequenz. Marianne Müller gliedert ihre Erzählung selbstgesteuert, greift sogar in den linearen Plot der Filmaufnahme ein, indem sie um das Stoppen des Bands bittet. Ihre Erzählung gleicht einem Vortrag entlang der mitgebrachten Stichpunkte, der durch keine Zwischenfragen unterbrochen wird. Im Interviewausschnitt mit Schmitt finden sich drei Rückfragen, die die Erzählung gliedern und ihn noch einmal die erzählte Geschichte ergänzen lassen. In der Erzählperspektive ergeben sich ebenfalls unterschiedlich integrierte Distanzverhältnisse. Marianne

---

159 Interviewausschnitt Marianne Müller.

Müller erzählt hauptsächlich aus der Ich-Perspektive mit einer emotionalen Verbundenheit zum Erzählgegenstand. Als sie betont, dass sie die Untertitel nicht lesen konnte, wechselt sie jedoch zeitweilig in die Wir-Form und ordnet damit den Kinobesuch als Gemeinschaftserlebnis ein. Im ersten Teil der Erzählung Walter Schmitts findet sich vorrangig eine distanzierte Perspektive in der dritten Person, als er jedoch zum zweiten Mal vom Besuch in der Gaststätte erzählt, wechselt auch er in die Ich-Form, parallel zum Wechsel in die dramatische Erzählweise. Die Wir-Perspektive und damit die Gruppenperspektive finden sich in seiner Erzählung nicht. In beiden Beispielen spielen die Mitgänger eine untergeordnete Rolle, denn im Grunde geht es um den ersten Kontakt des Ichs mit dem Medium Film.

Beiden Kinoerinnerungen ist gemeinsam, dass das Projizieren der Filme als technischer Akt wahrgenommen wird, bedingt durch die provisorische Installation des Projektors für alle sichtbar im Saal der Gaststätte. Beide wählen jedoch unterschiedliche Blickwinkel auf das Setting ihrer Geschichte. Walter Schmitt gliedert den gesamten Raum in drei Teile, Projektor im Hintergrund, Publikum in der Mitte und Leinwand im Vordergrund, und betrachtet damit den kompletten Projektionszusammenhang, während Müller den Vorführraum aus ihrer Perspektive vom Sitzplatz aus detaillierter betrachtet.

Zwei Erinnerungen, zwei unterschiedliche Erzählweisen. Begründet ist dies durch eine erkennbar unterschiedliche Erzählabsicht. Auch wenn beide auf das projizierte Bild eingehen, steht dieses bei Marianne Müller als visuelles »Projektionsergebnis« stärker im Mittelpunkt der Erzählung als bei Walter Schmitt. Demgegenüber ist Schmitts Intention die eines Erklärers, der sich narrativer Mittel bedient, um seine Faszination für die Vorführtechnik zu versprachlichen.

5.2.2   Der Kinobesuch unter Kontrolle

»Da waren wir als nicht alt genug. Da ging's nur frei ab sechszehn und wir waren dreizehn, vierzehn vielleicht Jahre und (.) da ist aussortiert worden. Durfte man nicht unbedingt rein. Und dann haben wir uns immer größer gemacht (streckt sich). Manchmal gelang es uns doch, aber an einzelne Filme kann ich mich nicht erinnern.«[160]

Inge Schmucks kurze Geschichte handelt von den Einlasskontrollen im Kino. Sie gehört zu den Zeitzeugen, die sich nicht mehr an Filminhalte erinnern können; was jedoch geblieben ist, sind kurze, anekdotische Geschichten rund um den Kinobesuch. Die Geschichte endet mit dem Überwinden der Einlasskontrolle und folglich vor der eigentlichen Filmrezeption. Kinoerinnerungen spielen häufig an den Ein- und Ausgängen, an denen die Kontrolle des jugendlichen

---

160   Interviewausschnitt Inge Schmuck, (geb. 1930), aus Frohnhofen.

Publikums stattfand. Im Folgenden werden zwei Kinoerinnerungen exemplarisch analysiert: a) »Ein Kinobesuch mit Herzklopfen« und b) »Das Toilettenfenster als letzter Ausweg«. Die Merkmale der Geschichten zum Kinobesuch unter Kontrolle finden sich im Anschluss daran im Unterkapitel c) »Anekdoten jugendlichen Einfallsreichtums« zusammengefasst.

a)   Ein Kinobesuch mit Herzklopfen

»Gab es da Kontrollen?

Schubmehl: (Lachen) Es gab einmal einen Film. Da waren wir/ (.) Ah ja, da war ich auch drin! (.) Das war ein Aufklärungsfilm. (hmm) Und den durfte man nur ab achtzehn, also bis achtzehn durften Sie da nicht rein. Da haben wir unsere Cousinen mitgenommen. Und (.) die war noch nicht achtzehn. Mit Herzklopfen (!) hat die neben uns gesessen und wir haben immer gesagt: ›Sei doch ruhig! Sieht dich doch keiner!‹ Und wie der Film aus war und die Leute sind alle aus dem Kino raus, hat der Pastor dort gestanden, (Fingerzeig-Geste) einer von der Stadtverwaltung und/ Wer war es noch? Es waren so zwei, drei Leute. ›Ach, du lieber Gott! Was wollen die dann jetzt?‹ Oh, ich habe/ Dann haben wir ein bisschen weiter weg (zeigt) einen Onkel von uns entdeckt, dann haben wir schnell: ›Komm mal schnell!‹ Sind wir dann mit. (Lachen) In Begleitung von den Eltern durften die dann rein, aber anders nicht. (Kopfschütteln) Mit uns hätte sie nicht dürfen rein gehen. So ein Aufstand ist früher gemacht worden!«[161]

Helene Schubmehl erzählt die Kinogeschichte, als sie mit ihrer Cousine einen Aufklärungsfilm sah. Die Erzähleröffnung wird durch ihr Lachen markiert, das die Anekdote in der retrospektiven Erinnerung in ihr auslöst. Obwohl sie in der übrigen Erzählung aus der Wir-Perspektive erzählt, betont sie an dieser Stelle mit einem Ausruf in der ersten Person ihre Zugehörigkeit zu der Gruppe, die den Aufklärungsfilm gesehen hat. Zum Film selbst fügt Schubmehl lediglich die für die Geschichte wichtigen Details an: das Genre »Aufklärungsfilm« und die damit verbundene Altersfreigabe ab achtzehn Jahren. Den Titel des Film nennt sie nicht. Nach diesen erklärenden Vorbemerkungen beginnt die Handlung der Geschichte im Kinosaal und damit nach der Überwindung der Einlasskontrolle. Das Rezeptionserlebnis jedoch tritt hinter die apellativen Beruhigungsversuche der Cousinen in dramatischer Rede zurück. Die Angst der minderjährigen Cousine, wie es Schubmehl sinnbildlich »mit Herzklopfen« umschreibt, überlagert die Erinnerung an den Filminhalt.[162] Einen dramatischen Höhepunkt erreicht die Geschichte mit der Sichtung der Kontrolleure am Ausgang des Kinos, die durch Vertreter der Stadt und der Kirche repräsentiert werden. Helene Schubmehl bleibt mit dem Ausruf »Ach Gott! Was machen wir denn jetzt?« im

---

161 Interviewausschnitt Helene Schubmehl (geb. 1929), aus Oberlinxweiler.
162 S.o.

dramatischen Erzählmodus.[163] Heftiges Heranwinken unterstreicht Helene Schubmehls Nähe zur erzählten Situation, deren Lösung des Konflikts sich in der Sichtung eines Onkels findet. Wiederum kommentiert Helene Schubmehl das glückliche Ende mit einem emotionalen Gestus, der mit Lachen und Kopfschütteln zwei konträre Gefühlsausdrücke in sich vereint. Sie schließt ihre Kinoanekdote mit einer Wertung ab: »So ein Aufstand ist früher gemacht worden.« Helene Schubmehls Kinoerinnerung ist geprägt durch starke Emotionen, die sich im Spannungsbogen und im physischen beziehungsweise auch dramatischen Erzählen widerspiegeln. Das Lachen zum Schluss symbolisiert eine wiederholte, nachträgliche Erleichterung und zeigt die Überlebensdauer solcher Emotionen im Gedächtnis.

b)   Das Toilettenfenster als letzter Ausweg

Marianne Müllers Kinogeschichte beginnt ebenfalls mit einer allgemeinen Erklärung des Jugendverbots:

> »An was ich mich vor allen Dingen auch so noch erinnere, das war dieses Jugendverbot. Ab achtzehn durfte man erst in viele Filme hinein. Also Jugendverbot hatten da Filme, da, wenn die sich nur geküsst haben oder halb ausgezogen, dann waren die schon Jugendverbot. Die waren ab achtzehn, verboten. Und da gab es einmal/ Ich weiß jetzt gar nicht, wie der Film geheißen hat. Der war so begehrt. Da hat sich doch alles rein/ Wir haben uns als auch reingeschafft in der Woche. Dass man hinein ist und wenn man dann gehört hat, die Polizei steht draußen, wenn sie nicht am Anfang draußen gestanden hat, dann sind wir natürlich nicht hinein, und wenn sie dann draußen gestanden hat, dann sind wir hinten die Fenstern raus hinten auf dem Klo. Da waren so kleine Fensterchen. Da haben wir einander geholfen. Und da haben wir sie mit den Beinen zuerst und hinten hinaus und dann war dann draußen gewesen, dass wir kein Protokoll bekommen haben. Und nicht aufgeschrieben worden sind vor allen Dingen.«[164]

Die Beschreibung der Umsetzung des Jugendverbots dient vor allem dazu, ihr heutiges Unverständnis für diese Kriterien zu unterstreichen, um so aus Sicht der Gesprächsstrategie nachträglich ihr Missachten des Verbots zu legitimieren. Mit dem zeitlichen Marker »und da gab es einmal« eröffnet Marianne Müller ihre eigentliche Erzählung, wobei die fehlende Erinnerung an Filmtitel und -inhalt sie jedoch sogleich in ihrem Erzählfluss stocken lässt.[165] Ihre Erinnerungslücke, die sich in Form einer Denkpause äußert, füllt sie mit einem Exkurs zu wiederkehrenden Verhaltensweisen im Falle von Kontrollen, indem sie eine in sich geschlossene Anekdote über ihren üblichen Fluchtweg durch das Toilet-

---

163 S. o.
164 Interviewausschnitt Marianne Müller (geb. 1937), aus Saal.
165 S. o.

tenfenster in die Erzählung einbaut. Das Fenster wird zum Symbol des jugendlichen Clous zum Hinwegsetzen über die Restriktionen der Erwachsenen.
Nach diesem anekdotischen Einschub spannt Marianne Müller einen Bogen zur
zuvor begonnenen Geschichte, wobei sie durch Auslassen der Filmrezeption
einen Sprung in der Chronologie vollzieht und bereits nach dem Kinobesuch
ansetzt:

> *»Und da war ein, wo eine Schulkameradin kann man sagen von mir/ Die war fünf
> Monate älter als ich und die ist mit fünfzehn war die schon in Umständen, mit sechzehn
> ist die heiraten gegangen und hat ein Kind bekommen. Und die war in den Film da drin.
> Die ist ganz freudestrahlend hinaus gekommen mit ihrem Mann und hat uns ausgelacht
> förmlich. Wir haben draußen gestanden, waren genauso alt und durften nicht rein und
> die (!), habe ich gedacht: Man muss nur ein Kind haben! Und dann (.) kommt man auch
> hinein, ne. So auf die Tour lief das damals. Da waren sie ganz, ganz streng. Dieses
> Jugendverbot ›Ab achtzehn‹.«*[166]

Die schwangere Schulkameradin tritt als neue Akteurin der Geschichte auf und
bildet Marianne Müllers Antagonistin, da sie im Gegensatz zu ihr durch ihre
persönliche Situation Zugang zum Kino erhalten hatte. Im Unterschied zum
vorherigen Exkurs mit dem Toilettenfenster gelingt in der Rahmengeschichte
die Überwindung der Kontrolle nicht. Müllers Kinoerinnerung ist deutlich mit
dem eigenen Erwachsenwerden verbunden. Der verweigerte Zugang zum Kino
steht für die Grenzen der damaligen jugendlichen Lebenswelt, was immer noch
starken Ärger hervorruft. Mit einem Resümee über das Jugendverbot schließt
Marianne Müller den Bogen zum Anfang ihrer Erzählung.

c)   Anekdoten jugendlichen Einfallsreichtums

Die analysierten Beispiele verdeutlichen, dass die Ein- und Ausgänge des Kinos
wichtige Anknüpfungspunkte für anekdotische Geschichten bilden. Ein be-
liebtes Thema ist dabei das geschickte Überwinden der Kontrollmechanismen
der Erwachsenenwelt. Der Film an sich spielt dabei eine untergeordnete Rolle,
denn der Kinobesuch als sozialer Akt steht sinnbildlich für das Erwachsen-sein-
Wollen. Die Ein- und Ausgänge verstehen sich dabei als Hürde, die es im Zuge
des Jugendverbots für die befragte Generation zu überwinden galt. Anekdotisch
und pointiert demonstrieren beide Geschichten, wie sich die Jugendlichen damals gekonnt aus prekären Situationen herauswanden. Es handelt sich dabei
häufig auch um routinierte Handlungen, wie es am Beispiel mit dem Toilettenfenster erkennbar wird.

---

166 Interviewausschnitt Marianne Müller.

5.2.3 Eine Erweiterung des Blicks auf den Kinobetrieb

Kinoerinnerungen bieten Raum zum Erzählen von Geschichten, die außerhalb der Zuschauerperspektive liegen. Ein Beispiel hierfür sind die Kinogeschichten zur Gewerbeschau aus dem Jahr 1949, die in Abschnitt a) »Lokalaufnahme – Vom Zuschauer zum Kinoerzähler« näher untersucht werden. Die Lokalaufnahme aus St. Wendel bot den Bürgern die Möglichkeit, selbst Teil der Filmvorführung zu werden. Dies geschah auf unterschiedliche Art und Weise: Zum einen wurden sie Darsteller des Films auf der Leinwand, zum anderen wurden sie als Kommentator Teil der Filminszinierung im Kino. Wie in den Anfängen des Kinos übernimmt Walter Schmitt die Rolle des Kinoerzählers und verlässt somit die Perspektive des Zuschauers. Daneben gibt es Kinogeschichten zur Gewerbeschau, die von den gefilmten Akteuren vor der Kamera handeln. Beispielsweise erzählt Helene Schubmehl von ihrem Bruder, der damals als Reiter am Umzug teilnahm. Der Film zur Gewerbeschau stellt einen Sonderfall dar. Häufig handeln Geschichten außerhalb der Zuschauerperspektive hinter den Kulissen des Kinobetriebs. Marianne Müller erzählt in Abschnitt b) »›Nachtwache‹ – Hinter den Kulissen des Kartenverkaufs« von der Arbeit ihrer Tante als Kartenverkäuferin in Fürth. Beide Geschichten werden im Folgenden näher untersucht, um im Unterkapitel c) »Perspektivenwechsel – Über den veränderten Blick auf das Kino« Spezifika dieses Kapitels zusammenzufassen.

a)   Lokalaufnahme – Vom Zuschauer zum Kinoerzähler

Vom 20. bis zum 26.5.1949 fand in St. Wendel die Heimatwoche mit umfangreichem Programm statt. So präsentierten sich die Gewerbe in einer Ausstellung auf dem Concordia-Gelände, aber auch musisch-kulturelle Darbietungen zierten das Festtagsprogramm. Einen Höhepunkt bildete der Umzug der Gewerbetreibende am 22.5.1949.

> »Eine solche der lokalen Selbstdarstellung dienende Veranstaltung paßte gut in das politische Konzept der Regierung Hoffmann, das eine Förderung des Heimatgefühls vorsah; außerdem setzte sie auf ihre Art ein Schlusspunkt unter die schlimmen Jahre des Krieges und der ersten Nachkriegszeit und demonstrierte Optimismus für die Zukunft«, schreibt Rudolf Kretschmer in der »Geschichte der Stadt St. Wendel«.[167]

Die Gewerbeschau als Symbol des Aufbruchs nach dem Zweiten Weltkrieg wurde nicht nur fotografisch dokumentiert, sondern auch durch die beiden Kameramänner Altmeyer und Kügelken der Landesbildstelle Saarbrücken fil-

---

167 Kretschmer (Bd. 3, 1986), S. 537.

misch dokumentiert und am 8.10.1949 dem St. Wendeler Publikum im Neuen Theater präsentiert.

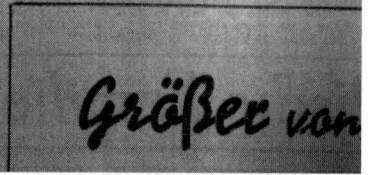

Uraufführung des Heimatfilmes in St. Wendel

St. Wendel. (Pb) Ein Dokument für alle Zeiten wird der anlässlich der St. Wendeler Heimatwoche im Mai dieses Jahres gedrehte Film über St. Wendel und das St. Wendeler Land bleiben. Vor einem geladenen Publikum fand die Uraufführung statt. Dieser Heimatfilm wird nicht nur als Unterhaltungsfilm während der nächsten Tage im „Neuen Theater" zu sehen sein, er ist vor allem auch als Anschauungs- und Unterrichtsfilm für die Schulen vorgesehen, wird darüber hinaus die Runde in den Ortschaften des Kreises machen und soll weiterhin ausserhalb der Kreisgrenzen vom Leben und Schaffen der St. Wendeler Bewohner künden.

Ein etwa 700 Meter langer Filmstreifen bei einer anderthalbstündigen Spieldauer lässt noch einmal all das Geschehen um und während der St. Wendeler Heimatwoche in all seinen Phasen und Einzelheiten an dem Auge des Beschauers vorüberziehen. Gar mancher sieht sich zum ersten Male auf der Leinwand. Die Schönheiten des St. Wendeler Landes sind im Film festgehalten. In fünf Teilen sehen wir zunächst verschiedene Landschaftsaufnahmen um das Schaumberggebiet. Es folgt die Eröffnung der Gewerbeausstellung anlässlich der Heimatwoche, ein Rundgang durch dieselbe und die verschiedenen Veranstaltungen während der Heimatwoche, an erster Stelle der grosse historische und imposante Festzug. Dann ist die Eröffnung der Kunstausstellung zu sehen und ein Teil der ausgestellten wertvollen Gegen-

stände. Ausschnitte aus den einzelnen Tagungen der Schmiede, der Heimatabend, die grosse Handwerkertagung, der Massenchor auf dem Schlossplatz, der Bauerntag und die Pferdeprämierung. Den Schluss des Filmes bildet die grosse Modeschau des Handwerkervereins im Saalbau.

Herrn Landrat Dr Schütz, in dessen Auftrag wurde, gebührt Dank und Anerkennung für seine Liebe zur angestammten Heimat, die dieses einmalige Werk schaffen half. Die musikalische Untermalung und die Textgestaltung, die erst in den allerletzten Tagen geschaffen wurden, sind der Improvisationskunst verschiedener Mitarbeiter an der Gestaltung der Heimatwoche zu verdanken.

Abb. 15: »Uraufführung des Heimatfilms in St. Wendel«, Lokalanzeiger Neunkirchen-Ottweiler-St. Wendel, 7.10.1949.

>»[...] Da erinnere ich mich noch. Da hat mein Bruder mitgemacht. Das war so ein Pferdenarr. Und der ist damals mit seinem Pferd in das Kaufhaus Stier hineingeritten. Dann haben die gebangt (!), dass der Boden runterbricht mit dem Pferd. So haben die gesagt: ›Nur langsam, nur langsam! Wir reiten wieder raus.‹ Dann sind die wieder raus geritten. Und dann waren dann/ Das war ein großer Umzug durch die Stadt. (.) Die waren dann in verschiedenen Uniformen. Also mein Bruder/ Die waren damals mit ihren Pferden als Wikinger angezogen. Dann waren die dann durch die Stadt. Dann waren die Musikvereine. Der Gesangverein. Und Sportverein. Turner! Früher war ja mehr der Turnverein, wie irgendwie Sportveranstaltungen. Das war dann durch die Stadt. Das war nach dem Krieg. Das war das Erste, wie es so langsam nochmal aufwärts ging.«[168]

»Das war das Erste, wie es so langsam nochmal aufwärts ging«, lautet Helene Schubmehls Fazit am Ende ihres Gesprächsschritts zur Heimatwoche.[169] Mit dem Umzug zur Gewerbeschau verknüpft sie ganz persönliche Erinnerungen, da ihr Bruder mitwirkte. Ihre Erzählung konzentriert sich auf das kritische Ereignis, als ihr Bruder zu Pferde durch das örtliche Kaufhaus ritt. In dramatischer Rede gibt sie die Beschwichtigungen der Reiter in dieser angespannten Situation wieder. Anschaulich beschreibt Schubmehl danach die Akteure des Umzugs, die sich nach dem Zweiten Weltkrieg wieder in ihren Vereinen zusammengefunden

---

168 Interviewausschnitt Helene Schubmehl (geb. 1929), aus Oberlinxweiler.
169 S.o.

hatten, um zu zeigen, dass dieses Großereignis als Zeichen der beginnenden Normalität diente, ähnlich wie es Kretschmer formuliert.[170]

25 Jahre nachdem Walter Schmitt zum ersten Mal einen Stummfilm sah, wird er 1949 aufgrund seiner Tätigkeit in der Kreisverwaltung selbst zum Kinoerzähler und kommentiert die St. Wendeler Lokalaufnahme zur Gewerbeschau. Schmitt erzählt den Prozess, wie es zur akustischen Ausgestaltung des Filmmaterials kam:

> *»[...] Und da wurde dann auch ein Film (!) gedreht, von der ganzen Gewerbeausstellung, von dem Umzug und so weiter und so fort. Es wurde dann ein Film gedreht. Aber der Film, nicht, der, der musste ja nun ein kleines bisschen interessant werden mit Musik, mit Gespräch und so weiter und so fort. (Händeklatschen, Taktstock-Gestik) Die Musik, nicht, da haben wir uns unterhalten mit hier dem/ (.) Na! (...) dem Küster (.) dem (.)/ Der also für die Orgel und so weiter zuständig war, der Herr (...) Wer war es noch? Wie hieß er noch schnell? Naja. (Gestik des Abwinkens) Aber wir sind uns einig geworden. Das und das wird zu dem Film gespielt, nicht, aber (!) weil es Gewerbeausstellung war, da wollte auch natürlich jeder wissen: ›Was ist das?‹, und so weiter, ›Wie hängt das zusammen?‹, nicht, ›Wer stellt dort aus?‹, nicht, ›Was wird ausgestellt?‹, ›Was spielt sich dort ab?‹, und so weiter. Da musste man einen Gesprächspartner haben. Und habe ich also/ Im Anfang hab ich das selbst, gemacht, habe also oben gestanden. Das war genau wie im Anfang des Kinos, dass der Klavierspieler schaute (Fingerzeig-Gestik, imitiert Klavierspielen): ›Was kann ich jetzt spielen?‹«*[171]

Im Gegensatz zu Helene Schubmehl kreisen seine Gedanken nicht um Ereignisse während des Umzugs, sondern um seine Rolle als Sprecher. Diese Rolle definiert er als »Gesprächspartner«, der Fragen der Zuschauer zum gezeigten Bild beantwortet, die akkumulativ im Erzähltext wiedergegeben sind. Schmitt wird dadurch zum Vermittler zwischen Bild und Publikum, im Rahmen des Interviews bleibt er dem Zuhörer die Beantwortung der Fragen jedoch schuldig. Die zweite akustische Ebene der Filmkommentierung bildet die Musik. Die Erinnerungslücke bezüglich der Person des Musikers überspielt Schmitt mit einer Gestik des Abwinkens. Stattdessen illustriert er dessen Rolle in der Filmkommentierung, indem er das Klavierspielen imitiert und in wörtlicher Rede seine Gedanken wiedergibt. Um das Prozedere der akustischen Ergänzung des Filmmaterials zu verdeutlichen, verwendet Schmitt einen Vergleich mit den Anfängen des Kinos.

> *»So habe ich es dann auch gehalten, nicht, gell. (Gestik) Ich habe also geschaut, nicht, oben von der/ aus der Kabine oben, nicht, (zeigt auf die imaginäre Leinwand) was gespielt/ und habe nun (.) mündlich vorgetragen: ›Aha, das ist das, das, das.‹ Und so weiter. Und nach ein oder zwei Wochen habe ich gesagt: ›Nein, das mache ich nicht mehr mit!‹ Ich musste ja mittags und abends, musste ich ja da oben stehen und musste ja das*

---

170 Kretschmer (Bd. 3, 1986), S. 537.
171 Interviewausschnitt Walter Schmitt (geb. 1915), aus St. Wendel.

mit vortragen. Da sagte ich: ›Da muss es doch eine andere Möglichkeit geben, nicht.‹ Und
da hat man gesagt: ›Ja, das geht schon. Also, wenn Sie es jetzt noch einmal machen, nicht,
gell, dann nehmen wir das auf einer Schallplatte auf, so einer großen Schallplatte auf
und dann lassen wir die dann spielen.‹ Das hat man dann gemacht. Da kam von
Saarbrücken so eine Firma. Die machte die/ was ich dann gesagt habe und nahmen das
dann auf. Und dann war ich dann erlöst nicht, gell?«[172]

Walter Schmitt springt nun in seiner Erzählung zum Zeitpunkt der Filmvorführung und positioniert sich mithilfe seiner Handflächen in erhöhter Position
im Raum. Die Abwesenheit der gezeigten Bilder in Schmitts Erzählung zeigt sich
in den verwendeten Auslassungen mit »das und das«. Stattdessen begibt sich
Schmitt in geraffter Form an den Tag des Endes seiner Rolle als Kinoerzähler. An
diesem kritischen Moment seiner Geschichte angelangt, verwendet Schmitt
zeitdeckend die dramatische Erzählweise. Das Aufnehmen seiner Rede auf
Schallplatte symbolisiert einen Akt der Konservierung und damit der Auflösung
der interaktiven Mündlichkeit im Kino zugunsten einer zuvor festgelegten linearen Kommentierung.

»Ich habe mich damals/ Ich habe mich damals dazu hergegeben und habe gesagt: ›Gut!
Ich mache das dann, nicht, gell.‹ Weil es war ja eine Kreisveranstaltung. Ich habe ja
damals bei der Kreisverwaltung, nicht, gell. (.) Ich war ja damals der Syndikus hier. Der
Kreis hatte ja damals einen Syndikus, nicht und ich habe dann gesagt: ›Na gut, ich
mache das dann‹, nicht, gell. Und habe das im Jahre 48 dann gemacht. (Händeklatschen)
Ich weiß/ vielleicht 2 Wochen habe ich/dann gesagt: ›Jetzt mache ich es nicht mehr. Das
fällt mir jetzt auf die Nerven, nicht, gell. Das muss doch eine andere Möglichkeit geben!‹
Und die Möglichkeit hat man dann gefunden, indem man sagt: ›Gut, machen Sie es noch
ein Mal. Wir nehmen es dann auf eine Schallplatte‹ und es lief dann so ab nicht? gell?
(Lachen)«[173]

In Form einer Analepse beginnt Schmitt wieder an dem Punkt in der Geschichte,
als er sich entschloss, den Film zu kommentieren. Insbesondere Gestik und
Mimik zeigen dabei deutlich seinen Stolz, dies in seiner Funktion als Syndikus
übernehmen zu dürfen. In diesem Zusammenhang ist aufgrund der Mimik und
Gestik Schmitts das Adjektiv »erlöst« als Untertreibung einzustufen. Das wiederholte, geraffte Erzählen der Geschichte dient Schmitt zum Hinzufügen von
Details, etwa das Jahr der Entstehung des Films: 1948.[174] Mit der Phrase »[...] es
lief dann so ab, nicht?« beendet Schmitt seine Erzählung.[175] Der veränderte Blick
auf das Kino in Form eines Rollenwechsels zeigt sich deutlich im Erzählstil
Walter Schmitts. Diejenigen Passagen, die mit dem Filminhalt zu tun haben, sind
durch Raffungen und Auslassungen gekennzeichnet, beispielsweise die unbe-

---

172 S. o.
173 Interviewausschnitt Walter Schmitt.
174 Anmerkung: Walter Schmitt meint die Heimatwoche von 1949.
175 Interviewausschnitt Walter Schmitt.

antworteten Fragen zum Bild auf der Leinwand. Im Gegensatz dazu erzählt Schmitt zeitdeckend in dramatischer Erzählweise all jene Details, die mit seiner Rolle als Sprecher im Kino zu tun haben, wie seine Absprachen mit der Firma, die seinen Kommentar auf Schallplatte aufnahm.

b)   »Nachtwache« – Hinter den Kulissen des Kartenverkaufs

»In Fürth war ein Kino. Da hat meine Tante die Karten verkauft. Und wenn ich bei der Tante da in Ferien war, und da habe ich das mitbekommen. Die hatten ja die auch so Schilderchen angemacht. Da hat es immer eine Stunde am Tag hat es da die Karten gegeben. Konnte man sie schon vorher kaufen. Und dann ist einmal der Film/ Ah! Das ist etwas, was ich auch nicht vergesse. Da ist der Film gespielt worden: NACHTWACHE. Das war ein ganz, ganz toller Film! Mit der Ruth (.) Leuwerik und der Arzt weiß ich jetzt nicht mehr, wer der war. Das war so/ Also (…) Die war die Krankenschwester und es war ganz/ Es war auch verboten. Jugendverbot.«[176]

Marianne Müller blickt in ihrer Erzählung hinter die Kulissen des Kinobetriebs. Aus der unbeteiligten Beobachterperspektive beschreibt sie zunächst einleitend die Aufgaben ihrer Tante als Kartenverkäuferin im Fürther Kino und legt damit die Rahmenbedingungen für ihre Geschichte fest. Die konjunktionale Satzverknüpfung »und dann« markiert den Beginn der eigentlichen Geschichte, der sie mit dem reflektierenden Nebensatz »was ich auch nicht vergesse« einen starken Erinnerungswert zuordnet.[177] Als Aufhänger der Geschichte dient ihr der Film NACHTWACHE, dessen Inhalt sie vorab einführt und bewertet. Im Zentrum ihrer Filmbeschreibung steht, ganz im Zeichen des damaligen Starkults, die Schauspielerin Ruth Leuwerik, die die Rolle der Krankenschwester spielt. Mit dem Hinweis auf das Jugendverbot des Films schließt Müller ihre Erzählexposition ab.

»Und da kam (.) eine Frau Schank, die kam bei meine Tante dort an den Schalter. Ich habe da hinten nebendran gehockt, hintendran. Mir hat das so gut gefallen, wie die die Rolle da abgerissen hat. Die Dinger abgerissen hat. Sperrsitz hatte eine grüne Farbe. Und eine rote Farbe, das war billiger. Und dann gab es noch Loge. Und dann hatte jeder Sitz hatte eine (Waltraud Schmidt: Eine Nummer) hatte, Nummer auch, später eine Nummer, so am Anfang nicht. Da waren schon Nummern drauf, aber die hatten andere Farben gehabt. Da (!) dran haben die sie auch gekannt. Und die (!) wollte auch eine Karte. Nein! Die hatte keine. Die ist Maie gekommen (gemeint ist: zu Besuch gekommen) bei meine Tante.«[178]

Die Erzählhandlung beginnt mit der Ankunft der Frau Schank am Kartenschalter. Ein erklärender Einschub über die Arbeitsweise der Tante unterbricht

---

176 Interviewausschnitt Marianne Müller (geb. 1937), aus Saal.
177 S. o.
178 Interviewausschnitt Marianne Müller.

jedoch sogleich die begonnene Handlung. Marianne Müller beschreibt stattdessen das Prozedere des Kartenverkaufs, indem sie die Farben der Karten
beziehungsweise ihre dazugehörigen Sitzplätze nennt und das Kartenabreisen
mit ihren Händen nachahmt. Der Einwurf Waltraud Schmidts im Hintergrund
lässt die Erzählung zu einem gemeinsamen kommunikativen Prozess werden, so
dass Marianne Müller Waltraud Schmidts Detail der Nummerierung ergänzt.
Der sich anschließende Dialog in wörtlicher Rede bildet das Kernstück der
Erzählung:

> »Und dann hat die gesagt: ›Ei wie? Willst du heute nicht ins Kino gehen, heute Abend? Es
> kommt doch NACHTWACHE!‹ Und dann sagt sie: ›Ich habe selbst bald Nachtwache.‹ Die
> war hoch in Umständen. Mit dem Volker, der wo jetzt die Birgit geheiratet hat.
> (Waldtraud Schmidt: Ja, ja!) Das war die Ruth. Die ist immer bei meine Tante ge-
> kommen. ›Ich habe selbst bald Nachtwache.‹ Da habe ich das noch nicht so richtig
> begriffen, warum die das gesagt hat. Später habe ich das dann begriffen, warum das so
> war. Die war hoch in Umständen. Hatte einen Pelzmantel an und hat dann dort ge-
> standen und hat mit meiner Tante nur wollen schwätzen. Ja. das war auch so eine/ Dort
> war ein Kino, in der Wirtschaft auch. Das war auch in einer Wirtschaft.«[179]

Der kurze Dialogausschnitt dreht sich um ein Wortspiel, indem der Filmtitel
NACHTWACHE einem neuen Kontext hinzugefügt wird. Der Begriff »Nachtwache« wird seiner eigentlichen Bedeutung der nächtlichen Aufsicht im Kran-
kenhaus enthoben und übertragen auf die Wache am häuslichen Kinderbett.
Dieses Wortspiel stellt das beobachtende Ich der Erzählung vor ein Rätsel.
Marianne Müller wiederholt noch einmal den Ausspruch Frau Schanks, um nun
mit dem Wissensvorsprung aus der Retrospektive heraus das Rätsel nachträg-
lich zu lösen. Somit ist diese Ergänzung des Erzählinhalts nur durch einen
Wechsel in die auktoriale Perspektive möglich, indem der Zuhörer den gleichen
Wissensstand wie der Erzähler erhält.

Müller beendet ihre Erzählepisode mit einem Rückgriff auf den Beginn ihrer
Erzählung, indem sie betont, dass es ein Kino in Fürth gab und dass ihre Tante
für den Verkauf der Karten zuständig war.

c)   Perspektivenwechsel – Über den veränderten Blick auf das Kino

Die analysierten Erzählbeispiele Marianne Müllers und Walter Schmitts zeigen
einen veränderten Blick auf den Kinobesuch. Beide verlassen ihre bisherige
Zuschauerperspektive und blicken hinter die Kulissen des Kinobetriebs. Der
Film selbst steht dabei nicht im Mittelpunkt. Auffällig in beiden Erzählungen ist
das Ineinander-Verweben von beschreibenden Details zum Kinobetrieb und von
narratologisch geformten Geschichten. Walter Schmitt übernimmt in seiner

---

179 S. o.

Geschichte über den St. Wendeler Lokalfilm die Rolle des Filmkommentators und wird damit Teil der Inszenierung. In Marianne Müllers Geschichte geschieht der Perpektivenwechsel auf andere Art und Weise, denn sie übernimmt die Beobachterrolle und greift somit nicht aktiv ins Geschehen ein. Durch ihre familiäre Verbindung zum Kinopersonal erhält sie einen exklusiven Blick hinter die Kulissen des Kinos. Beide Beispiele zeigen, wie der Kinobetrieb außerhalb der Zuschauerperspektive, zumindest zeitweise, Teil der Lebenswelt der Befragten wurde.

5.3   Geschichten auf dem Weg ins Kino

»*Ja, wenn sonst was ganz weit weg war, dann man das Fahrrad/ Hat man sich ein Fahrrad besorgt und fuhr mit dem Fahrrad da hin. Und dann ist es möglich, dass man bei Nacht heimgefahren ist. Wir waren vier, fünf Mädchen und da war nur eine mit Beleuchtung dabei am Fahrrad und alles andere ist dunkel hinterher gefahren. Durch den Wald und überall hin. Aber es ging gut. Gott sei Dank!«*[180]

Inge Schmucks Fahrradabenteuer zeigt anschaulich, dass die gemeinschaftlichen Wege häufig einen besonderen Platz in den Erinnerungen der Befragten einnehmen. Das Ziel der Fahrradfahrt erzählt Inge Schmuck nicht, denn ihr geht es um die Darstellung des Gruppenerlebnisses ihrer Mädchenclique unterwegs. Solche Geschichten finden sich in vielen Erzählungen über den Kinobesuch in der Jugendzeit, wobei die gesehenen Filme keinerlei Rolle spielen.

Im Folgenden werden Geschichten, die auf den Wegen ins Kino spielen, narratologisch näher untersucht. Dabei werden sie insbesondere im Hinblick auf die Zeit in der Erzählung analysiert, denn gerade in den Geschichten auf dem Weg ins Kino finden sich Erzählungen unterschiedlicher Frequenzen. In Kapitel 5.3.1 »Ein Kinobesuch mit Cousinen – Erzählen über singuläre Ereignisse« wird zunächst die Erzählung des einmaligen Ereignisses untersucht, die nach dem Kinobesuch vom Nachhauseweg Hilde Schubmehls mit ihren Cousinen handelt. Danach schließen sich zwei Geschichten an, die sich auf wiederkehrende Ereignisse beziehen. Martin Schmidt erzählt in Kapitel 5.3.2 »Bei den Patres – Erzählen über repetitive Ereignisse« von seinem sonntäglichen Rückweg nach dem Kinobesuch. Das Erzählen in Wegstationen steht in diesem Fall im Mittelpunkt der Analyse. Kapitel 5.3.3 »Aus der Musikstunde – Erzählungen aus zweiter Hand« betrachtet eine Geschichte zeitlich gesehen vor dem Kinobesuch, denn Marianne Müller erzählt die Geschichte ihres Mannes, warum er nicht ins Kino gehen konnte. Abschließend werden in Kapitel 5.3.4 »Vergleich der ana-

---

180 Interviewausschnitt Inge Schmuck (geb. 1930), aus Frohnhofen.

lysierten Erinnerungen auf dem Weg ins Kino« die untersuchten Kinogeschichten miteinander verglichen und Spezifika herausgearbeitet.

5.3.1 Ein Kinobesuch mit Cousinen – Erzählen über singuläre Ereignisse

> »*Ich weiß noch schön. Ich war mal im Kino mit meinen zwei Cousinen. Die eine Cousine
> war ein Jahr älter wie ich. Die kam von Kreuznach, war zu Besuch bei der Tante und der
> ihrer Tochter. die war zwar Jahre älter wie ich. Dann sind wir drei Cousinen ins Kino
> gegangen. (…) Und man war noch jung. Und wie das Kino aus war/ Wie spät war es
> dann da? (…) Wir hätten/ Um zehn hätten wir sollen heim. Nein. Nein. Das Kino war/
> Ich weiß gar nicht. Soll das um neun aus gewesen sein? Auf jeden Fall haben wir gesagt:
> ›Ach, wir gehen noch ins Café.‹ (stolze Körperhaltung) Man wollte groß sein. Dann sind
> wir ins Café Liell. Da ist ja heute ein (…) Chinese, oder was, drin da oben.*«[181]

Hilde Schubmehl eröffnet ihre Erzählung mit einer metanarrativen Floskel über
ihre gute Erinnerung und trennt damit die kommende Geschichte des Kinobesuchs mit ihren Cousinen vom restlichen Gesprächsverlauf ab.[182] Zu Beginn
führt die Erzählerin Handlungsträger ihrer Geschichte ein und charakterisiert
sie durch den Verwandschaftgrad, jedoch vor allem durch das Alter. Letzteres
Detail erfährt mit dem Zusatz »Und man war noch jung« eine zusätzliche Ge-
wichtung.[183] Im Folgenden wechselt Schubmehl in die Wir-Perspektive und die
Erzählung über das gemeinschaftliche Erlebnis beginnt. Die Geschichte spielt
zeitlich gesehen nach dem Kinobesuch, auch wenn Schubmehl die genaue
zeitliche Markierung aus der Retrospektive heraus nicht mehr gelingt. Die un-
beantwortete Frage nach der Uhrzeit lässt den Erzählfluss zunächst stoppen,
bevor sie ohne die Fixierung des Zeitpunkts fortfährt. Die Handlung beginnt in
wörtlicher Rede mit dem Entschluss, auf dem Heimweg das Café Liell zu besuchen. Die Begründung und gleichzeitige Absicht, dass man »groß sein wollte«,
steht hier antithetisch zu der eingangs betonten Jugend der drei Cousinen.[184] An
dieser Stelle wird deutlich, dass der Kinobesuch einen festen Bestandteil der
Adoleszenz darstellte, insbesondere der anschließende Caféhaus-Besuch galt in
der Gruppe der jungen Kinogänger damals als erwachsen. Zur Lokalisation des
Orts der Erzählung dient Schubmehl ein Vergleich mit der heutigen Zeit mit dem
Hinweis, dass sich darin nun ein chinesisches Restaurant befinde. Das Restaurant dient der Verortung des erinnerten historischen Orts im Stadtplan und
somit liegen der historische und aktuelle Ort in der Erzählung gleich einer

---

181 Interviewausschnitt Hilde Schubmehl (geb. 1926), aus Oberlinxweiler.
182 Fludernik (2010), S. 59.
183 Interviewausschnitt Hilde Schubmehl.
184 S. o.

Schablone übereinander, um den Ort der Erzählung zwischen den Zeiten entstehen zu lassen.

>*Und da hat/ Die älteste Cousine hat gesagt: ›Nein, ich fahre nach Hause.‹ Und die andere von Kreuznach und ich/ wir zwei sind noch dort hin ins Café. Haben ein Gläschen getrunken. War es jetzt Saft? Wahrscheinlich war es Saft. Und dann wir dann/ wollten wir um zehn nach Hause fahren. Und nachdem wir auf den Bahnhof kamen/ Es war im Winter! Es war noch stockdunkel. Wie wir auf dem Bahnhof kamen war der Zug weg. ›Ach Gott, was machen wir jetzt?‹ Zu Fuß nach Hause gehen, hatten wir Angst gehabt. Es war doch stockdunkel. Mussten wir auf dem Bahnhof/ Die Halle. War kein Mensch drin. War alles leer. Und wir haben gewartet bis um elf Uhr, bis der nächste Zug gefahren ist.*«[185]

Nach diesem erklärenden Einschub zum Erinnerungsort wechselt Schubmehl in den dramatischen Erzählmodus und führt die begonnene Handlung weiter. Auf dem Nachhauseweg kommt es zur Trennung der Akteure der Geschichte. Hilde Schubmehl erzählt zunächst, wie es ihr mit der zweiten Cousine aus Bad Kreuznach ergangen ist. Die Harmlosigkeit dieses Besuchs im Café steht dabei im Mittelpunkt. Fast so als müsse sich die Erzählerin nachträglich bei ihren Eltern entschuldigen, wählt sie mit dem Wort »Gläschen« in der Verkleinerungsform das Stilmittel der Verharmlosung.

Nach dem Caféhaus-Besuch bildet der Bahnhof in St. Wendel, dessen Atmosphäre sie anschaulich als düster und kalt charakterisiert, ihre zweite Station auf dem Nachhauseweg. Mit dem kritischen Moment des Verpassens des Zugs nähert sich der Spannungsbogen in Schubmehls Kinogehgeschichte der Klimax. Der angstvolle Ausruf »Ach Gott! Was machen wir jetzt?« unterstreicht die Dramatik dieser Situation.[186] Durch ihre Entschuldigung der zwangsläufigen Verspätung verbleibt sie im Modus der Rechtfertigung.

>*Und meine Cousine, die andere, wo nach Hause gefahren ist, die hat/ Meine Eltern haben die gesehen und haben gefragt, wo ich wäre. Und die hätte ja mit uns gehen können. Das war so ne Petze. Und wissen Sie was? Wie ich nach Hause kam, habe ich meine Drassele (gemeint sind Schläge) bekommen und fragen Sie nicht wie! Und da hat meine Cousine von Kreuznach, die ist nicht/ die wollte an dem Abend bei mir schlafen, da hat sie aber nicht mehr bei mir geschlafen und ist dann zur Tante.*«[187]

Um zu erzählen, was zur gleichen Zeit zu Hause passierte, konstruiert Schubmehl nun eine Parallelhandlung. Dies gelingt ihr nur durch ihren auktorialen Wissensvorsprung aus der Retrospektive heraus, und dadurch, dass sie den Zuhörer daran teilhaben lässt, gewinnt die Geschichte zusätzlich an Spannung. Den Verrat durch die Cousine kommentiert Schubmehl sowohl verbal als auch

---

185 S. o.
186 Interviewausschnitt Hilde Schubmehl.
187 S. o.

nonverbal durch ihr abwertendes Augenrollen. An dieser Stelle sichert sie sich mit dem Hörerkontaktsignal »Wissen Sie was?« die Aufmerksamkeit der Zuhörerin für die kommende Auflösung ihrer Geschichte.[188] Zu Hause angekommen, erwarteten die Eltern Hilde Schubmehl, die sie während ihrer ganzen Erzählung immer wieder durch ihre Rechtfertigungen implizit angesprochen hat. Ihr Zuspätkommen wird mit Schlägen geahndet. An dieser Stelle wird das gemeinschaftliche Erlebnis zu einer individuellen Erfahrung, die Schubmehl entsprechend aus der Ich-Perspektive heraus erzählt.

Gleich einer analeptischen Schleife betont Schubmehl nun noch einmal die Harmlosigkeit ihrer Tat, indem sie die Geschichte des Caféhaus-Besuchs ein zweites Mal erzählt:

> »Weil/ Und wir waren so harmlos (!) Wir zwei haben am Tisch gesessen und haben unser Gläschen getrunken und wir wollten nur groß (!) sein. Und sind wir/ haben dann den Zug net bekommen und stehen dort und frieren in der Kälte. Wir waren ganz harmlos! War niemand bei uns sonst. Aber die Eltern machen sich dann Gedanken. Das ist ja klar. Auf jeden Fall habe ich meine Drassele (gemeint sind Schläge) bekommen und war doch nicht mehr die Jüngste. So geht es einem, aber ich bin ja nicht dran gestorben.«[189]

Hilde Schubmehl erzählt noch einmal chronologisch, jedoch in geraffter Form, was nach dem Besuch im Café Liell geschah. Sie erweitert dadurch die Geschichte um eine wertende Äußerung und rechtfertigt sich abermals. Neu in diesem Teil ist, dass Hilde Schubmehl ihre Eltern in Schutz nimmt, indem sie Verständnis für ihre Reaktion zeigt. Sie zieht in ihrer Erzählbeendigung noch einmal ein persönliches Fazit aus der Ich-Perspektive: »So geht es einem, aber ich bin ja nicht daran gestorben.«[190]

5.3.2   Bei den Patres – Erzählen über repetitive Ereignisse

> »[…] Und wir sind nach St. Wendel und da hatten wir dreizig Pfennige, fünfundzwanzig Pfennige hat das Kino gekostet und fünf Pfennige hat damals der Weck gekostet bei Lernersch Karl. Die hatten sonntags/ Da hast du damals ein Weck bekommen. Dann sind wir dort entlang und wenn der keine hatte, dann sind wir auf den Patre Hof und da hats Kaffee gegeben. Und da gab es noch ein Gebet und beim Beten haben wir schon gekuckt. Gibt es Würfelzucker? Was steht auf dem Tisch? Ne. (Lachen) Man war ja evangelisch. Und dann haben sie nachher nur noch Zucker, loser Zucker, kein Würfelzucker, da haben wir die Säcke noch voll gemacht.«[191]

---

188   S. o.
189   Interviewausschnitt Hilde Schubmehl.
190   S. o.
191   Interviewausschnitt Waltraud Schmidt (geb. 1932), aus Niederkirchen, und Ilse Kraushaar (geb. 1932), aus Oberkirchen.

Die Kinoanekdote »Bei den Patres« erzählt Martin Schmidt gleich zwei Mal. Das erste Mal beginnt er während des Interviews seiner Ehefrau im Hintergrund selbstgesteuert zu erzählen. Während seines eigenen Interviews kommt er auf diese Geschichte zurück und dadurch ist es möglich, die unterschiedlichen Versionen der Anekdote aus narratologischer Sicht zu vergleichen. Martin Schmidt fällt seiner Ehefrau während ihres Interviews ins Wort und übernimmt damit unaufgefordert das Rederecht, was auf einen starken Erzählwunsch schließen lässt. Aufhänger seiner Kinoweg-Geschichte bildet das Kinogeld, dessen Verwendung er genau einplante. Die gewählte Wir-Perspektive deutet auch hier auf ein gemeinschaftliches Erlebnis, ohne dass die Gruppe der Mitgänger näher erläutert wird. Schmidt konstruiert seine Geschichte entlang alternativer Raststationen auf dem Heimweg, so dass der Kinobesuch als solcher keine Rolle spielt. Die erste Station bildet die Bäckerei Lerner, wo sich Martin Schmidt vom Restgeld ein Brötchen kaufte. Detailreicher jedoch erzählt Schmidt von der zweiten alternativen Zwischenstation im Haus der Steiler Missionare zwischen St. Wendel und Niederkirchen.[192] In dem Missionshaus gab es sonntags Nachmittagskaffee – und vor allem Würfelzucker, den Schmidt heimlich entwendete. Die Erinnerung an diese typische Spitzbuben-Geschichte ruft noch Jahrzehnte danach herzhaftes Lachen bei Martin Schmidt hervor. Mit dem Kontaktsignal »ne« sucht er die Verbindung zu seinen Zuhörerinnen. Schmidts kurze Anekdote aus dem Hintergrund endet mit der Reaktion der Patres, die mit losem Zucker dem Stibitzen ein Ende bereiteten. Genau auf diese Geschichte kommt Martin Schmidt zurück, als er gefragt wird, ob die Kinos seiner Jugendzeit gut besucht waren, diesmal detaillierter und durch Zwischenfragen gegliedert:

> »[…] Also, wir sind viel ins Kino gegangen. (hhm) Die sind von überall gekommen. Von Leitersweiler, ja von überall und von Urweiler und wo sie überall her gekommen sind. Alle zu Fuß. Da hat es ja kein Fahrzeug gegeben und Fahrräder haben die wenigsten gehabt. Dass sie mit dem Fahrrad konnten fahren. Das war schon Luxus. Und dann sind wir nach St. Wendel und da sind auch bei Lernersch Karl, das war eine Bäckerei. Die hatten sonntags als auf. Wirtschaft sowieso und Bäckerei. Da haben wir für fünf Groschen, nein fünf Pfennige. Zehn Pfennige waren ein Groschen. Und da hatten wir dreizig Pfennige und für fünf Pfennige konnten wir noch einen Weck kaufen, ein trockener Weck! Und dann sind wir heim gelaufen.«[193]

Schmidt beginnt mit dem Hinweis auf seine eigene Kinogehfrequenz, indem er betont, dass er ein häufiger Kinogänger gewesen sei. Er spricht die fehlende

---

192 Dabei ist zu beachten, dass das Missionshaus nach der Saarabstimmung von den Nationalsozialisten geschlossen, die Missionare vertrieben und eine nationalsozialistische Eliteschule, die Napola, dort eingerichtet wurde. Martin Schmidts Erinnerung bezieht sich folglich auf die Zeit davor.
193 Interviewausschnitt Martin Schmidt (geb. 1926), aus Niederkirchen.

Mobilität der Jugendlichen an, indem er das Fahrrad als ein Luxus-Artikel deklariert. Als Jugendlicher lief Schmidt regelmäßig die sieben Kilometer nach St. Wendel, um ins Kino gehen zu können. Wie auch in der Erzählung zuvor beginnt der Erzähler mit der Zwischenstation der Bäckerei Lerner, die er diesmal mit Details ausschmückt. Die Backwaren erfahren seine besondere Aufmerksamkeit, denn mit dem Ausruf »Ein trockener Weck!« betont Martin Schmidt die Besonderheit dieser Backware im Vergleich zur heutigen Zeit.[194] Im Gegensatz zur ersten Erzählung beendet Schmidt seine Geschichte an dieser Stelle abrupt und gibt damit das Rederecht an die Interviewerin zurück.

Die folgende Antwort bezieht sich auf die Frage nach Alternativen zum Kinoprogramm:

> »Och, je nachdem wie das Kino angegangen ist. Wann ist das denn angegangen als? Zwei? Ich glaube um zwei, vier und sechs. Alle zwei Stunden so ist das Kino angegangen, wo die gespielt haben. Wir mussten ja auch wieder früh daheim sein, sagen wir mal, abends, wenn es dunkel/ Wir sind ja nur ins Kino gegangen, wenn wir das Kinogeld bekommen haben, ne. ›Wer geht noch mit?‹ ›Ei, der geht noch mit und der geht mit.‹ (Waltraud Schmidt im Hintergrund, nachahmend vorwurfsvoll: ›Willst du wieder ins Kino gehen?!‹)«[195]

Martin Schmidt erzählt nun im dramatischen Modus die Vorgeschichte des Kinobesuchs, indem er dialogisch die Verhandlungen mit seinen Eltern wiedergibt. An dieser Stelle interveniert nun seine Ehefrau Waltraud Schmidt aus dem Hintergrund und ahmt im kritischen Tonfall die Reaktion ihrer Eltern nach: »Willst du wieder ins Kino gehen?!«[196] Diese Stelle deutet auf genderspezifische Unterschiede hin, denn Waltraud Schmidts Eltern sahen Kinobesuche durchaus kritischer. Zudem wird an dieser Stelle deutlich, auf welche Weise die Eheleute in einem gemeinsamen kommunikativen Prozess die Erinnerungen an das Kino ihrer Jugend generieren. Im letzten Teil der Erzählepisode fügt Schmidt auch die zuvor erwähnte zweite Zwischenstation auf dem Nachhauseweg ein: das Missionshaus.

> »Da waren wir drei, vier Buben gewesen und dann sind wir/ nachher sind wir über den ›Patre Hof‹, da haben wir spitz bekommen, dass dort so um vier Uhr so der Kaffee gibt, bei den Patres. Ne (hmm) Da sind wir rein an den Tisch, da haben wir gebetet, da hat der Pater ein paar Worte gesprochen und (pfff) christlicher Glaube und dann haben wir schon gespitzt, was wird aufgetragen auf dem Tisch, was sie gebracht haben. Butter, Süßschmiere und Würfelzucker. Und Würfelzucker, der ist immer, wenn sie nicht geschaut haben, in den Säcken verschwunden. Der war immer weg. Die Dose war immer leer. Dann haben sie anderen Zucker hingestellt. (Pfff) Da haben wir gebetet. Wir waren

---

194 Interviewausschnitt Martin Schmidt.
195 S. o.
196 S. o.

evangelisch. Und da war der Daunhauersch Emil, wenn der mitgegangen ist, der war der einzige Katholik dabei. Der hat gewusst, was gebetet wird. Och, wir haben ja nichts verstanden von denen. Man hat ja nicht Lateinisch gesprochen, nur der Pater.«[197]

Der Zuhörer erfährt in dieser Version, wer sich hinter der Kinoclique verbirgt: drei, vier Buben und somit, wie auch in Hilde Schulmehls Geschichte, eine gleichgeschlechtliche Kinogeh-Gruppe. Das Essen bei den Patres wird ebenfalls mit den Details »Butter, Süßschmiere und Würfelzucker« ergänzt.[198] Am Ende benennt Schmidt noch einen Mitgänger namentlich, Emil Daunhauer, der einzige Katholik der Gruppe, der dem lateinischen Gebet folgen konnte. Im Gegensatz zur ersten Erzählung verknüpft Martin Schmidt die beiden Stationen »Lernersch Karl« und »Patre Hof« nicht innerhalb eines Gesprächsschritts. So werden aus einer Anekdote zwei kürzere Erzählungen, die mit weiteren Details wie die Anfangszeiten des Kinos oder den Dialog mit den Eltern ausgeschmückt werden. Es wird deutlich, wie sich eine Anekdote jedes Mal neu zusammensetzt, wenn diese kommuniziert wird. In den Kommentaren aus dem Hintergrund wird deutlich, dass das Erinnern zudem einen gemeinschaftlichen Prozess darstellt. Das mündliche Erzählen von Kinoerinnerungen ist folglich kein starres Gefüge, sondern ein dynamischer Rahmen, innerhalb dessen eine Geschichte jedes Mal aufs Neue rekonstruiert wird. Trotz aller Unterschiede bleibt der Grundplot des sich wiederholenden Kinogeh-Erlebnisses bestehen, dessen Höhepunkt das Einstecken des Würfelzuckers bildet. Dieses Erzähldetail hat über all die Jahre in der Erinnerung Martin Schmidts überdauert, vielleicht auch deshalb, weil in den 1930er Jahren Nahrungsmittel wie Würfelzucker und Brötchen eine Besonderheit darstellten.

5.3.3 Aus der Musikstunde – Erzählen aus zweiter Hand

Die dritte zu untersuchende Geschichte auf dem Weg zum Kino stellt eine Besonderheit dar, da Marianne Müller diese gar nicht selbst erlebt hat. Sie erzählt eine anekdotische Mikrogeschichte ihres Mannes, dessen Musikstunde ihn häufig am Kinogang hinderte.

»Ich könnte dir nämlich gerade mal sagen, wie es dem Robert (!) gegangen ist. Das (!) weiß ich, also einhundert-prozentig (!) hat der davon immer erzählt. Was das für eine schreckliche Zeit war. Wo die anderen unten gepfiffen haben. Also er hat sich auch immer gefreut auf das Kino, ne. Da sind sie ins Kino ja auch miteinander. Und er hatte zu der Zeit aber auch Musikstunde oft. Und da ist der Erwin unten vorbei und gepfiffen. ›Pfft, pfft! Bin du noch nicht fertig?‹, (Waltraud Schmidt: ›Der muss noch üben!‹) ›Der muss

---

197 Interviewausschnitt Martin Schmidt.
198 S. o.

noch üben!‹ Und da sagt er/ Der Alte hat nebendran gehockt und hat gesagt: ›Du gehst
nicht eher, bis du das ganze Ding geübt hast noch einmal!‹ Und dann (.)/ ›Ich kann
nicht!‹ und dann sagt er/ und dann war er fort und der Film an und ich habe wieder
daheim gehockt und habe geübt. Das ist oft (!) vorgekommen.«[199]

Diese Tatsache, dass es sich nicht um ihre eigene Erfahrung handelt, lässt sie vor
Beginn der Geschichte mit dem Zusatz »einhundert-prozentig« ihr gutes Erinnerungsvermögen überdeutlich beteuern.[200] Dies deutet darauf hin, dass Fa-
miliengeschichten aus zweiter Hand einer besonderen Legitimation bedürfen.
Die Geschichte selbst dreht sich um einen kurzen Moment: Robert Müller sitzt
gerade in der Musikstunde, als sein Freund vor dem Haus pfeift, um ihn zum
Kinobesuch abzuholen. Den folgenden Dialog mit dem Freund gibt Marianne
Müller in dramatischer Rede wieder, inklusive Pfiff. Nicht abschließend zu
klären ist, ob Robert Müller diesen Part ebenfalls dialogisch erzählt hat oder ob
Marianne Müller das Mittel der dramatischen Rede selbst wählt, um der Situa-
tion Anschaulichkeit zu verleihen. Dennoch scheint die Geschichte auch ihrer
Cousine im Hintergrund bekannt zu sein, die die Reaktion des Musiklehrers
souffliert. Dies deutet darauf hin, dass diese Anekdote Teil der Familienerin-
nerung geworden ist. Bis dahin ähnelt ihre Erzählung vielen anderen Kinogeh-
Geschichten. Ungewöhnlich erscheint nun ihr Wechsel in die Ich-Form und die
damit verbundene Übernahme der Perspektive ihres Mannes. Da Müller diesen
Wechsel nicht explizit ankündigt, liegt der Schluss nahe, dass in der mündlichen
Erzählung fremde und eigene Erfahrungen verschmelzen. Die Wahl der Ich-
Perspektive zeigt, wie Müller sich diese Geschichte aus zweiter Hand aneignet
und zu ihrer eigenen Lebensgeschichte macht.[201]

5.3.4 Vergleich der analysierten Erinnerungen auf dem Weg ins Kino

Allen Erzählungen ist gemeinsam, dass das Kino als Ort und der gesehene Film
keine Rolle spielen. Zwei der drei Erzählungen finden nach dem Kinobesuch
statt, somit spielen Stationen auf dem Heimweg eine wichtige Rolle, wie das
Missionshaus und das Café Liell. Ein Unterschied besteht in der Frequenz der
Erzählung. Während Hilde Schubmehls Geschichte von einem einmaligen Ereignis handelt, erzählen Martin Schmidt und Marianne Müller über repetitive
Handlungen. Diese Geschichten sind längst zu Anekdoten im Familiengedächtnis geworden, die selbst oder auch von anderen Familienmitgliedern
mündlich tradiert werden. Diese Kinoanekdoten werden jedoch mit jeder

---

199 Interviewausschnitt Marianne Müller (geb. 1937), aus Saal.
200 S.o.
201 Vgl. Kuhn, Annette: Was tun mit der Kinoerinnerung? In: montage AV 19/1/2010, S. 128.

Kommunikation neu rekonstruiert und geformt. Der repetitive Charakter der Geschichten bedingt deskriptive Einschübe, die die Erzählhandlung und damit den Spannungsbogen unterbrechen. Kinogeh-Geschichten werden meist in der Wir-Perspektive erzählt und betonen das Gruppenerlebnis. Gerade in diesen Geschichten steht die Interaktion der Akteure im Vordergrund, zumeist veranschaulicht durch dramatisches Erzählen.

Der Kinobesuch selbst dient in diesen Geschichten als Aufhänger, um beispielsweise die Geschichte des verpassten Zugs und dessen Folgen erzählen zu können. Unter diesem Aspekt ist die Frage durchaus nachvollziehbar, ob diese Erzählungen noch zu den Kinoerinnerungen zu zählen sind. Geschichten auf dem Weg ins Kino zeigen deutlich, dass der Kinobesuch als sozialer Akt zu verstehen ist. Das Kino war fester Bestandteil der Freizeitgestaltung in der Adoleszenz und gerade deshalb ist es so wichtig, Geschichten, die auf dem Kino-Weg geschahen, mit in die Analyse aufzunehmen, um die Bedeutung des Kinobesuchs für die untersuchte Generation zu ermitteln.

5.4 Filmische Adaptionen in der Alltagswelt

Zu Beginn des Kino-Wegs stehen schließlich Geschichten, die im Zuhause der Befragten spielen. Sie verdeutlichen die Rolle des Kinobesuchs im Alltag, wie die Erzählung von Marianne Müller, die in Kapitel 5.4.1 »Rendezvous mit dem Kino« analysiert wird. In Kapitel 5.4.2 »Erinnerungsfragmente« werden Spuren der filmischen Rezeption im Alltag untersucht, die sich in Bruchstücken innerhalb von Gesprächsschritten finden lassen, ohne dass eine in sich geschlossene Erzählung entsteht.

5.4.1 Rendezvous mit dem Kino

>*»Aber an sich kann man so sagen, dass man sich dann ja immer in Schale geschmissen hat. Man hat also die besten Kleider angezogen. Weil man sich anders ja gar nicht/ das war die einzige Gelegenheit, wo man irgendwo hin gegangen ist. Und das war so wie man heute zu einer Einladung geht, täte ich sagen. Dann hat man die Sonntagskleidung angezogen, Sonntagsschuh, das hat es alles noch gegeben damals. Das ist nur sonntags angezogen worden.«*[202]

Müllers Erinnerungen kreisen um das Zurechtmachen für den Kinobesuch. Sie gebraucht dazu die Redensart »in Schale werfen«, welche sich auf die Auswahl

---

202 Interviewausschnitt Marianne Müller.

der schönsten Kleidung bezieht.[203] Die Kleidung erfährt eine mehrfache lexikalische Erweiterung um das Präfix »Sonntag-« und das daraus entstehende
Kompositum, beispielsweise »Sonntagsschuh«, unterstreicht die Besonderheit
des Ereignisses. Marianne Müller vergleicht in diesem Zusammenhang den
Kinobesuch mit einer Verabredung.

> *»Und ein bisschen Nivea-Creme ins Gesicht geschmiert. Wenn man die hatte, da hat man*
> *schon Luxus gehabt. (Waltraud Schmidt: Ja) Und dann/ (.) Ich hatte sie nicht. Ich bin sie*
> *mir bei die Hildegard immer lehnen gegangen. Ich bin mit den blanken Händen, wenn*
> *ich gewäscht war, bei die Hildegard. Die hatte immer. Dann habe ich gesagt: ›Kann ich*
> *mir ein bisschen Nivea-Creme holen?‹ Und dann hat sie gesagt : ›Ja.‹ Und die habe ich*
> *immer auf die Hände gemacht und ins Gesicht/ (Gestik des Eincremens) Alle. Und dann*
> *war man schon fein. Da hat man sich/ Da hat man noch ein bisschen gut gerochen noch.*
> *Parfüm gab es sonst auch keins.«*[204]

Der zweite Teil ihrer Erzählung dreht sich um eine ganz bestimmte Requisite, die
Nivea-Creme. An dieser Stelle zeigt es sich, wie wichtig es ist, das Erzählte in den
Kontext zu anderen Kinogeschichten der Person einzuordnen. In ihrer Erzählung zum Film MAMA KOLIBRI sah Marianne Müller zum ersten Mal geschminkte Frauen: »Und dann habe ich zum ersten mal so geschminkte Frauen
gesehen. Also man hat gesehen so geschminkt, also, so Lippen geschminkt und
so.«[205] Ihre Faszination für die Frauen auf der Leinwand zeigt sich deutlich,
indem sie mit der Nivea-Creme ihren weiblichen Vorbildern mit bescheidenen
Mitteln nacheiferte. Das Einreiben mit der geborgten Creme dient als Ersatz-
handlung, um die fehlende Schminke und das Parfüm zu substituieren. Dieses
Detail nimmt einen großen Raum im Gesprächsschritt ein und erfährt eine
detailreiche narratologische Bearbeitung, indem sie, unterstützt durch Mimik
und Gestik, dialogisch erzählt, wie sie sich von der Nachbarin die Nivea-Creme
auslieh. Das physische Erzählen des Eincremens gepaart mit dem seltenen
Hinweis auf die olfaktorische Wahrnehmung unterstreicht eine starke Nähe zum
Erinnerungsgegenstand.

> *»Und dann die Sonntagsschuhe, die Sonntagskleider, das ist ja alles im Schrank gewesen.*
> *Das ist dann angezogen worden und dann war man schick! Da hat man sich selber*
> *gefallen und dann ist man/ hat man natürlich die Zeit nicht abwarten können, bis es*
> *soweit war. Ist es nicht bald/ Wenn es um acht angegangen ist, dann ist man schon um*
> *sieben Uhr fertig gewesen, täte ich sagen.«*[206]

---

203 S. o.
204 Interviewausschnitt Marianne Müller.
205 S. o.
206 Interviewausschnitt Marianne Müller.

Nach einem Rückgriff auf die Sonntagskleidung erzählt Müller über die Wartezeit vor dem Kinobesuch als retardierendes Moment der Vorfreude und sie imitiert dabei den damaligen wiederholten Blick auf die Uhrzeit.

>»Und dann hat man sich getroffen und hat die anderen bewundert, was die an hatten und/ Man hat es fast schon gewusst, weil man hatte so viele Sonntagskleider nicht. Es hatte jeder immer dieselbe Sonntag'se an, bis mir sie nicht mehr gepasst hatten. Und dann hat man mal andere bekommen, ne. Und die waren oft auch schon Abgetragene von anderen. Ja, und dann ist man freudestrahlend und stolz, feinduftend (!), ins Kino.«[207]*

Der Kinobesuch wird im Folgenden zum Gruppenerlebnis, indem Müller die Reaktionen der Mitgänger auf ihre Kleidung wiedergibt. Marianne Müllers Geschichte endet mit dem gemeinschaftlichen Gang zur Kinovorstellung. Die Nivea-Creme taucht hier noch einmal subtil in Form des Dufts auf. Dieses Requisit der Erzählung steht am Ende symbolisch für Marianne Müllers erste Schritte in die Erwachsenenwelt.

5.4.2 Erinnerungsfragmente

>»Es hat im Kino immer die Heftchen gegeben, vor dem Kino, net, wenn man rein gegangen ist, hat man immer so eine Inhaltsangabe bekommen. Die habe ich jahrelang (!) aufgehoben. Jetzt habe ich sie nicht mehr! (Interviewerin: Ach, nein!) Habe ich nicht mehr.«[208]*

Dieses Kapitel blickt in die Welt der Erzählungen jenseits der narratologisch geformten Kinogeschichten. Der Auszug aus dem Interview mit Sicks zeigt deutlich, wie Erinnerungsstücke an das Kino, hier ganz materiell in Form der Filmhefte, im Alltag der Befragten überdauert haben. Die Adaption von filmischen Inhalten in die eigene Lebenswelt geschah zudem auf akustische Weise, zum Beispiel durch die Filmmusik.[209] Walter Schmitt erinnert sich ebenfalls lächelnd an die Melodie aus dem Film BOMBEN AUF MONTE CARLO: »Es ging um Liebe und (…) (Lachen) Liebe und Geld (!) und so weiter. Um diese Dinge ging es, net. (…) Die Melodie, die schwirrt mir heute noch irgendwie im Kopf herum, nicht? (Lachen)«[210] Diese musikalischen Erinnerungsstücke bleiben, wie sich an Schmitts Lachen zeigt, durch emotionale Ansprache lebendig. Die entstehende Pause verkörpert das gedankliche Nachsinnen der Melodie als ein

---

207 S. o.
208 Interviewausschnitt Lieselotte Sicks (geb. 1928), aus Oberlinxweiler.
209 Interviewausschnitt Martin Schmidt (geb. 1926), aus Niederkirchen.
210 Interviewausschnitt Walter Schmitt (geb. 1915), aus St. Wendel.

Indiz dafür, dass manche Kinoerinnerung in den Köpfen noch vorhanden ist, aber nicht mehr versprachlicht werden.

Musikalische Erinnerungsfragmente beinhalten zwei wichtige Charakteristika: Wiederholbarkeit und Haltbarkeit. »Ich lasse mir als die Schallplatten laufen. Alte Operettenmelodien waren das. Sagen wir mal. Auch ›Das Land des Lächelns‹ war ja damals auch so eine Operettenmelodie.«[211] Ob die Lieder mit Freunden gesungen wurden oder diese zu Hause auf Schallplatte angehört wurden, die repetitive Rezeption hielt die Erinnerung an die gesehenen Filme lebendig, ohne dass deren Inhalte oder andere Details in Erinnerung blieben. Diese Erinnerungsfragmente sind zu den Kinoerinnerungen hinzuzuzählen und in die Auswertung zu integrieren.

Eine besondere Form der Adaption von Filmelementen in die Alltagswelt stellen Helene Schubmehls Näharbeiten dar. Die gelernte Schneiderin interessierte sich insbesondere für die schönen Kleider der Filmstars, die sie nachschneiderte.

> »*Schubmehl: […] Mich hat ja immer nur die Kleider, die schönen Kleider, wo die an haben, interessiert. Das andere (abwinken), das hat/ (Überlappung)*
>
> *Das ist mir vorhin auch durch den Kopf geschossen, wenn Sie ja in dem Feld gearbeitet haben. Ne?*
>
> *Schubmehl: Ja, ja, da hat mich immer interessiert.*
>
> *Gab es da Filme, wo man gewusst hat, wenn da man rein geht, sieht man schöne Kleider?*
>
> *Schubmehl: Ach, die waren alle schön angezogen zu der Zeit! Wir waren ja arm. Wir haben ja nichts gehabt! (Händeklatschen) Nur das, was wir uns selbst gebosselt haben, selbst gestrickt und lauter so Kram, ne. Aber so richtig elegantes Kleid, wo man so ›Ach!‹ (Mimik) Das gab es ja nicht. Das musste man im Kino kucken.*«[212]

Es stehen sich zwei konträre Welten einander gegenüber: Die Glamourwelt der Filmstars trifft auf das kleinstädtische Milieu St. Wendels nach dem Zweiten Weltkrieg, deren unüberbrückbare Kluft die Erzählerin durch Herabsetzung der eigenen Nähleistung mit dem Verb »gebosselt« hervorhebt. Dennoch lässt sich gerade in der Adaption der Schnitte der gesehenen Filmkleider eine besondere künstlerische Weiterentwicklung und Anpassung in die Alltagswelt erkennen. Die Kleider der Filmstars dienen im Alltag der Schneiderin als Ideengeber. Eine in sich geschlossene Erzählung entsteht aus diesem Erinnerungsfragment jedoch nicht, so wie es in Marianne Müllers Geschichte mit der Nivea-Creme der Fall war. Damit ist die Analyse der Narratologie der Kinoerinnerung an ihrer Grenze zum Nicht-Erinnern angelangt. Geschichten zum Kino, insbesondere

---

211 Interviewausschnitt Irma Klein (geb. 1919), aus Oberlinxweiler.
212 Interviewausschnitt Helene Schubmehl (geb. 1929), aus Oberlinxweiler.

wenn sich diese auf der Alltagsebene abspielen, zerbrechen im Laufe der Jahre in ihre Fragmente bis hin zum völligen Verlust der Erinnerung.

Die Analyse der einzelnen Kinogeschichten in diesem Kapitel hat gezeigt, dass diese Erzählungen spezifische narrative Formen aufweisen, die im folgenden Kapitel 6 »Formen der narrativen Annäherung an die Kinoerinnerungen« zusammengefasst werden.

6. Formen der narrativen Annäherung an die Kinoerinnerung

Über Kinoerinnerungen zu erzählen, stellt vor Herausforderungen, die eine spezifische Erzählweise zur Folge haben. Dieses Kapitel fasst deshalb Formen der narrativen Annäherung an die Kinoerinnerung zusammen und kategorisiert sie. Mündliches Erzählen folgt anderen Gesetzen als schriftliches Erzählen. Auffällig ist, dass sich innerhalb des Interviewverlaufs immer wieder in sich geschlossene Erzählepisoden finden lassen. Fludernik spricht bei der mündlichen Erzählung von einer »Aktivität, die in Konversationen eingebettet ist, also von Interaktionen zwischen Gesprächspartnern abhängt«.[213]

Genau um diese Einbettung geht es im Kapitel 6.1, indem zunächst die »Inselhaftigkeit« der Erzählung aufgezeigt wird. Der neu generierte Terminus »Erzählinsel« mit seiner charakteristischen Bauform mit Rahmen- und Binnenstruktur wird zunächst definiert, um Kinoerinnerungen innerhalb eines Gesprächs zu lokalisieren. Welche Strukturen sich im Inneren der Erzählung finden, wird im Kapitel 6.2 »Die Zeit innerhalb der Erzählinseln« untersucht. Wie gestaltet sich die Chronologie innerhalb der Erzählung? Wie ist das Verhältnis zwischen Erzählzeit und erzählter Zeit? Und welche Verzahnung zwischen Zeit und Ort des Geschehens gibt es? Der Umgang mit unterschiedlichen Handlungsebenen innerhalb und außerhalb der Filmhandlung in verschiedenen Zeiten erfordert spezifische Erzählmechanismen. Das Kapitel 6.3 »Visualisierungen – Der Umgang mit dem fehlenden Bild« befasst sich mit der stilistischen Mikroebene der Erzählinsel. Im Mittelpunkt stehen dabei Formen von Strategien des Erzählens aufgrund des fehlenden visuellen Bilds. Dabei werden unter den Stichwörtern Metapher und physisches Erzählen sprachliche beziehungsweise gestische Annäherungen an den visuellen Erinnerungsgegenstand unterschieden. Es wird untersucht, wie die fehlenden Bilder beziehungsweise visuellen Eindrücke durch diese Form der Annäherungen substituiert werden. Das letzte Kapitel 6.4 »Verzahnungen im Raum-Zeit-Kontinuum« untersucht den

---

213 Fludernik, Monika: Erzähltheorie. Eine Einführung. Darmstadt 2010, S. 59.

Ort und die Zeit der Erinnerung und deren Verknüpfung. Im Folgenden wird die Bauform der Kinoerinnerungen näher betrachtet.

6.1 Von der Inselhaftigkeit der Kinoerinnerung

Im Laufe der Interviews kommt es immer wieder zu in sich geschlossenen Erzählungen, die in der Regel einen längeren Gesprächsschritt beanspruchen. Der Interviewer übernimmt dabei die Rolle des Zuhörers, ohne den nächsten Gesprächsschritt beanspruchen zu wollen. So genannte »Erzählinseln« zeichnen sich dadurch aus, dass sie sich vom kurzweiligen Frage-Antwort-Schema des Interviews abheben und eine narratologische Formung aufweisen. Erster Anhaltspunkt zur Lokalisation von Kinoerinnerung bildet die Grobstruktur der Erzählung. Deshalb ist zur näheren Charakterisierung der Bauform der Erzählinsel in Kapitel 6.1.1 und 6.1.2 eine Untersuchung der Rahmen- und Binnenstruktur erforderlich. Abschließend wird in Kapitel 6.1.3 anhand der Erinnerung Franz-Josef Denis' über den Film DER ABTRÜNNIGE die Struktur einer Erzählinsel exemplarisch aufgezeigt

6.1.1 Rahmenbetrachtung

Innerhalb eines Gesprächsschritts unterscheidet Fludernik verschiedene Handlungsebenen: die Kommunikations- und die Geschichtenebene. Die Autorin unterstreicht, dass Geschichten innerhalb von Erzählungen nie für sich alleine stehen, sondern in einen kommunikativen Zusammenhang eingeordnet sind.[214] Deshalb erfordern diese eine klare Abgrenzung zum restlichen und damit nicht narrativen Gesprächszusammenhang. Fludernik beschreibt den Übergang von der kommunikativen Gesprächsebene zur Ebene der eigentlichen Geschichte folgendermaßen:

> »Die Rahmung für die Geschichte (am Beginn Charakterisierung der Geschichte [abstract] und einführende Hintergrunderklärungen [orientation] sowie am Ende die Coda und Gesamtevaluation) gehört eigentlich noch zur Kommunikationsebene bzw. bildet das Scharnier, auf dem vom kommunikativen Umfeld in die Geschichte hinein und aus ihr heraus geschaltet wird.«[215]

»Abtract« und »orientation« grenzen die Erzählung von dem zuvor Gesagten ab und dienen als Einstieg in die Erzählung. »Coda« und »Gesamtevaluation«

---

214 Fludernik (2010), S. 59.
215 S.o.

markieren entsprechend das Ende der Geschichte. Beide bilden den Übergang zur und aus der Geschichtenebene und sind damit wichtig, um Erzählungen im Gesprächsverlauf abzugrenzen. Im Folgenden wird dargestellt, welche spezifischen Rahmungen Erzählungen über Kinoerinnerungen aufweisen.

a) Die Einleitung in die Erzählinsel

Zu Beginn einer Erzählung finden sich häufig metanarrative Floskeln, wie »Das erinnert mich an meine Schulzeit, da gab's mal 'ne irre Sache, die muss ich euch erzählen.«[216] Ähnliche Floskeln finden sich auch in den untersuchten Erzählinseln zur Kinoerinnerung, wie Franz-Josef Denis in seiner Erzähleröffnung zum Film DER ABTRÜNNIGE: »Ich kann mich noch an eine Szene erinnern, die sehr bewegend war.«[217] Dieses Beispiel zeigt, dass Erzähleinleitungen häufig emotional aufgeladene Vorausdeutungen enthalten, wobei positive Wertungen überwiegen. Denis nimmt in diesem Fall aus seiner auktorialen Erzählperspektive heraus das Ende seiner Erzählung vorweg, ohne konkret zu sagen, welchen Inhalt diese Szene hat. Die Einleitung in Franz-Josef Denis' Erzählung ist der Kategorie »abstract« zuzuordnen. Laut Fludernik handelt es sich hierbei um eine geschickte Gesprächsstrategie, um die Aufmerksamkeit des Zuhörers zu erreichen.[218] Dieses Mittel der Gesprächsstrategie wiederholt Denis während seiner Geschichte mehrmals, so bleibt der Spannungsbogen erhalten. Häufig werden Erzählungen mit einem Hinweis auf die eigene Erinnerungsleistung begonnen. Der Erzählexposition kommt die Aufgabe zu, den erfolgreichen Erinnerungsprozess nachzuweisen. Mit »Ich weiß noch schön«[219] beginnt Hilde Schubmehl die Erzählung über den Kinobesuch mit ihren Cousinen. Gerade autobiografische Erinnerungen stehen unter dem Anspruch der Authentizität. Somit ist in diesem Zusammenhang die Beteuerung, dass sich der Erzähler noch gut erinnern könne, wichtig, um seine Glaubwürdigkeit zu untermauern.

In den untersuchten Kinogeschichten finden sich auf inhaltlich-struktureller Ebene zwei Typen von Erzähleröffnungen. Beim ersten Typus handelt es sich um Erinnerungen an Filme. Zu Beginn wird der Titel genannt und es schließt sich eine Zusammenfassung des Inhalts (abstract) als verständnissichernde Maßnahme in der Erzählexposition an. Was nun der Erzähler als wesentlichen Plot des Films wiedergibt, erlaubt umgekehrt Rückschlüsse auf die Dinge, welche er für die folgende Geschichte als wichtig erachtet. Wird der Filmplot nicht mehr erinnert, kommt es häufig zu einer Zäsur im Erzählablauf, wie in Elfriede

---

216 S. o.
217 Interviewausschnitt Franz-Josef Denis (geb. 1927), aus St. Wendel.
218 Fludernik (2010), S. 59.
219 Interviewausschnitt Hilde Schubmehl (geb. 1926), aus Oberlinxweiler.

Haßtenteufels FÄHRMANN MARIA. Sie stellt sich eine Reihe von allgemeinen W-Fragen zur Geschichte, die unbeantwortet bleiben.[220] Damit wird deutlich, wie wichtig ihr die Nennung der Hintergründe des Filmplots ist und dass deren Fehlen zum Stocken innerhalb des Erzählflusses führt. Mit der Erzählung der konkret erinnerten Filmszene beginnen die Geschichtenebene und damit auch die Binnenerzählung.

Im Gegensatz zu der Einleitung in die Filmgeschichten bezieht sich der zweite Typus der Erzähleröffnung auf das Gemeinschaftserlebnis des Kinobesuchs. Die Erinnerung an Filme spielt dabei keine Rolle, somit wird auch deren Plot zu Beginn nicht erzählt. In diesem Typus sind andere, vorgelagerte, verständnissichernde Details bedeutsam: Ort und Mitgänger. Bereits in der Eröffnung gibt der Erzähler einen Hinweis auf die Wir-Perspektive der Geschichte. Die Geschichtenebene beginnt danach häufig direkt mit dem Einsetzen der Handlung, ohne eine inhaltliche Zusammenfassung (abstract) voranzustellen.

b)   Fazit und Rahmung der Erzählinsel

Am Ende der Kinoerinnerung wiederholt der Erzähler häufig Anfangsaussagen und verknüpft diese mit einem Fazit (coda).[221] »Eine bewegende Szene, kann ich mich noch daran erinnern, weil das so was Besonderes war«, so endet Denis' Geschichte über den Film DER ABTRÜNNIGE. Damit bildet die metanarrative Floskel am Anfang der Erzählung die Klammer zum Ende. Denis signalisiert dem Zuhörer, dass seine Erzählung mit dem Hinweis auf das Ende der Szene beendet ist, indem er einen Sprecherwechsel anbietet.[222] Diese Rahmung findet sich in nahezu allen untersuchten Erzählinseln. Dass dies jedoch nicht immer der Fall ist, zeigt Irma Kleins Geschichte zu BEN HUR: »Ich weiß nur, dass da ja der Ben Hur, sagen wir mal, der hat dann noch müssen kämpfen! Net. In der Arena hat er noch müssen kämpfen. So net. Wie damals die Gladiatoren (kämpfe) waren.«[223] Die Geschichte bleibt unabgeschlossen und der Konflikt ungelöst, weil sie nicht erzählt, wie der Gladiatorenkampf ausgeht. Stattdessen stellt Irma Klein die Rückfrage »Waren Sie schon in Rom?« und signalisiert damit, dass ihre Erzählepisode zu BEN HUR für sie abgeschlossen ist. Auffällig ist, dass bei Filmerinnerungen durch die Fokussierung auf einzelne Szenen das Ende des Films meist nicht erzählt wird.

---

220 Interviewausschnitt Elfriede Haßtenteufel (geb. 1927), aus Oberlinxweiler.
221 Fludernik (2010), S. 59.
222 Interviewausschnitt Franz-Josef Denis (geb. 1927), aus St. Wendel.
223 Interviewausschnitt Irma Klein (geb. 1919), aus Oberlinxweiler.

6.1.2 Binnenbetrachtung

Die Geschichtenebene und damit die Binnenerzählung folgen der Episoden-
struktur. Fludernik unterscheidet dabei: Episodenauftakt, Episodenhöhepunkt
mit Inzidenzschema und Episodenschluss.[224] Diese einzelnen Bausteine werden
durch sprachliche Markierungen voneinander getrennt. Häufig seien dies Ad-
verbialphrasen, die keine lexikalische, sondern eine diskursive Funktion besitzen und damit der Strukturierung der mündlichen Rede dienen. Fludernik beschreibt die narrative Funktion dieser Diskursmarker folgendermaßen:

> »Für die Alltagserzählung gilt jedoch, dass einige von ihnen auch speziell narrative
> Funktionen erfüllen, also a) die drei Grundpositionen im Episodenschema markieren,
> b) den Wechsel von Kommunikations- und Geschichtsebene und umgekehrt signali-
> sieren und c) die Interaktion zwischen Erzähler und Zuhörer moderieren.«[225]

Die Dreiteilung des Episodenschemas findet sich bei vielen der analysierten Kinoerinnerungen wieder, jedoch werden diese in der mündlichen Rede immer
wieder durch einen Sprung auf die Kommunikationsebene unterbrochen. Dieser
Sprung kann vom Erzähler selbst oder vom Zuhörer aus geschehen, denn Zwischenfragen als Sprünge auf die Kommunikationsebene finden sich auf beiden
Seiten. Der Erzähler kann zudem reflexive Fragen an sich selbst stellen oder allgemeine Erklärungen oder Kommentierungen verwenden. Wird in diesem Zusammenhang von einer gewünschten Nähe zum Erinnerungsgegenstand im Sinne
eines Miterlebens der Geschichte ausgegangen, so erzeugen diese Sprünge genau
das Gegenteil. Viele Sprünge auf die Kommunikationsebene lassen den Fluss der
Erzählung stoppen. Solche Zäsuren bedeuten eine Abnahme des Spannungsbogens
und einen Verlust des narratologischen Zusammenhangs. Die Analyse der Erzählinseln zur Kinoerinnerung hat gezeigt, dass der Kommunikations- und Geschichtenebene, wie Fludernik dies postuliert, noch eine weitere hinzugefügt
werden muss: die Reflexionsebene. Diese steht zwischen den beiden erstgenannten
Ebenen und nimmt eine zentrale Rolle innerhalb der Erzählinseln zur Kinoerinnerung ein. Das Nachdenken über die eigene Erinnerungsleistung findet sich in
allen Teilen einer Erzählinsel: von der Einleitung über die Geschichtenebene bis zur
Coda. Sie gleicht einer Grundvoraussetzung, die gewährleistet sein muss, um Geschichten zu erzählen. Auf diese Reflexionsebene wird immer wieder zurückge-
griffen, um die eigene Erinnerungsleistung zu hinterfragen und das Gesagte neu zu
legitimieren. Besonders ausgeprägt ist diese Ebene bei Filmerinnerungen, da diese
durch ihre visuelle und narrative Komplexität die eigene Erinnerungsleistung vor
besondere Aufgaben stellt. Die Bauform der Erzählinsel stellt sich wie folgt dar:

---

224 Fludernik (2010), S. 59.
225 Fludernik (2010), S. 60.

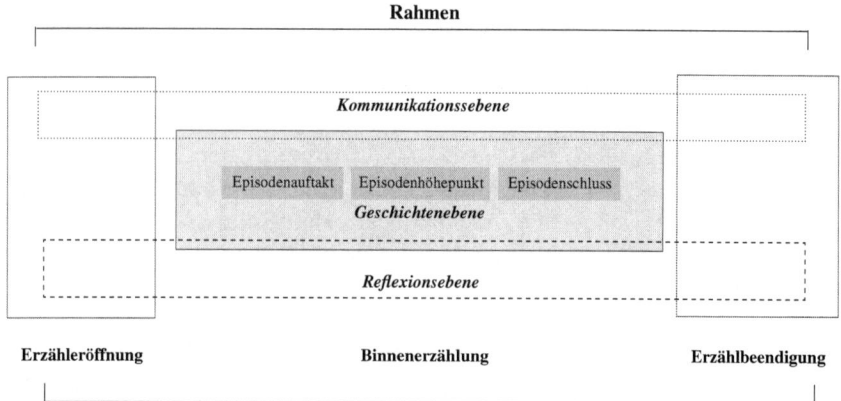

Abb. 16: Die Bauform der Erzählinsel zur Kinoerinnerung.

Im Folgenden wird anhand der Erzählung über den Film DER ABTRÜNNIGE die Bauform einer Erzählinsel exemplarisch verdeutlicht.

6.1.3 Die Struktur einer Erzählinsel am Beispiel von Franz-Josef Denis' Erzählung über den Film DER ABTRÜNNIGE

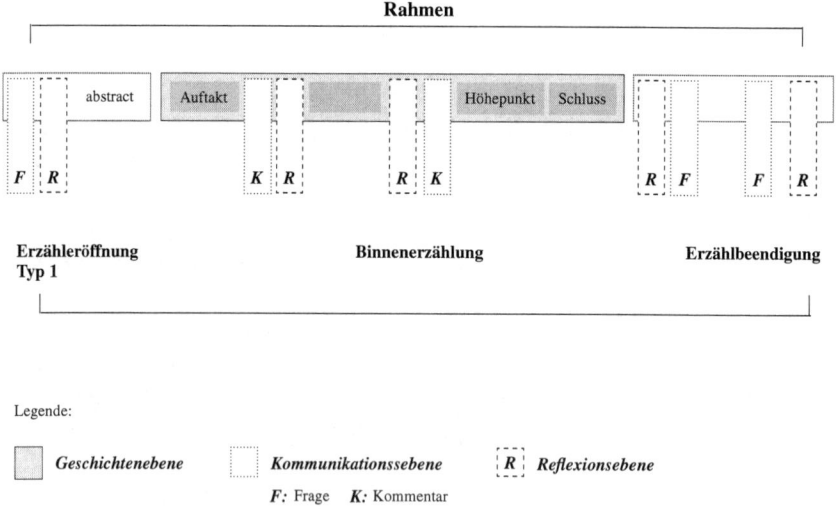

Abb. 17: Die Bauform der Erzählinsel zum Film »Der Abtrünnige«.

Denis' Kinogeschichte folgt der klassischen Form der Erzählepisode. Nach einer insistierenden Frage gibt er eine kurze Zusammenfassung des kommenden Erzählinhalts (abstract): »Das war die Geschichte eines Geistlichen, eines katholischen Geistlichen«[226]. Damit handelt es sich um den ersten Typus der Erzähleröffnung; daraufhin schildert er die Vorgeschichte der eigentlichen Szene. Den Episodenhöhepunkt bildet die Szene mit dem Sektkübel. Wie an den schraffierten Linien mit den Zusätzen »R« und »K« ersichtlich, wird der Geschichtenteil durch Kommentierungen, die an den Zuhörer gerichtet sind, und reflexive Momente unterbrochen.

Dies hat in diesem Fall zwei konträre Auswirkungen. Zum einen erhöht es die Erwartungshaltung; denn der Zuhörer möchte wissen, warum die Szene so bewegend war. Zum anderen verliert der Zuschauer durch die Zäsuren im Erzählverlauf jedoch auch den Bezug zur konkreten Szene. Den Übergang zum Episodenschluss bildet Denis' abschließender Kommentar zur erinnerten Szene: »Das war also sehr erstaunlich und eine bewegende Szene. Kann ich mich noch daran erinnern, weil das so was Besonderes war.«[227] An dieser Stelle finden sich wiederum die Rahmung zu Beginn der Erzählung und der Hinweis auf die Reflexionsebene zur Erinnerungsleistung. Die Reflexion dient als Mittel zur nachträglichen Rahmung und Festigung der Geschichte. Das anschließende Frage-Antwort-Schema lässt die Erzählinsel auf der kommunikativen Ebene enden.

6.2 Die Zeit innerhalb der Erzählinseln

»Sinngebung meint den Zusammenhang für das Unzusammenhängende. Erst die Kopplung an zeitliche Prozesse macht aus einer Aufzählung eine Narration.«[228] Der französische Philosoph Ricoeur betont in seinem Werk die Bedeutsamkeit der Zeit für eine Erzählung, indem diese den Zusammenhang der Inhalte strukturiert. Zusammenhangloses erhalte durch die zeitliche Verknüpfung einen übergeordneten Sinn. Da dies sowohl für die literarische Erzählung als auch für die Alltagserzählung gilt, knüpft dieses Kapitel über die »Zeit innerhalb der Erzählinsel« an diesem Punkt an und widmet sich der Fragestellung, welche zeitlichen Prozesse die Erzählung über einen Kinobesuch prägen.

Die Analyse der Erzählinseln orientiert sich an dem Zeit-Begriff des französischen Erzähltheoretikers Gérard Genette. Zeitphänomene fasst dieser in den

---

226 Interviewausschnitt Franz-Josef Denis (geb. 1927), aus St. Wendel.
227 S. o.
228 Ricoeur, Paul: Die Zeit und die Erzählung. München 1988 ff. In: Gedächtnis und Erinnerung, S. 402.

Kategorien Ordnung, Dauer und Frequenz zusammen. Die Ordnung beschreibt dabei die Reihenfolge des Geschehens in der Erzählung. Das Kapitel 6.2.1 »Der geschärfte Blick – Erinnerungsspiralen im Annäherungsprozess« vorliegender Arbeit beschäftigt sich mit Ordnungsprinzipien, die der chronologischen Episodenform entgegenlaufen und eine besondere Form der Rückwendung innerhalb der Kinoerzählung verkörpern. Der zweite Teil dieses Kapitels untersucht die Erzählinseln im Hinblick auf die zweite Kategorie nach Genette: die Dauer. Das Kapitel 6.2.2 »Die Kraft des Dialogs – Dramatisches Erzählen« zeigt die Rolle des zeitdeckenden Erzählens als Form der Annäherung an die Geschichte auf.

6.2.1 Der geschärfte Blick – Erinnerungsspiralen im Annäherungsprozess

> »Mit diesem unendlichen Zirkel, in dem Erinnern, Erzählen, Schreiben und Lesen in einer ständigen, kreisförmigen Bewegung ineinander greifen; in dem alles, was schon erzählt wird, immer erst noch erinnert, erzählt, geschrieben oder gelesen werden muss, sprengt Proust die – bei allen Illusionsbrüchen – bis dahin herrschende Vorstellung des Romans als ein abgeschlossenes Werk.«[229]

Diese Kreisförmigkeit, die Sprenger beschreibt, findet sich in den Erzählinseln zur Kinoerinnerung in ähnlicher, aber kleinerer Form mithilfe wiederholter Rückblenden. Folgt die Erzählhandlung nicht der chronologischen Reihenfolge, spricht man von der »narrativen Anachronie«.[230] Im Laufe der Kinogeschichte kommt der Erzähler immer wieder auf eine bestimmte Kernhandlung zurück, deren Ablauf wiederholt und mit Abwandlungen wiedergegeben wird, bis die Geschichte in Gänze erzählt ist. Dient das Durchbrechen der Chronologie der Ereignisse der Fokussierung, so spricht Genette von einer »kompletive[n] Analepse«[231]. Die wiederholte Rückblende sorgt für eine fortschreitende Ergänzung der Kernhandlung der Kinogeschichte und wird im Folgenden gemäß ihrer elliptischen Struktur als »Erinnerungsspirale« bezeichnet.

Aufbau und Funktion von Erinnerungsspiralen lassen sich an der Erzählinsel zum Film FÄHRMANN MARIA aufzeigen. Elfriede Haßtenteufel wiederholt darin in Variationen vier Mal den Ausruf »Fährmann, hol' über!«[232] und ergänzt Details der Handlung ihrer Geschichte, die im Hinblick auf die Spannung der Geschichte steigernd angeordnet sind. Folgende inhaltliche Punkte werden mithilfe von Erinnerungsspiralen ergänzt: das Setting der Geschichte, Marias Profession als »Fährmann«, »der Tod«, und die Beschreibung des »Tods«. Hö-

---

229 Sprenger, Ulrike: Proust-ABC. Leipzig 1997, S. 165.
230 Martinez, Matias/ Scheffel, Michael: Einführung in die Erzähltheorie. München 2009, S. 33ff.
231 Genette, Gérard: Die Erzählung. Paderborn 2010, S. 28.
232 Interviewausschnitt Elfriede Haßtenteufel (geb. 1927), aus Oberlinxweiler.

hepunkt der Geschichte bildet »der Tod« in Gestalt eines schwarz gekleideten Manns am anderen Ufer des Flusses, der erst nach einem reflexiven Einschub näher beschrieben wird. Haßtenteufels Geschichte kreist in Form von Erinnerungsspiralen um diese unheimliche Begegnung, in deren Zentrum Marias Blick in den Tod steht. Dadurch spielt die übrige Handlung des Films eine untergeordnete Rolle. In anderen Kinoerinnerungen ist es der Ort, an dem die Erinnerungsspirale wieder ansetzt. Dies geschieht zum Beispiel anhand des Café Liell, von dort aus Hilde Schubmehl die Folgen des dortigen Besuchs ein zweites Mal erzählt, um die Harmlosigkeit des Café-Besuchs zu betonen.[233]

Der Aufbau der Erinnerungsspirale wird in der folgenden Abbildung anhand des Beispiels zu FÄHRMANN MARIA veranschaulicht:

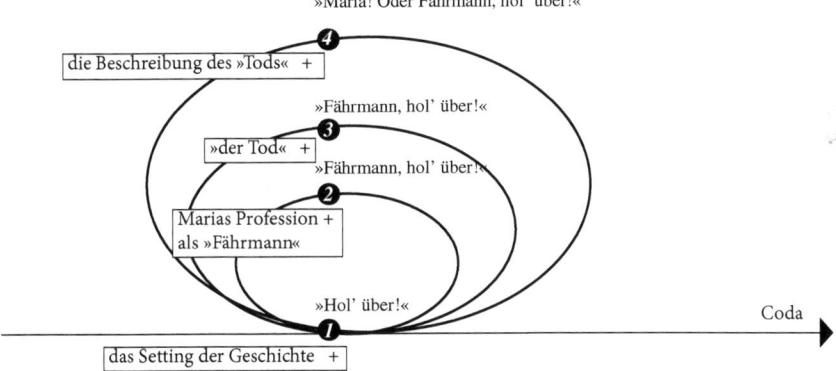

Abb. 18: Erinnerungsspirale zu FÄHRMANN MARIA.

Erinnerungsspiralen dienen als Annäherungs- und Gestaltungsmittel zur schrittweisen Schärfung des Blicks auf die erinnerte Szene und als Vertiefung mithilfe feinerer Analyse des Geschehens. Kommt der Erzähler wiederholt auf den Kern einer Geschichte zurück, wird diese nach und nach inhaltlich vervollständigt. Erinnerungsspiralen stellen in ihrer schleifenförmigen Struktur eine für Kinoerinnerungen spezifische Besonderheit dar, da sie das vorgestellte Episodenschema so oft durchlaufen, bis der Erzähler die Geschichte mit der coda für abgeschlossen erklärt.

233 Interviewausschnitt Hilde Schubmehl (geb. 1926), aus Oberlinxweiler.

6.2.2 Die Kraft des Dialogs – Dramatisches Erzählen

Zeitdeckendes Erzählen ist zu beschreiben als Zusammenfallen von Erzählzeit und erzählter Zeit innerhalb einer Geschichte.[234] Am deutlichsten zeigt sich diese Form des Erzählens in der wörtlichen Wiedergabe von Dialogen. Nahezu in Echtzeit lässt der Erzähler dabei den Zuhörer am Geschehen teilhaben. Genette definiert dies, wie unmittelbar das Erzählte präsentiert wird und ordnet diese Formen der Annäherung dem Modus der »Distanz« zu. Mit der wörtlichen Rede werde die Illusion der unmittelbaren Nähe zum Geschehen erzeugt.[235] Genette nennt diese dialogische Form der Erzählung dramatisches Erzählen.

Diese Erzählweise findet sich hauptsächlich in Kinoerinnerungen, die den konkreten Besuch im Kino als sozialen Akt zum Inhalt haben. In einer ersten Funktion markieren Dialoge den Startpunkt in die Handlung, zum Beispiel zu Beginn des Kinowegs. Ein Beispiel hierfür beinhaltet Walter Schmitts Geschichte über seinen ersten Kinobesuch. »Heute spielt da ein Kino!«, so lautet die Einladung seines Onkels.[236] Nach einem kurzen Dialog über die Art und Weise der Projektion begeben sich beide zur Kinovorstellung. Somit unterstützen Dialoge dabei, die Handlung einer Geschichte beginnen zu lassen, dienen quasi als Katalysator und Aufhänger.

Die zweite Funktion des dramatischen Erzählens stellt die Markierung des Höhe- oder Wendepunkts einer Geschichte dar. Besonders deutlich zeigt sich dies in der Geschichte von Helene Schubmehl, in der sie mit ihrer minderjährigen Cousine in einen Aufklärungsfilm sah. »Ach Gott, was machen wir jetzt?«, ruft sie in dramatischer Rede aus, als sich plötzlich Kontrolleure nach der Vorstellung vor dem Kino positioniert haben.[237] Am Rande einer schier ausweglosen Situation markiert dieser Ausruf die Klimax der Geschichte und erzeugt so Spannung und Nähe zum Erzählten. Dialogische Filmzitate finden sich sehr selten in Kinoerzählungen. Als Beispiel hierfür ist »Fährmann, hol' rüber!«[238] in Elfriede Haßtenteufels Kinoerinnerung zu nennen. Dadurch, dass dieser Ausruf jedoch im Film selbst nicht ertönt, handelt es sich hierbei nicht um ein wiedergegebenes Filmzitat, sondern um ein narratologisches Mittel, um die erinnerte Szene zu versprachlichen.

Allerdings wird zeitdeckendes, dramatisches Erzählen nicht zwangsläufig in jeder Kinoerinnerung verwendet. In den Interviews mit Anna Ulrich und Franz-Josef Denis überwiegen beispielsweise Frage-Antwort-Szenarien. In ihren wenigen Erzählinseln verzichten sie auf dramatisches Erzählen, sondern verwen-

---

234 Vogt, Jochen: Aspekte erzählender Prosa. Paderborn 2008, S. 103.
235 Genette (2010), S. 104.
236 Interviewausschnitt Walter Schmitt (geb. 1915), aus St. Wendel.
237 Interviewausschnitt Helene Schubmehl (geb. 1929), aus Oberlinxweiler.
238 Interviewausschnitt Elfriede Haßtenteufel (geb. 1927), aus Oberlinxweiler.

den Zusammenfassungen und deskriptive Beschreibungen des Erlebten. Der Verzicht auf das dramatische Erzählen hat vor allem einen Effekt: eine Distanzierung des Erzählers vom Geschehen der Geschichte, verstärkt durch die Erzählung in der unbeteiligten dritten Person. In Franz-Josef Denis' Geschichte zum Film DER ABTRÜNNIGE wird diese Distanz zusätzlich durch die vielen erklärenden Einschübe innerhalb der Erzählinsel verstärkt.

6.3 Visualisierungen – Der Umgang mit dem fehlenden Bild

Mit diesem Kapitel ist die Analyse auf der stilistischen Mikroebene angelangt. Das fehlende Bild zur Visualisierung erfordert spezifische Mittel der Annäherung, um den Erinnerungsgegenstand zu versprachlichen. Im Folgenden werden mit der Metapher und dem Reenactment verbale und nonverbale Formen der Visualisierung näher betrachtet.

6.3.1 Die visualisierende Sprache der Metapher

»An die Geschichte kann ich mich nicht mehr so arg /, aber diese Bilder! Die haben sich festgebrannt.«[239] Um die visuelle Kraft der Bilder zu betonen, gebraucht Elfriede Haßtenteufel die Metapher »festgebrannt«. Dies zeigt deutlich, wie eng Filmbild und Metapher, reale Bilder und Sprachbilder, zusammenhängen. Für viele visuelle Eindrücke, die auf der Leinwand gesehen wurden, fehlt dem Erzähler der konkrete lexikalische Begriff. Um diese dennoch zu versprachlichen, wird sich die Metapher durch ihre visuelle Kraft verwendet. Dies zeigt sich eindrücklich im Begriff »Mondköpfe«, der in der Erzählinsel zum ersten Kinobesuch von Marianne Müller generiert wird.[240]

a) »Mondköpfe« – Ein Filmbild und seine Metapher

Dieser Begriff ist Produkt eines Versuchs, zu beschreiben, wie untypisch die Köpfe der Menschen auf der Leinwand dargestellt wurden. Zunächst geschieht die Umschreibung des Bilds in Form eines Vergleichs: »wie der Mond, wie wenn das der Mond wäre. So flach, wie ein Teller«[241]. Es handelt sich um eine vergleichende Übertragung der Form eines geometrischen Körpers auf den Erinnerungsgegenstand. Die Köpfe auf der Leinwand ähneln einem zweidimensio-

---

239 Interviewausschnitt Elfriede Haßtenteufel.
240 Interviewausschnitt Marianne Müller (geb. 1937), aus Saal.
241 S. o.

nalen Kreis, dessen Flachheit die Erzählerin explizit betont. Erst im Verlauf der Erzählung wird der Vergleich zur Metapher. Waltraud Schmidt, die im Hintergrund des Interviews zuhört, formuliert den Ausdruck »Mondköpfe«, um Marianne Müller das Stichwort zum Weitererzählen zu liefern. »Mond« und »Köpfe« werden zu einem Kompositum zusammengeführt. Das visuelle Medium, dessen Grenzen der Anschauung erinnert wird, liefert selbst eine Anschauungsform seiner Kritik durch das visuelle Sprachbild »Mondköpfe«.

Diejenigen, die Marianne Müllers Erklärung nicht mitverfolgt haben, verstehen den Begriff »Mondköpfe« nicht. Die Wortneuschöpfung »Mondköpfe« ist nur durch die erklärenden Vorbemerkungen zu verstehen. Im folgenden Beispiel zum Begriff »Rasiersitz« verhält es sich anders.

b)   »Rasiersitz« – Die verortete Metapher

»[...] Und wir haben dann immer vorne gehockt auf (.) dem Rasiersitz. (hhm) Das sind die billigen Plätze, ne. Die haben vorne/ Da haben wir vorne immer so gehockt und haben hoch gekuckt, ne. (schaut steil nach oben) Die anderen konnten gerade kucken, weil die höher gehockt haben. Und deswegen hat das geheißen Rasiersitz, weil du den Kopf hast müssen hoch machen. Ne. Das war vorne die ersten drei, vier Reihen, das waren die billigen Reihen, das war der Rasiersitz.«[242]

»Ja, das ging die Ränge ja erst, ne. Vorne die billigen Plätze. Da haben wir immer gesagt, das war die Rasiererloge. Da hat man ja so (Blick steil nach oben) müssen sitzen. Ja, dass man auf die Bühne gesehen hat. (...) Ja. Das waren die billigen Plätze. Die waren meistens besetzt von den jungen Buben. Die haben ja auch nicht viel Geld gehabt zu der Zeit. Da haben meistens die jungen Buben vorne gesessen. Und da war es der erste Rang, der zweite Rang, dritte Rang. Haben wir dann gesessen. Meistens waren wir im zweiten Rang.«[243]

Der Begriff »Rasiersitz« wird häufiger im Rahmen der Beschreibung der Sitzplätze im Kino erinnert. In Form einer Metapher vergleicht der Erzähler zwei ähnliche Körperhaltungen, denn die Körperposition beim Sehen der Filme in erster Reihe ähnelt der Position, die ein Mann einnimmt, wenn er sich rasieren lässt. Dass die Zeitzeugen diesen Begriff näher erklären, deutet darauf hin, dass die Zuhörerin diese generationenspezifische Erfahrung nicht gemacht hat und sich dieser Terminus deshalb nicht von selbst erklärt. Martin Schmidt und Helene Schubmehl erklären diesen Begriff am ausführlichsten, wobei Schubmehl eine Variation der Metapher verwendet: »Rasiererloge«.

Es fällt auf, dass in beiden Erklärungen der Begriff durch Kopfbewegung unterstützt wird, indem sie die Rezeptionshaltung imitieren. Es handelt sich

---

242 Interviewausschnitt Martin Schmidt (geb. 1926), aus Niederkirchen.
243 Interviewausschnitt Helene Schubmehl (geb. 1929), aus Oberlinxweiler.

demnach um eine doppelte Visualisierung mithilfe von Sprache und Körper. Beide ordnen den Rasiersitz in den Kinosaal ein, indem sie die verschiedenen Ränge beschreiben. Martin Schmidt und Helene Schubmehl nehmen dabei im Raum unterschiedliche Sitzpositionen ein. In ihrer Beschreibung blickt Schubmehl auf die Jungen in der ersten Reihe, in der auch Martin Schmidt saß, herab und grenzt sich von ihnen ab. Sie fügt zudem Details hinzu, die die Wertung der Rasiererloge als »billige Plätze« charakterisieren. Es wird deutlich, dass das Rezeptionserlebnis eng mit dem Sitzplatz und damit mit der Blickrichtung zur Leinwand verbunden war. Dass diese Erfahrungen Teil der kollektiven Erinnerung einer ganzen Generation sind, zeigt das Erzählen aus der Wir-Perspektive. Die Metapher »Rasiersitz«, oder auch »Rasiererloge«, ist in den Sprachgebrauch der befragten Generation eingegangen und verkörpert damit eine generationenspezifische Sinnhaftigkeit im Gegensatz zu Marianne Müllers »Mondköpfe«.

Durch Metaphern ist es möglich, visuelle und filmisch vermittelte Bilder, aber auch Rezeptionserfahrungen sprachlich zu vermitteln. Das im Folgenden beschriebene Reenactment ist ein Beispiel für das visuelle Erzählen mithilfe des Körpers.

6.3.2   Der visualisierende Körper – Reenactment

> »In diesen Erinnerungsgeschichten übernimmt die Narration selbst den Charakter einer Verkörperung. So kann die Wortwahl oder vielleicht die Art des Sprechens der Befragten eine Bewegung oder einen Sinneseindruck andeuten oder das Erzählen kann seiner somatisiert sein, das durch den Körper des oder der Sprechenden ausgedrückt wird (indem man sich übers Haar streicht oder mit der Geste ein Galoppieren andeutet) oder in ein paar Tanzschritten oder ein paar Takten eines Lieds.«[244]

Eine besondere Form der Annäherung an erinnerte Filmszenen stellt das Reenactment dar. Der Erzähler selbst wird zum Darsteller, indem er erinnerte Szenen sowohl mimisch als auch gestisch nachahmt und neu interpretiert. Ekman und Friesen haben bereits 1969 Gestik und Mimik in Gesprächen untersucht und eine noch heute beachtete Kategorisierung aufgestellt, die funktional orientiert ist.[245] Illustratoren dienen der Betonung des Gesprochenen. Sie illustrieren oder verdeutlichen den gesprochenen Inhalt. Demgegenüber benötigen Adaptoren nicht zwingend eine sprachliche Äußerung, denn sie

---

244 Kuhn, Annette: »Heterotopie, Heterochronie. Ort und Zeit der Kinoerinnerung« In: Schenk, Irmbert/ Tröhler, Margit/ Zimmermann, Yvonne (Hg.): Film – Kino – Zuschauer: Filmrezeption. Marburg 2010, S. 37.
245 Ekman, P. / W. V. Friesen: The repertoire of nonverbal behavior- Categories, origins, usage, and coding. In: Semiotica 1. (1969), S. 45.

zeichnen sich durch Erregungsabfuhr oder auch Stimulation aus. Embleme stellen »Verhaltensweisen mit festgelegter Bedeutung« dar.[246] Diese sind in der Lage, die Sprache zu ersetzen. Unter der Kategorie Regulatoren versteht man die regulierenden nonverbalen Verhaltensweisen, die »Interaktion, Synchronisation oder Ineinandergreifen«[247] von Redebeiträgen regeln. Stehen Emotionen im Vordergrund der nonverbalen Verhaltensweise, so spricht man von Affektdarstellungen.

In den untersuchten Erzählinseln zur Kinoerinnerung finden sich häufig Illustratoren, die das Gesagte unterstreichen. Gestik und Mimik dienen zudem als Mittel, gesehene Bilder und Handlungen auf der Leinwand für den Zuhörer anschaulich zu vermitteln.

Der Erzähler wird dadurch zum Schauspieler, das Wohnzimmer zur Bühne. Elfriede Haßtenteufel macht davon zwei Mal in unterschiedlichen Erzählinseln Gebrauch. Quasi als »Fährmann Maria« demonstriert sie das Leinenziehen der Hauptdarstellerin zum Überqueren des Flusses mit der Fähre. In ihren Erinnerungen an den Film IM WESTEN NICHTS NEUES spielen Szenen in den Schützengräben eine zentrale Rolle. In diesem Zusammenhang imitiert sie das Robben der Soldaten unter den Explosionen der Bomben.[248] Aber auch im außerfilmischen Zusammenhang findet sich Reenactment, beispielsweise zeigt Walter Schmitt das Drehen der Filmrollen durch das Drehen seiner Handgelenke.[249]

Weniger illustrierend, aber umso mehr akzentuierend sind Gesten, wie in die Hände klatschen oder auch wie die Hände ausbreiten. Helene Schubmehl benützt diese Gestik am Ende ihrer Geschichte zum Kinobesuch mit ihren Cousinen. Die Aussage »Es war niemand sonst bei uns!« unterstreicht sie mit einer ausladenden, entschuldigenden Handbewegung.[250]

Als ergänzende Funktion zu Ekman und Friesen ist das Aufzeigen und Einordnen von Räumen zu nennen. Irma Klein demonstriert beispielsweise mit ihren Handflächen die erhöhte Position Ben Hurs auf dem Dach und dessen Blick auf die Einmarschierenden. Auch der Kinosaal als Ort wird durch Gestik unterteilt. Ein Beispiel hierfür findet sich bei Walter Schmitt, der durch Zeigen im Raum die Position von Leinwand, Sitzreihen und Projektionsort erklärt.

Der visualisierende Körper mit seiner Gestik und Mimik schafft Annäherungen an den Erinnerungsgegenstand auf nonverbaler Ebene. Man kann von einer erzählerischen Dopplung des Raums sprechen, indem durch das Reenactment von Filmhandlungen die Illusion des Dabei-Seins erzeugt wird.

---

246 S. o.
247 S. o.
248 Interviewausschnitt Elfriede Haßtenteufel (geb. 1927), aus Oberlinxweiler.
249 Interviewausschnitt Walter Schmitt (geb. 1915), aus St. Wendel.
250 Interviewausschnitt Hilde Schubmehl (geb. 1926), aus Oberlinxweiler.

6.4   Verzahnungen im Raum-Zeit-Kontinuum

Retrospektive Erinnerungen sind geprägt durch ein spezifisches Raum-Zeit-Gefüge, denn unterschiedliche Räume und Zeiten stellen den Erzähler der Kinoerinnerung vor besondere erzähltechnische Herausforderungen. Gewohnheitsmäßige Handlungen treffen auf singuläre Ereignisse, erinnerte historische Settings auf heutige Orte. Das Zusammenspiel von Ort und Zeit wird zum narrativen Muster, um Erinnerungen an das Kino zu erzählen. In diesem Kapitel werden zunächst Charakteristika der Verwendung der Frequenz und des Orts untersucht, um abschließend gegenseitige Verzahnungen herauszustellen.

6.4.1   Zeitbetrachtung – Frequenzierungen der Kinoerinnerungen

Genette unterscheidet in der Analyse der Zeit innerhalb der Erzählung unterschiedliche Frequenzen, die die Häufigkeiten, wie oft über eine Sache erzählt wird, definieren.[251] Geschichten, die einmal geschehen, nennt er singuläre Ereignisse. Diese können wiederum einmal oder mehrmals erzählt werden. Gleiches gilt auch für wiederkehrende Ereignisse, die er repetitiv nennt. Somit eröffnet sich eine Vielzahl an Möglichkeiten des Erzählens mit unterschiedlichen Frequenzen. In den Erinnerungen an das Kino spielen routinierte Handlungen einen wichtigen Part, insbesondere wenn es sich um Geschichten auf dem Weg ins Kino handelt. Wie an der Geschichte »Bei den Patres« von Martin Schmidt zu sehen ist, folgen Erzählungen von wiederkehrenden Ereignissen ähnlichen Gesetzen wie Geschichten über singuläre Ereignisse.[252] Es finden sich beispielsweise »und dann«-Verknüpfungen als strukturelles Mittel und Dialoge als Form des dramatischen Erzählens. Jedoch muss bemerkt werden, dass wiederholte Ereignisse nicht zwangsläufig als Erzählinsel formuliert werden. Ohne Bezug auf ein herausragendes Ereignis verbleiben repetitive Geschehnisse häufig in knapper Form auf der Aussageebene, wie zum Beispiel an dem Satz »Wir sind immer in das Central-Theater gegangen« ersichtlich ist.[253]

Die Analyse der Kinoerinnerungen im Hinblick auf die Frequenz zeigt weiterhin, dass es innerhalb der Erzählinseln zu Verzahnungen zwischen singulären und repetitiven Erinnerungen kommt, um Kinogeschichten zu erzählen. Routinierte Handlungen, die immer nach dem gleichen Schema abliefen, treffen auf das Außergewöhnliche, beispielsweise einen herausragenden Film. Beiden kommt eine besondere Aufgabe innerhalb der Erzählung zu. Routinierte Handlungen

---

251 Genette (2010), S. 73ff.
252 Interviewausschnitt Martin Schmidt (geb. 1926), aus Niederkirchen.
253 Interviewausschnitt Helene Schubmehl (geb. 1929), aus Oberlinxweiler.

helfen in ihrer leichten Erinnerbarkeit, die Geschichte zu erzählen, bilden sowohl das Fundament als auch den Rahmen der Geschichte. Innerhalb dieses Rahmens dienen herausragende, singuläre Ereignisse der Akzentuierung des Besonderen, markieren kritische Punkte in der Geschichte, sorgen folglich für den narrativen Spannungsbogen.

In Marianne Müllers Geschichte zum Film NACHTWACHE bildet die Beschreibung der Arbeit ihrer Tante als Kartenverkäuferin den repetitiven Teil, was sich an Äußerungen wie »Da hat es immer eine Stunde am Tag, hat es da die Karten gegeben. Konnte man sie schon vorher kaufen« deutlich zeigt.[254] Die Darstellung von repetitiven Handlungen innerhalb von Erzählungen über singuläre Ereignisse dient häufig der Erklärung der Rahmenbedingungen und sichert damit das Verständnis des Zuhörers. Den Kern der Geschichte bildet jedoch ein singuläres Ereignis, nämlich die Begegnung mit Frau Schank.

6.4.2 Verortungen – Das Setting als Erinnerungsanker

Die Mikroanalyse der einzelnen Erzählinseln zeigte deutlich, dass Kinoerinnerungen an konkrete Orte gebunden sind. Diese fungieren als so genannte »Erinnerungsanker«, die den Zugang zur Geschichte über Jahrzehnte hinweg ermöglichen und die Kinogeschichten vor dem Vergessen bewahren. Erinnerungsanker haben jedoch noch weitreichendere Funktionen. Downs und Stea sprechen von Karten, die als Gedächtnisstützen fungieren.[255] Räumliche Vorstellungen dienen als Ausgangspunkt für die Ausgestaltung von Gedankenverläufen. Im Falle der untersuchten Kinoerinnerungen können dies auch imaginäre Orte sein, beispielsweise erinnerte Filmorte. Zudem ist auch der historische Ort nicht frei von Bearbeitung, denn auch hier finden sich narratologische Transformationen. Die Reimagination des historischen Orts, der in seiner ursprünglichen Form nur noch in der Erinnerung der Zeitzeugen existiert, lässt ein Setting entstehen, innerhalb dessen die Geschichten erzählt werden können.

Werden die örtlichen Erinnerungsanker der analysierten Erzählinseln auf einer Landkarte plaziert, so wird deutlich, dass die Kinoerinnerungen nicht um einen homogenen Erinnerungsort »Kino« kreisen, sondern deren Akkumulationspunkte weiträumig verstreut sind. Kinogeschichten spielen an ganz unterschiedlichen Orten, zu Hause, auf dem Weg ins Kino, im Kinosaal, auf der Leinwand, etc. Sogar das Kino selbst als Ort im engeren Sinn lässt sich in unterschiedliche Projektionsstätten untergliedern.

---

254 Interviewausschnitt Marianne Müller (geb. 1937), aus Saal.
255 Downs, Roger M. /Stea, Davis: Kognitive Karten. Die Welt in unseren Köpfen. New York 1982, S. 49.

a)   Das Kino in Gaststätten

Die frühen Kindheitserinnerungen an Filmvorführungen spielen in umgebauten Gaststätten und Tanzsälen. Ein Beispiel hierfür ist Walter Schmitts Erzählung über seinen ersten Kinobesuch, wobei er noch ganz unter seinem faszinierten Eindruck der neuen Projektionskunst steht.[256] Dies spiegelt sich in seiner Beschreibung des Orts wider, wenn er den Vorführraum mit Details aus der Projektionstechnik, wie Apparatur und Leinwand, ergänzt. Marianne Müllers Erinnerungsort stellt einen zum Kino umgebauten Tanzsaal in ländlicher Umgebung dar. Dort hat sie ihre ersten Filme gesehen:

>*Da haben wir gesessen auf Klappstühlen, auf so hölzerne Klappstühle. Das... Sonst gab es noch nichts so. So Bänke und so Sitzgarnituren und sonst was (...) So Klappstühle, wo die da hatten, da hat man sich auch als einmal an den Beinen in der Bank eingepetzt, wenn man da nicht aufgepasst hat. Was mir auch schon einmal passiert ist, sonst wüsste ich es nicht.«*[257]

An ihrem Beispiel ist deutlich zu sehen, wie Einrichtungsdetails, etwa die Klappstühle, als Erinnerungsanker für erlebte Geschichten dienen. Doch Tanzsäle und Gaststätten sind nicht die einzigen Orte, mit denen die befragten Zeitzeugen frühe Filmvorführungen verbanden.

Martin Schmidt erzählt von Vorführungen in der Niederkircher Schule:

>*[...] In der Schule, da hat der Lehrer Henkel, der hat dann mittags immer eingeladen, wenn er so einen Film bekommen hat. So einen (.) Naturfilm über/ über Käfer oder irgendwie ein Vogel oder sonst wo. Und da sind wir mittags in die Schule. (hmm) Und da hat der normal:(Gestik, Kurbeln) ›Der Operateur gibt das Zeichen!‹ Weißt du, da/ da hat der da den Film abgespielt. Der ist mal abgerissen und wie das so gegangen ist. (...) Ja, der Henkel, der alte Henkel war das noch. [...]«*[258]

An diesen frühen Kinoorten sind die Handlungsschritte des Projizierens im Raum sichtbar und damit oft Teil der erzählten Geschichten, wie sich in Martin Schmidts Erinnerungen an den Lehrer Henkel zeigt, der die Rolle des Filmvorführers in der Schule übernahm. Die Tücken der Filmvorführung, von gerissenen Filmen bis hin zu stehenden Bildern und das Provisorische des Orts dienen als Erinnerungsanker für viele frühe Erinnerungen an das Kino. Mit der Professionalisierung der Projektionskunst durch die Etablierung der Lichtspielhäuser in St. Wendel ändert sich das Setting der Kinogeschichten.

---

256 Interviewausschnitt Walter Schmitt (geb. 1915), aus St. Wendel.
257 Interviewausschnitt Marianne Müller (geb. 1937), aus Saal.
258 Interviewausschnitt Martin Schmidt (geb. 1926), aus Niederkirchen.

b)   Die Kinohäuser

In St. Wendel spielen für den Untersuchungszeitraum zwei Kinos eine wichtige Rolle, das Central-Theater und ab 1938 das Neue Theater. Um die beiden Orte voneinander zu unterscheiden, verwenden die Befragten örtliche Zusätze, so deklariert beispielsweise Martin Schmidt das Central-Theater als »Theater an der Brücke«.[259] Jedoch zeigt sich die Vielfalt der Kinolandschaft im St. Wendeler Raum darin, dass die befragten Zeitzeugen noch weitere Kinoorte nannten: Neben den beiden Lichtspielhäusern in St. Wendel gab es nach dem Zweiten Weltkrieg ein Kino in den französischen Kasernen, die Saalbau-Lichtspiele im Gesellenhaus, aber auch kleinere Ortschaften im Einzugsgebiet, wie Fürth, besaßen ein Kino.

In den Beschreibungen der Kinohäuser tritt die Projektionstechnik als solche zurück. Im Vorführraum ist weder der Projektor noch der Vorführer für das Kinopublikum sichtbar, Probleme bei der Projektion nehmen mit zunehmender Professionalisierung ab. Die Ausstattung des Kinos bedarf keiner besonderen Erwähnung, vielleicht auch deshalb, weil kein großer Unterschied zum heutigen Ort empfunden wird und der Kinobesuch zur Normalität geworden ist. Einzig die Sitzreihen bilden hierbei die Ausnahme. Diese werden aus Zuschauerperspektive mit einem günstigen und weniger günstigen Sehwinkel zur Leinwand verbunden. Der »Rasiersitz« in der ersten Reihe, bei diesem man sehr steil zur Leinwand hinaufschauen musste, ist ein Beispiel dafür. Damit wird der Ort des Vorführsaals stärker mit dem Seherlebnis auf der Leinwand und den gesehenen Filminhalten verknüpft.

Mit dem Kinosaal werden zudem über die Leinwand, die als Zugang in die Welt des Films dient, ferne und unerreichbare imaginäre Orte verknüpft. Hervorzuheben sind beispielsweise die Berge aus den Heimatfilmen. Durch die Filmwelt erfährt der Raum eine imaginative Erweiterung durch Orte, in die man nur in Gedanken reisen konnte. Diese bilden oft Gegenwelten zur erinnerten Realität, deren Pracht im Kinosaal zum Träumen einlud.

Neben dem Kinosaal sind die Ein- und Ausgänge des Kinos hervorzuheben. Die Befragten erzählen von langen Schlangen an den Kinokassen, von Toilettenfenstern, durch die die Flucht vor den Kontrolleuren gelang oder von den Kartenhäuschen. Diese Settingdetails im Ein- und Ausgangsbereich fungieren als Aufhänger, über Hürden des Kinobesuchs zu erzählen, wenn beispielsweise an der Kasse keine Eintrittskarte in die Welt der Filme zu erhalten war. Insbesondere die geschickte Überwindung der Schwellen des Kinobesuchs sind Teil vieler anekdotischen Kinoerinnerungen aus der Jugendzeit.

---

259 Interviewausschnitt Martin Schmidt.

c) Ankerpunkte auf dem Weg ins Kino

Es fällt auf, dass die Geschichten nicht nur am konkreten Ort des Kinos spielen, sondern dass Erinnerungsanker auf einem größeren Radius darum angesiedelt sind. Wichtige Orte bilden Zwischenstationen auf dem Weg zum Kino. Dabei lassen sich zwei Arten von Zwischenstationen unterscheiden. Die erste Art der Zwischenstation symbolisiert die fortschreitende Mobilität der Befragten. Hierzu zählen beispielsweise die Bahnhöfe in St. Wendel und Niederkirchen. Die zweite Art der Zwischenstation bilden Raststätten auf dem Nachhauseweg, die in Form von Gaststätten oder Caféhäusern.

Bleiben schließlich noch Kinogeschichten an den Start- und Endpunkten der Kinowege, wie Geschichten aus der Musikstunde, die einen am Kinobesuch verhinderte, der Ärger der Eltern bei verspäteter Rückkehr oder das freudige Zurechtmachen zu Hause, um die Zeit bis zum Kinobesuch zu überbrücken. Hinzu kommen andere Alltagsorte, die nichts mit dem Kinobesuch zu tun hatten, wie das Austauschen über Filme im Zug auf dem Weg zur Arbeitsstelle.

Folgende Landkarte veranschaulicht noch einmal die wichtigsten örtlichen Erinnerungsanker für die untersuchte Region St. Wendel:

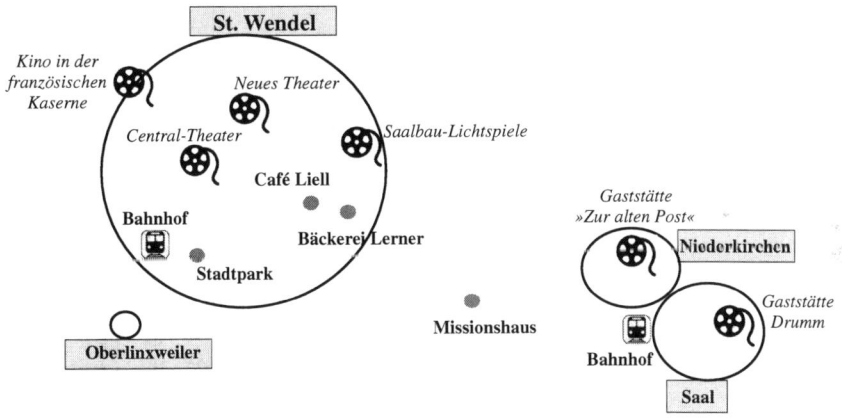

Abb. 19: Landkarte mit den Ankerpunkten der Kinoerzählungen.

Die folgenden beiden Abschnitte betrachten besondere Verzahnungen zwischen Ort und Zeit innerhalb der Kinoerinnerung.

6.4.3 Zwei Orte, eine Zeit – Die Parallelmontage

James Monaco definiert die Parallelmontage folgendermaßen: »Zwei getrennte, meist inhaltlich zusammenhängende Handlungen, die durch Kreuzschnitt ineinander montiert sind und oft zu einer rhythmischen Kulmination führen«.[260] Diese geschickt ineinander montierten Parallelhandlungen finden sich aber nicht nur im filmischen Bereich. Typischerweise sorgen sie in größeren narrativen Werken, wie dem Roman, für eine Spannungssteigerung innerhalb der Geschichte.[261] Die einzige Erzählinsel, deren Struktur diesem Prinzip folgt, ist Hilde Schubmehls Geschichte »Ein Kinobesuch mit Cousinen«.[262] Die Parallelmontage entsteht durch Separation der handelnden Figuren zur gleichen Zeit an verschiedenen Orten. Hilde Schubmehl erzählt, was während ihres Besuchs im Caféhaus zu Hause geschehen ist. Die Erzählerin und damit auch der Zuhörer wissen folglich mehr als die Protagonistin. Der Wissensvorsprung, dass zu Hause Ärger zu erwarten ist, kann nur durch die Erzählung aus der Retrospektive heraus erfolgen und erzeugt so einen erhöhten Spannungsbogen.

Nachfolgendes Schaubild verdeutlicht die Parallelmontage in Hilde Schubmehls Geschichte:

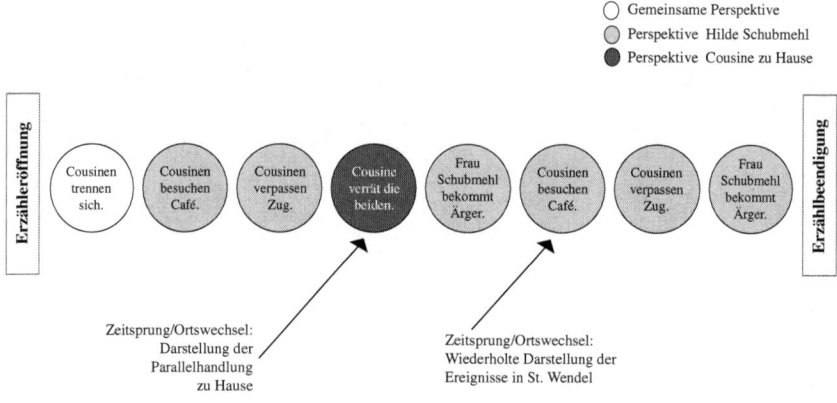

Abb. 20: Aufbau der Parallelmontage.

260 Monaco, James: Film verstehen. Reinbeck 1995, S. 567–568
261 Fludernik (2010), S. 58–59.
262 Interviewausschnitt Hilde Schubmehl (geb. 1926), aus Oberlinxweiler.

Diese Form der Strukturierung erfordert eine spezifische, erzählerische Planung, die selten in der mündlichen Kinoerzählung vorkommt. In der Regel spielen die Handlungen der Kinogeschichten an einem Ort oder, wie es bei den Geschichten auf dem Weg ins Kino der Fall ist, an chronologisch aneinandergereihten Orten. So besucht Martin Schmidt in seiner Geschichte »Bei den Patres« auf dem Nachhauseweg die Zwischenstationen Bäckerei Lerner und Missionshaus.[263] Die zweite Verzahnung von Zeit und Ort tritt im Gegensatz dazu sehr häufig auf und bildet einen wesentlichen Bestandteil der Kinoerinnerungen. Allein durch die retrospektive Betrachtung überlagern sich historisch erinnerte Orte mit heutigen Orten. Wie sich dies auf die Kinoerzählung auswirkt, zeigt das folgende Kapitel.

6.4.4 Zeitreisen – Der verlorene Ort

»Da ist heute ein Chinese drin«, betont Hilde Schubmehl in ihrer Beschreibung des Orts Café Liell.[264] Immer wieder finden sich in den Erzählungen Bezüge zur heutigen Zeit. Es kommt dadurch zur Überlagerung zweier verschiedener Zeitachsen: die Zeit des Interviews mit der Zeit in der damaligen Erzählung. Schubmehls Hinweis, dass sich im damaligen Café Liell heute ein chinesisches Restaurant befinde, dient der Einordnung des erinnerten Orts auf dem heutigen Stadtplan. Der Ort der Erinnerung hat sich im Laufe der Jahre nicht nur verändert, sondern er existiert nicht mehr. Was bleibt, sind der erzählte Ort und dessen Lokalisation auf der Landkarte. Gerade die Bezugnahme auf den heutigen Ort dient dem Erzähler dazu, die Bedeutung des Kinos in der Jugendzeit herauszustellen. Elfriede Haßtenteufel bekräftigt ihre Aussage mit einem Vergleich: »Und die Reihen waren immer voll besetzt. Da gab es nicht, wie heute, Leerstände.«[265]

Für die Analyse der Bedeutung des Kinos ist es daher notwendig, die Verzahnung zwischen Zeit und Ort innerhalb von Erzählinseln zu beachten. Der sprachliche Umgang damit, dass die Orte heute geografisch verloren sind, stellt den Erzähler vor die Aufgabe, diesen Ort zu lokalisieren und erzählerisch mit Leben zu füllen. Der Tanzsaal in der Ortschaft Saal ist längst kein Kinosaal mehr, das Central-Theater geschlossen. In der Erinnerung entstehen Interferenzen aus zwei Zeitepochen, deren Ort der Geschichte aus der Retrospektive heraus bewertet und mit dem heutigen Ort verglichen wird.

---

263 Interviewausschnitt Martin Schmidt (geb. 1926), aus Niederkirchen.
264 Interviewausschnitt Hilde Schubmehl (geb. 1926), aus Oberlinxweiler.
265 Interviewausschnitt Elfriede Haßtenteufel (geb. 1927), aus Oberlinxweiler.

7. Kinowelten und ihre Rahmenbedingungen

Die Analyse der Erzählinseln hat gezeigt, dass Kinoerinnerungen an Orte geknüpft sind. Doch wie gestalten sich Kohärenzen innerhalb dieser Orte? Ziel dieses Kapitels ist es, übergeordnete Funktionsräume der Kinoerinnerung darzustellen und deren sinnstiftende Funktion zu bestimmen. Dafür ist es notwendig, die bisherigen Erkenntnisse kulturwissenschaftlich einzuordnen, um Rahmenbedingungen der Kinoerinnerung zu bestimmen. Bereits 1925 formulierte der französische Soziologe Maurice Halbwachs den Begriff der »cadres sociaux«.[266] Halbwachs geht von einer sozialen Bedingtheit des Gedächtnisses aus, die sich in den »cadres sociaux« zeigt:

> »Es gibt kein mögliches Gedächtnis außerhalb derjenigen Bezugsrahmen, deren sich die in der Gesellschaft lebenden Menschen bedienen, um ihre Erinnerungen zu fixieren und wieder zu finden.«[267]

In seinem sozial-konstruktivistischen Ansatz existiert kein Gedächtnis ohne Bezugsrahmen. Dieser »cadre sociaux« lässt das Gedächtnis entstehen und es aufrechterhalten. Vergangenheit entstehe aus dem Zusammenspiel aus Sinnbedürfnissen und Bezugsrahmen der jeweiligen Gegenwarten.[268] Liegt etwas nicht mehr innerhalb dieses Bezugsrahmens, so geht es als Erinnerung verloren und das Vergessen tritt ein. Halbwachs stellt vier soziale Rahmen auf, die das Erinnern der Subjekte organisieren: die Sprache, die Zeit, der Raum und die Erfahrung.[269] Die Sprache als Grundlage der Kommunikation sei von allen Rahmen der am meisten gefestigte und essentiellste. Um Erinnerungen zu fixieren, gebraucht der Mensch die Rahmen Zeit und Raum. Sie helfen dabei, Erinnerungen zu datieren und historisch zu situieren. Der letzte Rahmen umfasst die Erfah-

---

266 Halbwachs, Maurice: Das Gedächtnis und seine sozialen Bedingungen. Frankfurt 1985. (französisches Original: Les cadres sociaux de la mémoire. Paris 1925)
267 Halbwachs (1985) s. o., S. 121.
268 J. Assmann (2013), S. 48.
269 Wetzel, Dietmar J.: Maurice Halbwachs. Konstanz 2009, S. 65.

rung. Damit meint Halbwachs historisch, geografisch oder politisch bedeutsame Begriffe, die die Erinnerung von Individuen prägen.

Indem Menschen Kinogeschichten erzählen, erachten sie diese als bedeutsam und sinnstiftend. Erst durch Kommunikation, darunter fallen auch die durchgeführten Interviews, entsteht ein Kinogedächtnis. Folglich ist die gemeinsame Sprache – ganz im Sinne von Halbwachs – der wichtigste und stabilste Bezugsrahmen. Anekdotische Komponenten der Erzählinseln und das sprachlich spezifische Erzählen von Geschichten rund um den Kinobesuch deuten auf diesen Prozess hin. Doch welche Rolle spielt der Ort für das Kinogedächtnis der untersuchten Generation? Im Kapitel 7.1 »Die vier Funktionsräume der Kinoerinnerung« geht es um die Verbindung der beiden Dimensionen Erzählperspektive, stellvertretend für das erzählende Individuum, und Ort der Kinoerinnerung.

7.1   Die vier Funktionsräume der Kinoerinnerung

»Alle Kinos aber, alltägliche wie besondere, erscheinen in der Erinnerung als Knotenpunkte, als Zentren der Attraktion und Energie, als Magneten für Menschen, die sich in den Gedächtniskarten des jugendlichen Lebensraumes einschreiben.«[270]

Die britische Filmwissenschaftlerin Annette Kuhn untersuchte in einer groß angelegten Studie die Kinoerinnerungen von Zeitzeugen an die 1930er Jahre in Großbritannien.[271] Sie spricht von Gedächtniskarten, innerhalb derer sich die Erinnerungen positionieren.

Kinos als Ort spielen darin als Akkumulationspunkte der Erinnerungen eine wichtige Rolle. Wie jedoch diese Karten angelegt sind und welche Funktionsräume darin entstehen, führt sie nicht aus.

In diesem Kapitel wird durch die Verbindung der beiden Dimensionen Ort und Erzählperspektive eine Matrix der Kinoerinnerung aufgestellt. Dazu ist es zunächst notwendig, die zwei Dimensionen näher zu beschreiben. In einem zweiten Schritt werden beide Dimensionen in einer Matrix zusammengeführt, so dass vier Funktionsräume entstehen. Diese vier »Welten der Kinoerinnerung« werden in einem dritten und letzten Schritt im Hinblick ihre charakteristische Erzählweise und sinnstiftende Funktion näher erläutert.

---

270 Kuhn, Annette: Heterotopie, Heterochronie: Ort und Zeit der Kinoerinnerung. In: Schenk, Irmbert/ Tröhler, Margrit/ Zimmermann, Yvonne (Hg.) Film – Kino – Zuschauer: Filmrezeption. Marburg 2010, S. 30.

271 Die Ergebnisses des Forschungsprojekts zur britischen Filmkultur der 1930er Jahre veröffentlichte Annette Kuhn in ihrer Publikation: »An everday magic«. London 2002.

7.1.1 Die beiden Dimensionen Ort und Erzählperspektive

Werden die im Kapitel 5 »Formen des Erinnerns an ein visuelles Medium« eruierten geografischen Erinnerungsanker auf einer Achse angeordnet, so ist es möglich, als örtliche Dimension eine Wegstrecke abzubilden, die in der Alltagswelt zu Hause beginnt und in der Filmwelt endet. Damit werden zwei unterschiedliche örtliche Deixis miteinander verbunden: der erzählte reale Raum und der fiktive Raum der Filme. Im erzählten realen Raum finden sich Akkumulationspunkte der Kinoerinnerung, die sich geografisch als Stationen entlang der Kinowege positionieren lassen. Startpunkt ist das eigene Zuhause, Endpunkt das Kino als Ort. Der Raum der Filme setzt sich aus einem Konglomerat ganz unterschiedlicher Orte aus den Filmen zusammen. »Erreichbar« war diese Welt jedoch nur in den Gedanken der Zuschauer. Eine besondere Bedeutung kommt in der örtlichen Dimension den Transiträumen zu, Orte des Übergangs zwischen erinnerter realer Welt zur Filmwelt, wozu insbesondere der Kinosaal zählt.

Um die Bedeutung der Orte für die untersuchte Generation herauszustellen, ist es notwendig, als zweite Dimension den Erzähler in die Matrix zu integrieren. Assmann spricht hierbei von belebten Räumen.[272] Dies bedeutet, dass Orte erst zu Erinnerungsorten werden, wenn sie von Individuen besucht wurden. Mit der Dimension der Erzählperspektive lässt sich der Bezug des Erzählers zum Erzählgegenstand definieren. Genette definiert den Begriff der »Fokalisierung«, der ausdrückt, wie viel der Erzähler über die Figuren und die Welt weiß. Wichtig ist in diesem Zusammenhang die Distanz, das heißt die Beteiligung des Erzählers am Geschehen.[273] Obwohl es sich in vorliegender Untersuchung um autobiografische Erzählungen handelt, hat die Analyse ergeben, dass die Erzählperspektive in den Erzählinseln variiert. In die Dimensionsachse »Erzählperspektive« sollen zunächst grob die drei Kategorien »Ich-Perspektive, Wir-Perspektive und Perspektive in der dritten Person« übernommen werden. Feinere Abstufungen dazwischen sind jedoch möglich; so hat Susan Sniader Lanser sechs Abstufungen der Beteiligung eingeführt.[274] Doch allein mit der groben Strukturierung lassen sich drei Beteiligungsformen ausdrücken: 1. Konzentration auf das eigene Ich und die individuelle Erfahrung, 2. das sich zu einer Gruppe dazugehörige Fühlen in der Wir-Perspektive und 3. das scheinbar unbeteiligte Erzählen aus der Sicht einer anderen Person, wobei natürlich auch aus dieser Perspektive sich der Erzähler nie ganz zurückzieht. Die Dimension der Erzählperspektive soll nun mit den erinnerten Akkumulationspunkten des Orts in Beziehung gesetzt werden.

---

272 J. Assmann (2013), S. 38.
273 Genette (2010), S. 121 ff.
274 Martinez, Matias/ Scheffel, Michael: Einführung in die Erzähltheorie. München 2009, S. 82.

7.1.2   Die Matrix der Kinoerinnerung

Werden die beiden Dimensionen Ort und Erzählperspektive in eine Matrix
eingetragen, so lassen sich zunächst links und rechts der Erzählperspektive-
nachse zwei Bereiche unterscheiden: außerhalb und innerhalb des Kinos. Innerhalb des Kinos ist der Kinosaal als besonderer Ort hervorzuheben. Beide
Hälften werden noch einmal horizontal untergliedert, so dass vier Welten entstehen: die Welt der Kinowege, die Welt der Rezeption, die Welt des Films und
die Welt der Verzauberung des Alltags.
   Die Matrix stellt sich, noch unausgefüllt, wie folgt dar:

Abb. 21: Die Matrix der Kinoerinnerung.

Die Charakteristika der vier Welten werden nun einzeln aufgezeigt, wobei ein
besonderes Augenmerk auf die Beziehung der beiden Dimensionen, typische
Erzählweisen und Hinweise auf den sozialen Rahmen gelegt wird.

a)   Die Welt der Kinowege

Die erste Welt setzt die Erzählperspektive in Beziehung zu den Stationen auf dem
Weg ins Kino. Erzählinseln dieser Kategorie beinhalten häufig repetitive

Handlungen, so wie dies beispielsweise in Martin Schmidts Erzählung »Bei den Patres« der Fall ist.[275] Der sonntägliche Gang ins Kino verkörperte für ihn Routine und selbst das Stibitzen des Zuckers am Kuchentisch der Patres stellt eine wiederkehrende Handlung dar. Die Geschichte hat er schon so oft erzählt, dass sie als Anekdote ins Familiengedächtnis eingegangen ist. Diese Welt zeichnet sich durch vielfältige Frequenzierungen in der Erzählweise aus: singuläre und repetitive Ereignisse, einmaliges und mehrmaliges Erzählen. Häufig werden unterschiedliche Frequenzen innerhalb einer Erzählinsel miteinander verknüpft.

Erzählt wird meist aus der Wir-Perspektive; denn es handelt sich um Erzählungen auf dem Weg ins Kino, die in der Gruppe erlebt wurden. Das »Ich« ordnet sich in die Generation der jugendlichen Kinogänger ein und die Ankerpunkte in dieser Welt zeigen, dass den Zwischenstationen auf dem Weg ins Kino eine weit größere Bedeutung zukommt als dem gesehenen Film. Die Gruppe interagiert mithilfe von Dialogen, die dabei helfen, die Handlung der Geschichte zu konstruieren. Somit steht in dieser Welt der soziale Akt des Kinobesuchs im Vordergrund. Ins Kino zu gehen bedeutete, sich ein Stück erwachsener zu fühlen. »Wir wollten groß sein«, wie es Hilde Schubmehl in ihrer Erzählung formuliert.[276] Die Stationen auf dem Weg bis zum Kino als örtlicher Rahmen bedeuten eine stückweise Befreiung vom Elternhaus, wenn auch nur für einen zeitlich begrenzten Rahmen. Stationen wie Bahnhöfe werden in diesem Zusammenhang zum Symbol für eine steigende Mobilität und damit für Unabhängigkeit der damaligen Jugendlichen.

b)   Die Welt der Rezeption

In der Welt der Rezeption stehen fiktionale Filmwelt und erinnerte Realität in einem Spannungsgefüge zueinander. Auf der einen Seite steht die Faszination für die Vorführtechnik. Der Rezeptionsort Kinosaal wird vor allem bei frühen Kinoerinnerungen auf seine technische Möglichkeit, Bilder zu projizieren, reduziert. Walter Schmitts Erzählinsel zum Film PRINZESSIN TURANDOT ist hierfür ein Beispiel; denn die Filmrezeption dient ihm als Ausgangspunkt, um die Technik der Projektion in einer Gaststätte in seine Geschichte mit einfließen zu lassen.[277] Der Inhalt des Films entzog sich schon bei der damaligen Rezeption seinem Verständnis und hat so keinen Bezugsrahmen in seinem Gedächtnis gefunden. Auf der anderen Seite findet eine Vermischung von Filmwelt und

---

275 Interviewausschnitt Waltraud Schmidt (geb. 1932), aus Niederkirchen, und Ilse Kraushaar (geb. 1932), aus Oberkirchen.
276 Interviewausschnitt Hilde Schubmehl (geb. 1926), aus Oberlinxweiler.
277 Interviewausschnitt Walter Schmitt (geb. 1915), aus St. Wendel.

realer Welt statt. Eindrucksvoll zeigt sich dies an Elfriede Haßtenteufels Erzählinsel zu FÄHRMANN MARIA, in der sie selbst mithilfe physischen Erzählens als Fährfrau in einen Dialog mit dem Tod tritt.[278] Das Erzählen über das
Rezeptionserlebnis ruft noch zum Interviewzeitpunkt angstvolle Emotionen
hervor, die sich besonders in ihrer Gestik und Mimik zeigen. Gerade diese stark
mit Emotionen aufgeladenen Erinnerungen werden bevorzugt aus der Ich-
Perspektive heraus erzählt. In diesem Falle tritt das Kollektive zurück und die
individuelle und meist singuläre Erfahrung rückt in den Vordergrund des Ge-
dächtnisrahmens der Erzählerin.

> »Die Temporalität des Kinos in der Welt verbindet sich mit der Temporalität der Welt
> im Kino. Dort, wo sich beide treffen, wird das Kino (in Foucaults Bedeutung des
> Wortes) eine Heterotopie, ›gewissermaßen [ein] Ort […] außerhalb aller Orte, wiewohl
> [er] tatsächlich geortet werden [kann]‹ (Foucault 1993 [1967], 39).«[279]

Annette Kuhn spricht in Anlehnung an Michel Foucault von einem »anderen
Ort«, der aus dem Zusammentreffen der beiden Welten Kinowelt und Alltagswelt
entsteht. Der entstehende Ort wird als von der eigenen Welt getrennt wahrgenommen, aber zugleich auch als dazugehörig. Dieses Paradoxon generiert eine
hybride Welt, die für den Zeitraum der Rezeption entsteht.[280] Interferenzen
bieten in der Retrospektive einen großen Spielraum für inhaltliche Ergänzun-
gen, Visualisierungen und Transformationen. Erzählinseln über Filmerinnerungen weisen häufig Fiktionalisierungen auf, indem das erinnerte Bild, meist in
Form einer einzelnen Einstellung oder kurzen Sequenz, mit eigenen fiktiven
Elementen ergänzt wird. Ein gutes Beispiel ist wiederum Elfriede Haßtenteufels
Erzählinsel zu FÄHRMANN MARIA, in der die Erzählerin den Ruf »Fährmann,
hol' über!« in dem Filmplot ergänzt, auch wenn dieser im Film nicht erklang.[281]

So individuell die Erinnerung auch ist, so kann dennoch davon ausgegangen
werden, dass viele Kinogänger in ihrer Jugend ähnlich angstvolle Erfahrungen
gemacht haben. Kuhn kommt in ihrer Studie auf vergleichbare Ergebnisse und
betont, dass in frühen Begegnungen mit dem Medium Film der Wechsel zwischen dem Kino in der Welt und der Welt im Kino schwierig zu bewältigen war.[282]
»Individuell im strengen Sinne sind nur die Empfindungen, nicht die Erinne-

---

278 Interviewausschnitt Elfriede Haßtenteufel (geb. 1927), aus Oberlinxweiler.
279 Kuhn, Annette: Heterotopie, Heterochronie: Ort und Zeit der Kinoerinnerung. In: Schenk,
    Irmbert/ Tröhler, Margrit/ Zimmermann, Yvonne (Hg.) Film – Kino – Zuschauer: Film-
    rezeption. Marburg 2010, S. 31.
280 Vgl. dazu: Schmidt, Oliver: Hybride Räume. Filmwelten im Hollywood-Kino der Jahrtau-
    sendwende. Marburg 2012.
281 Interviewausschnitt Elfriede Haßtenteufel.
282 Kuhn, Annette: Heterotopie, Heterochronie: Ort und Zeit der Kinoerinnerung. In: Schenk,
    Irmbert/ Tröhler, Margrit/ Zimmermann, Yvonne (Hg.) Film – Kino – Zuschauer: Film-
    rezeption. Marburg 2010, S. 35.

rungen«, betont Jan Assmann.[283] Die Erinnerungen selbst haben folglich immer noch einen Bezug zum sozialen Rahmen, jedoch aus individueller Perspektive. In diesen Kinoerinnerungen sind implizit die Wünsche der damaligen Generation verwoben, in eine Welt einzutauchen, die so ganz anders war als die eigene Welt.

Die Welt der Rezeption besitzt insbesondere durch das dargestellte Spannungsverhältnis die Funktion eines Transitorts, in dem Erinnerungen im Kinosaal und in der Filmwelt nicht nur parallel existieren, sondern sich in hybrider Form auch zu einer neuen Welt verbinden. Ist der Transit vollzogen, so verbringt der Zuschauer eine begrenzte Zeit zu Gast in der Filmwelt, die im Folgenden näher beschrieben wird.

c)   Die Welt der Filme

In dieser Welt steht der gesehene Film im Vordergrund der Kinoerinnerung. Dies zeigt sich bereits in der spezifischen Art der Erzähleröffnung, die meist den Filmtitel und eine kurze Inhaltsbeschreibung des Films umfasst. Ein gutes Beispiel für diese Welt der Filme verkörpert Franz-Josef Denis' Erzählung über den Film DER ABTRÜNNIGE.[284] Der soziale Akt des Ins-Kino-Gehens steht in Denis' Erzählung nicht im Vordergrund, da Hinweise auf Mitgänger oder andere kollektive Spuren nicht aufzufinden sind. Dies gilt besonders für die Binnenerzählung. Im Gegensatz zur Welt der Rezeption tritt hier das erzählende Ich fast völlig zurück, denn meist wird distanziert aus der Perspektive des Filmhelden in der dritten Person erzählt und der auktoriale Erzähler übernimmt die Beobachterrolle. Damit stellt die Erzählperspektive ein wichtiges Charakterisierungsmerkmal dieser Kinowelt dar. Durch die deskriptive Erzählweise finden sich visuelle Metaphern eher auf der Transitebene zur Filmwelt und nicht innerhalb der Filmwelt an sich.

In der Filmwelt werden Filmrequisiten zu Handlungsträgern und geben dem Erzählstrang der Geschichte die nötige Fixierung. Im Beispiel von Franz-Josef Denis ist es der Kelch, der als Detailaufnahme den Höhepunkt der Erzählung markiert, indem sein Inhalt in einem Zug ausgetrunken wird. Häufig werden Filminhalte erzählt, die später im Fernsehen wiederholt wurden und dadurch in guter Erinnerung geblieben sind. Durch das wiederholte Sehen eines Filmstoffs überlagern sich die Erinnerungen an Filme, so dass die Kinoerinnerung anwachsend mit der Anzahl der Rezeption zu sehen ist. In diesem Fall kann von einer einmaligen Erzählung einer wiederholt gesehenen Filmhandlung gesprochen werden, die die Erinnerung wachhält. Im Falle des Films BEN HUR handelt

---

283 J. Assmann (2013), S. 37.
284 Interviewausschnitt Franz-Josef Denis (geb. 1927), aus St. Wendel.

es sich dabei um mehrere Remakes, die heute noch regelmäßig im Fernsehen gezeigt werden.[285] In der Erinnerung legen sich die Erinnerungen an diese Filme wie Schablonen übereinander und eine eigene, am Sehverhalten angepasste Erinnerung an den Film BEN HUR entsteht.

d)   Die Welt der Verzauberung

Anders als die Welt der Kinowege besitzt die »Welt der Verzauberung« aufseiten der Alltagswelt hybride Strukturen. Diese entstehen jedoch in anderer Art und Weise als in der Welt der Rezeption. In der Welt der Verzauberung trägt der Erzähler Relikte aus der Filmwelt in seine Kinogeschichte hinein, die im Alltag stattfindet. Somit geschieht der Transit genau umgekehrt, das heißt aus der Filmwelt hinaus, und ein Stück weit subtiler. Die Erinnerungsstücke aus der Filmwelt leben als Ideen in den Köpfen der Zuschauer weiter und sie passen diese an ihre Lebenswelt an. Ein gutes Beispiel hierfür ist Hilde Schubmehl, die als gelernte Schneiderin mit einfachen Mitteln die Mode der Filmstars nach-schneiderte.[286] Damit adaptierte sie den Glanz der Stars aus der Filmwelt hinaus in ihre eigene Welt und modifizierte sie nach ihren Möglichkeiten. Ein weiteres Beispiel für ein Erzähldetail ist die Nivea-Creme, durch die Marianne Müller sich wie ein geschminkter Filmstar und etwas erwachsener fühlte.[287] Dies zeigt deutlich, wie solche Adaptionen aus der Filmwelt zum Symbol der Adoleszenz werden. Ähnliches gilt für akustische Filmrelikte in Form von Musik, die Jahr-zehnte in der Erinnerung der Zeitzeugen überdauern. So werden Schallplatten abgespielt, auf denen die Lieblingslieder der Filme waren, oder die Tänze der Revuestars imitiert. Somit geschieht die Adaption auch auf körperlicher Ebene in Form physischen Erzählens.

> »Es gibt eine Art Assimilation des Magischen und eine Verzauberung des Alltäglichen, die für das Kinogedächtnis als besonderer Form des kulturellen Gedächtnisses durchaus spezifisch sein könnte.«[288]

Diese Verzauberung des Alltags untersucht auch Annette Kuhn in ihrer Studie, jedoch geht sie noch einen Schritt weiter, indem sie von Implantaten spricht.[289] Filmbilder und -sequenzen werden in die eigene Biografie übertragen und damit aus der Retrospektive heraus als eigene Erfahrung wahrgenommen.[290] Diese

---

285 Interviewausschnitt Irma Klein (geb. 1919), aus Oberlinxweiler.
286 Interviewausschnitt Helene Schubmehl (geb. 1929), aus Oberlinxweiler.
287 Interviewausschnitt Marianne Müller (geb. 1937), aus Saal.
288 Kuhn, Annette: Heterotopie, Heterochronie: Ort und Zeit der Kinoerinnerung. In: Schenk, Irmbert/ Tröhler, Margrit/ Zimmermann, Yvonne (Hg.) Film – Kino – Zuschauer: Filmrezeption. Marburg 2010, S. 38.
289 Kuhn, Annette: Was tun mit der Kinoerinnerung? In: montage AV 19/1/2010, S. 128.
290 Welzer (2008), S. 185.

Aneignungen finden sich in den untersuchten Erzählungen der Zeitzeugen aus St. Wendel nicht in dieser starken Ausprägung. Adaptionen bleiben fragmentarisch, auch was ihre narrative Formung als Erzählinsel anbelangt. Erzähltechnisch ist diese Welt schwer einzuordnen, da die Inselstruktur nur noch verknappt oder in Fragmenten vorhanden ist. Indizien zur Charakterisierung verkörpern in diesem Fall die Adaptionselemente aus der Filmwelt, wie eine Melodielinie, die dem Erzähler heute noch in Erinnerung ist. Die erzählte Welt der Verzauberung lässt sich auf dem Nachhauseweg und vor allem im Alltag der Erzähler verorten. Somit hat sich der Erzähler in dieser Welt sowohl geografisch als auch zeitlich am weitesten vom Kino selbst distanziert.

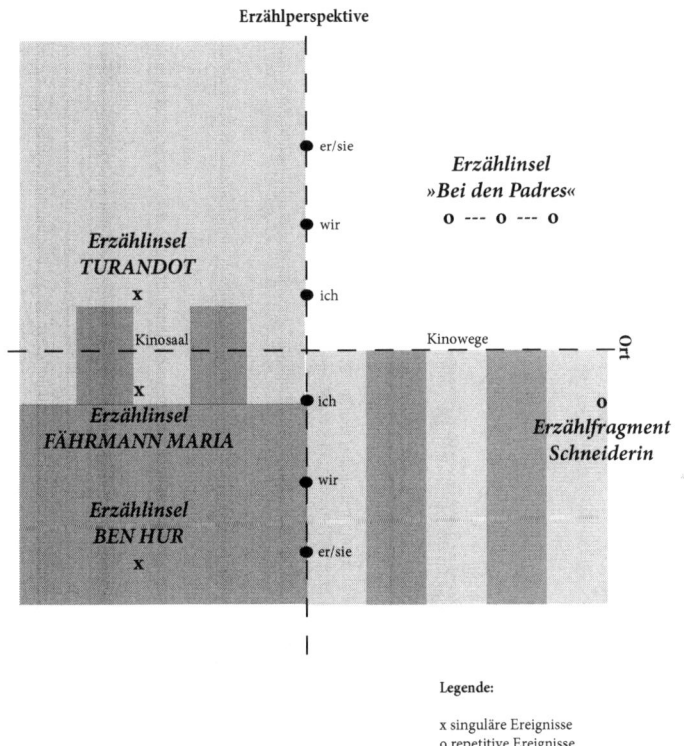

Abb. 22: Die Matrix der Kinoerinnerung unter Berücksichtigung der hybriden Strukturen.

In diese Matrix können nun die ausgewerteten Erzählinseln eingetragen werden und es lässt sich ablesen, wo Akkumulationspunkte der Kinoerinnerungen entstehen. In der obigen Abbildung wurden exemplarisch Erzählinseln den Welten zugeordnet. Die entstehenden hybriden Räume als Mischform der beiden Welten, erinnerte Alltagswelt und fiktive Filmwelt, wurden an den entsprechenden Stellen schraffiert, wobei betont werden muss, dass die Grenzen zwischen den Welten fließend sind. Mithilfe der Gestaltung der Punkte können des Weiteren Charakteristika der Erzählinseln gekennzeichnet werden, indem singuläre und repetitive Ereignisse durch Kreis- und Kreuzsymbole angegeben werden. Insbesondere für den Fall der Kinowege lassen sich mehrere Knotenpunkte einzeichnen und durch eine Linie miteinander verbinden. Somit können auch zeitliche Aspekte in die Matrix integriert, beispielsweise durch eine chronologische »Durchwanderung« mehrerer Welten innerhalb einer größeren Erzählinsel.

Wird eine idealtypischer Durchwanderung einer Erzählinsel zur Kinoerinnerung betrachtet, so lässt sich die chronologische Abfolge der Welten eins bis vier mithilfe eines Kreises darstellen: Die Akteure der Geschichte begeben sich auf den Weg ins Kino (1). Sie betreten den Kinosaal und die Rezeption beginnt (2). Die Zuschauer tauchen ein in die Welt der Filme (3), um »verzaubert« den Weg nach Hause anzutreten (4).

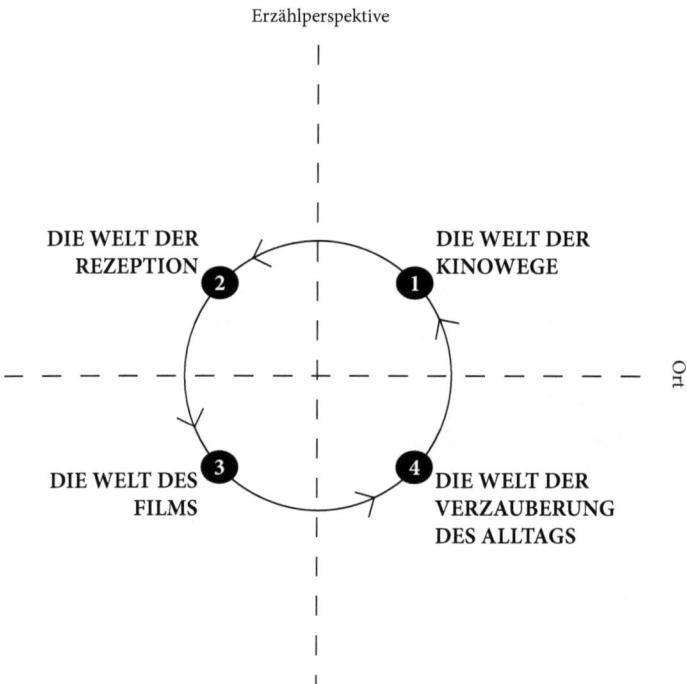

Abb. 23: Die kreisförmige Durchwanderung der Matrix der Kinoerinnerung.

Am Beispiel der Erzählinsel von Marianne Müller wird im Folgenden das Durchwandern der Kinowelten innerhalb einer Kinoerinnerung aufgezeigt.

7.1.3 Marianne Müllers Durchwandern der Kinowelten

»Ja, und dann, an was ich mich noch so gut erinnere, das war die (...), wenn/ Die Kinos sind dann angegangen abends um acht Uhr und dann kam immer von oben runter, von Schwarzerden, kam davor grad ein Zug. Und dann hat der Zug auf der Brücke da mitten im Dorf hat der langsam gefahren, ganz langsam und dann sind die schon/ Auf der Plattform haben die schon gestanden. Die Züge waren ausgestopft. Dann sind die schon abgesprungen und sind gerannt, das Stückchen von dort bis nach Saal. (zeigt Strecke) Dann waren sie vor den anderen, die am Bahnhof, wenn er gehalten hat, damit sie aussteigen für dort rein zu kommen. Da gab es kein Vorverkauf oder so irgendwas. Wenn das dann berühmte Filme waren und das war halt die Attraktion, weil sonst ja gar nichts los war auf dem Dorf da bei uns. Es gab halt das Kino und das war dann/ Und da wollte jeder mit aller Gewalt sonntags rein. In der Woche waren dann auch noch damals Vorstellungen, aber glaube ich, nur freitags (Waltraud Schmidt: freitags abends) freitags abends. Da war dann eine Vorstellung noch. Ja. Und dann (.) die, die da mit den Zügen gekommen sind, die haben also immer/ Die sind abgesprungen schon und gerannt um die Wette, um dann als erste da hinten im Kino zu sein für einen Sitzplatz zu bekommen, einen guten Platz zu bekommen, dass sie nicht gerade ganz hinten gesessen haben. Das ging dann der Reihe nach. Ja und (...) (liest in Notizen) Ja, die sind abgesprungen immer. Das war dann auch so eine Sache. Der Lockführer hat das wohl gewusst, ne, sonst hätte er das auch nicht gemacht, nehme ich an. Ja, und sonntags waren dann zwei Vorstellungen. Da war mittags noch eine für die Kinder um zwei Uhr und dann abends noch eine.

Und das Schlimme war, dass (.) die Filme so oft (!) abgerissen sind. Die sind einfach. Das waren dann schon Filme, die zweite Wahl waren oder, die/ Das waren nicht die ersten Aufführungen. Das waren dann schon geflickte Filme. Dann ist das laufend abgerissen. Und dann hat der das dann nicht so verstanden sie zu über/ Dann hat er sie überklebt. Das hat man dann gewusst, wenn das Licht ausgegangen ist und dann war der Film gerissen und dann war es mal wie lange gar nichts. Und dann hat man im Dunkeln gesessen. Was manchmal auch schön war. Und dann hat mal aber gewusst. Allzu lange ist das nicht. Dann geht plötzlich das Licht an. Dann musste man wieder in Position hocken, ne? (Lachen)

Ja, und dann, wenn sie raus gekommen sind. Ach Gott, nein! Wenn man schon gesehen hat, wenn man in der zweiten Vorstellung war. Wenn sie heraus gekommen sind und hatten schon ganz verheulte Augen gehabt. ›Ach, war der Film so schön!‹ Da hat man gar nicht zu fragen brauchen: ›Wie war er dann?‹, oder so. Ach Gott, da waren die Taschentücher nass und da haben sie noch die Tränen abgetupft. Da war kein (!) Augen trocken, ne. Da/ Wenn sie dann alle schön geheult hatten, dann war der Film auch schön. Kann man nicht anders sagen, ne.«[291]

Marianne Müller durchschreitet innerhalb ihrer Erzähllinsel mehrere Welten der Kinoerinnerung, indem sie insbesondere wiederkehrende Ereignisse rund um

---

291 Interviewausschnitt Marianne Müller (geb. 1937), aus Saal.

den Kinobesuch erzählt. Die Kinoerinnerung beginnt zeitlich vor Beginn des Films auf dem Weg ins Kino. Sie setzt dazu einen zeitlichen Marker auf acht Uhr abends und berichtet, wie Kinobesucher noch vor dem Halt des Zugs aus den Waggons sprangen, um rechtzeitig zur Vorstellung im Kino zu sein. Hier bilden die Zugstrecke und der Bahnhof in Saal typische Wegstationen der Welt der Kinowege. Mit dem proleptischen Diskursmarker »Und das Schlimme war …« springt Müller in die Welt der Rezeption.[292] Im Vordergrund steht hier die Verhinderung des Rezeptionserlebnisses, da die Rezeption des Gesehenen durch Filmriss unterbrochen wurde. Somit spielt die Welt des Films in diesem Teil keine Rolle und die Grenze zur Filmwelt wird nicht überschritten.

Im nächsten Abschnitt betritt Marianne Müller die Welt der Verzauberung, zeitlich gesehen nach dem Kinoerlebnis, indem sie von den Tränen der Kinobesucher erzählt, die aus dem Kino kamen. An diesem letzten Abschnitt ist deutlich zu sehen, wie Überschneidungen zwischen den Welten geschehen können und diese dadurch nicht trennscharf zu separieren sind. Die »verheulten Augen« deuten auf das Entstehen hybrider Räume durch das Verschwimmen zwischen Filmwelt und Realität hin.[293] Erzählt wird nur deren emotionale Aus- beziehungsweise Nachwirkung nach dem Kinobesuch und somit ist dieser Er- zählteil der Welt der Verzauberung des Alltags zuzuordnen. Ein Grund für die Auslassung der Filmwelt in diesem Fall ist, dass Marianne Müller selbst nicht in den Film gehen durfte und somit dieses Erlebnis als Beobachterin am Ausgang des Kinos erzählt.

Werden die Grenzgänze zwischen den Welten betrachtet, so ist ein chrono- logischer Ablauf innerhalb der Erzählung feststellbar.

Die vier Kinowelten gleichen Halbwachs' Erinnerungsfiguren mit einem starken Bezug auf räumliche, aber auch zeitliche Rahmen. Bislang wurde ein auf Halbwachs zurückgehender wichtiger Rahmen noch nicht detailliert betrachtet, der Rahmen der Erfahrung. Die analysierten Kinoerinnerungen entstehen nicht ohne einen historisch-politischen oder gesellschaftlichen Kontext, der zusätz- lich um die Matrix herumgespannt werden muss.

7.2 Die Kontextualisierung der Kinoerinnerung

Die untersuchten Welten stehen nicht für sich alleine, sondern sind in den Lebenszusammenhang der befragten Generation einzuordnen. Deshalb ist es erforderlich, die Kinogeschichten im historisch-politischen Kontext zu be- trachten. Das Gedächtnis beruht nach Halbwachs auf Erfahrung, innerhalb derer

292 S.o.
293 S.o.

erinnert wird. Der Rahmen der Erfahrung, »der historisch, geographisch und politisch relevante Begriffe ebenso umfasst wie alltägliche Ereignisse und historische Begebenheiten«[294], beeinflusst Erzählwelten und steuert deren Sinnhaftigkeit. Dies geschieht dadurch, dass diese Erfahrungsrahmen in der Rückschau einer Beurteilung unterzogen werden:

> »Die Gesellschaft jedoch, die die Menschen in ihrem Leben wie an ihrem Todestage ebenso beurteilt wie die Tatsachen, wenn sie sich ereignen, schließt die Wirklichkeit in jede ihrer wichtigen Erinnerungen nicht nur ein Stück Erfahrung ein, sondern auch so etwas wie einen Nachhall ihrer Überlegungen.«[295]

Wird der historisch-politische Kontext der 1930er bis 1950er Jahre im Saargebiet betrachtet, so wird schnell deutlich, dass eine Untersuchung der Rahmeneinflüsse auf die Kinoerinnerung en detail allein Stoff für ein eigenes Dissertationsprojekt bietet. Ziel dieses Kapitels soll es deshalb nicht sein, diese lückenlos abzubilden, sondern deren Verknüpfungen zu den Erzählinseln und generierten Kinowelten exemplarisch aufzuzeigen. Dazu werden zunächst im Abschnitt 7.2.1 »Der entgrenzte Rahmen« zwei filmische Beispiele untersucht: Eine Erzählinsel zum Propagandastreifen JUD SÜSS und vergleichend Erinnerungen an den Film DIE GOLDENE STADT. Daran anschließend werden im Abschnitt 7.2.2 »Der einschneidendste Rahmeneinfluss – Kino und Krieg« Einflussnahmen von Kriegsereignissen auf den Kinobesuch eruiert. Diese beiden Rahmenbezüge wurden gewählt, da diese in den Erzählinseln gehäuft auftraten und damit von einem nachhaltigen Einfluss auf die Lebenswelt und somit auch auf die Kinoerinnerung ausgegangen werden kann. Zuletzt werden im Abschnitt 7.2.3. »Der veränderbare Rahmen« die untersuchten Erzählinseln in den Kontext des Lebenslaufs der Befragten eingeordnet.

7.2.1 Der entgrenzte Rahmen – NS-Propaganda

Über Themen zu sprechen, die in die NS-Zeit hinein fallen, öffnet nicht immer Türen. Noch heute regen sich Ängste vor Verurteilung und Anklage bei der befragten Generation, trotz Beziehungsarbeit aufseiten des Interviewers, dass dies nicht Ziel des Gesprächs ist. In manchen Interviews wird diese Zeit deshalb von den Erzählern komplett ausgespart. Ziel dieses Abschnitts ist es, mithilfe einer gesprächsanalytischen Untersuchung den Umgang mit dem Nationalsozialismus innerhalb des Erzählens über Kinoerinnerungen zu untersuchen. Welche Gesprächsstrategien werden gewählt und wie äußern sich diese beim

---

294 Wetzel (2009), S. 65.
295 Halbwachs (1985), S. 372.

Erzählen? Spezifische Ausdrucksformen zu erfassen, wird Aufgabe dieses Kapitels sein.

a)   Vom Verstummen der Kinoerinnerung

»*Von der Gaufilmstelle? Die haben doch auch vorgeführt. Unabhängig von den Kinos.*

Schmitt: Von den?

Die Gaufilmstellen. Sagt Ihnen das was?

Schmitt: (.) In der/ In der/ In der vorherigen Zeit?

In der NS-Zeit. (…)

Schmitt: Das sagt mir/ Das sagt mir/ Also/ Ich habe da/ Wir haben da/ Ich habe da überhaupt auch/ Das ist ja meine Studienzeit (!) gewesen. In der Hauptsache (hmm) Da hat man überhaupt gar nicht nach gefragt (.) Weil ich dazu sowieso, nicht, ein recht (…) ablehnendes Verhältnis hatte, ja.(Gestik, Beinwippen)

Ich habe Sie leider nicht...

Schmitt: Mich hat der Gau da nicht/ Das hat mich gar nicht interessiert, nicht, gell? (…)

Ich habe Sie leider akustisch nicht verstanden. Was hat Sie nicht interessiert?

Schmitt: (.) Diese ganze Organisation. Das war für mich also (…)

Die NSDAP, oder?

Schmitt: Ja. (Überlappung)

Hat sie/?

Schmitt: Nein! (fällt ins Wort)

Nein. (…)

Schmitt: Das kommt schon allein/ Das hat auch seinen Grund, nicht, (hmm) Das hat auch seinen Grund, nicht, dass ich/ (.) (zeigt auf seine Frau) Ihr Vater, nicht? Mein Schwiegervater. (hmm) Ist ja durch die Nazis, ist der abgesetzt worden, nicht? (hmm) Durfte nicht mal im Trierer Bezirk überhaupt bleiben. Musste verschwinden u.s.w. (…) (hmm) (…) Da können Sie sich ungefähr vorstellen, wie die Einstellung ist.«[296]

Den Begriff »Gaufilmstelle«, so gibt Walter Schmitt vor, scheint er zunächst nicht verstehen zu können, denn er erwidert gleich mehrere verständnissichernde Rückfragen. Es fällt auf, dass Schmitt dabei den Begriff »Nationalsozialismus« vermeidet und stattdessen von der »vorherigen Zeit« spricht, was einer Ersetzung des Begriffs durch einen neutral konnotierten Ausdruck entspricht. Die Antwort »In der NS-Zeit« bringt den Gesprächsverlauf wiederum ins Stocken

---

296 Interviewausschnitt Walter Schmitt (geb. 1915), aus St. Wendel.

und die entstehende Pause deutet auf einen drohenden Gesprächsabbruch hin.[297] Walter Schmitt benötigt vier Anläufe, die zunächst in Satzabbrüchen enden, um seine Beweggründe auszudrücken, warum er über das Thema Nationalsozialismus nicht sprechen möchte. Gestik und Mimik unterstreichen dabei seine Position, indem seine ablehnende Haltung auch in seiner Körpersprache sichtbar wird. Walter Schmitts Beinwippen deutet zudem auf eine beginnende Unruhe hin. Er spricht zunächst von einem »ablehnenden Verhältnis«, ohne dies näher zu erläutern.[298]

Walter Schmitt redet in dieser Interviewpassage sehr undeutlich, was für ihn sehr untypisch ist, wird der Rest des Interviews vergegenwärtigt. Das in seinen Augen schwierige Gesprächsthema zeigt sich somit symptomatisch in seiner Aussprache. Der Gesprächsverlauf gerät durch wiederholtes Rückfragen in eine derart große Anspannung, dass Walter Schmitt nur noch hart im Staccato-Stil mit Ja oder Nein antwortet. Das bedeutet, dass in dieser Gesprächssituation das Entstehen von narratologischen Mustern in längeren Gesprächsschritten undenkbar ist. Das Ende dieser Gesprächssequenz markiert eine ausführlichere Kommentierung Schmitts, warum er dem Nationalsozialismus ablehnend gegenüberstand. Er erzählt in geraffter Form das Schicksal seines Schwiegervaters, der von den Nationalsozialisten abgesetzt wurde und fliehen musste.

Was bedeutet dieser Interviewausschnitt für die erzählten Kinoerinnerungen? Negative Erfahrungen lassen den Erzähler verstummen. Sie überlagern den eigentlichen Erinnerungsgegenstand und lassen das Entstehen einer Erzählinsel nicht zu. In solchen Fällen gehen Kinoerinnerungen für das kollektive Gedächtnis verloren. Das gegenseitige Nicht-Verstehen ist hier symbolisch zu sehen für den verschwindenden, gemeinsamen Kommunikationsrahmen. Walter Schmitts ablehnende Haltung gegenüber dem Nationalsozialismus führt in diesem Beispiel zum Löschen von Kinoerinnerungen, die mit der Gaufilmstelle in Verbindung stehen.

b)   Rechtfertigungssequenzen im Spiegel der Propagandafilme

In den ersten Monaten nach der Rückgliederung liefen Propagandafilme im sonst von Unterhaltungsfilmen geprägten Programm der St. Wendeler Kinos, zum Beispiel HITLERJUNGE QUEX oder SA MANN BRAND.[299] Die Kommunikation in Bezug auf deren Wahrnehmung erscheint sehr heterogen. Irma Klein fällt die Beantwortung der Frage, ob sich nach der Saarabstimmung das Filmprogramm verändert habe, nicht leicht. Die gezeigten Propagandafilme kurz

297 S. o.
298 S. o.
299 Kretschmer (Bd. 2, 1986), S. 372.

nach der Abstimmung seien bei ihr nicht im Gedächtnis geblieben: »Im Kino
sind damals ja keine politischen Filme gelaufen.«[300] Es seien alles Heimatfilme
gewesen.

> »Können Sie sich noch daran erinnern, wann Sie zum ersten Mal einen Film gesehen
> haben?
>
> Denis: Ja, also genau nicht, aber es dürfte so in den Jahren [193]7, 38 gewesen sein. Und
> zwar (…) wurden wir da mit der Schule klassenweise ins Kino geführt. Das war Vor-
> schrift, da wurden Propagandafilme gezeigt (.) aus der damaligen Zeit, die Propaganda
> des Nationalsozialismus. Da gab es auch so Filme, die uns gut gefallen haben. Es gab/ Da
> gab es Filme wie, mit Willi Birgel, ›Er … REITET FÜR DEUTSCHLAND‹. Das war ein
> ganz hervorragender Film. Aber das Ganze war natürlich als Propaganda gedacht.
> (zustimmendes hmm) Es gab auch schreckliche Filme wie beispielsweise HITLERJUNGE
> QUEX so'n/ irgend so ein billiges, dummes Zeug, was da von Jugendlichen alles gemacht
> wurde. Ja. (…) Und/ Wir wurden öfter mit der Klasse ins Kino geführt bei solchen
> Dingen.«[301]

Ganz anders gestalten sich die Erinnerungen von Franz-Josef Denis; er reflektiert aus heutiger Sicht explizit und kritisch über Propagandafilme. Seinen
ersten Film sah er gemeinsam mit seinen Schulkameraden und entschuldigend
fügt er hinzu: »Und zwar wurden wir da mit der Schule klassenweise ins Kino
geführt. Das war Vorschrift.«[302] Damit gehört er zu den wenigen, die eigenin-
itiativ die Verknüpfung zwischen Film und Propaganda herstellen. Es habe
durchaus Filme gegeben, die ihm gut gefallen haben. Denis erinnert sich in
diesem Zusammenhang an den Film …REITET FÜR DEUTSCHLAND. Somit
bewertet er diesen trotz seiner propagandistischen Bezüge als gut gemacht. Dem
stellt Denis den Film HITLERJUNGE QUEX gegenüber und distanziert sich
nachdrücklich von NS-Hetzfilmen, was sich auch an seiner emotionalen Aus-
drucksweise zeigt. »Irgend so ein billiges, dummes Zeug, was da von Jugendlichen alles gemacht wurde.«[303] An Denis' Beispiel zeigt sich, wie Gruppen Einfluss
auf die Filmrezeption nahmen. Der soziale Rahmen der Schule spielt eine ent-
scheidende Rolle für seine frühen Rezeptionserfahrungen. Sein reflektierter und
in der Retrospektive kommentierender Umgang mit der NS-Propaganda bildet
einen Gegenpol zu der ausgeblendeten Propaganda anderer Interviewpartner.

Doch wie unterscheidet sich der Umgang mit expliziten NS-Propaganda-
Filmen vom Umgang mit latenten Formen der politischen Durchdringung des
Filmstoffs? Im Folgenden sollen Erinnerungen an zwei Filme kontrastierend
untersucht werden: JUD SÜSS und DIE GOLDENE STADT, die beide Anfang der

---

300 Interviewausschnitt Irma Klein (geb. 1919), aus Oberlinxweiler.
301 Interviewausschnitt Franz-Josef Denis (geb. 1927), aus St. Wendel.
302 S. o.
303 S. o.

1940er Jahre im St. Wendeler Kino liefen. Während JUD SÜSS als einer der bekanntesten antisemitischen Propagandastreifen der Nationalsozialisten gilt, ist DIE GOLDENE STADT der latenten Propaganda im Sinne der Blut-und-Boden-Ideologie der Nationalsozialisten zuzuordnen. Der Umgang mit den politisch-ideologischen Rahmenbezügen in beiden Filmbeispielen wird im Folgenden analysiert und verglichen.

c)   Zwischen Rechtfertigung und Rezeption – Eine Erzählinsel über den Propagandafilm JUD SÜSS

Im Oktober 1940 kündigt das Central-Theater in der saarländischen Tageszeitung den Film JUD SÜSS an. Solch offener Antisemitismus findet sich in kaum einer anderen Filmanzeige in den Tageszeitungen aus St. Wendel während der Zeit des Nationalsozialismus. Der Appell »Hände weg, Jude, von einer deutschen Frau!«[304] unterstreicht dies eindrücklich. Gleich drei Filmanzeigen finden sich in der örtlichen Tageszeitung, was mehr als dem üblichen Veröffentlichungsrhythmus entspricht. Das Central-Theater schien mit einem Besucherzustrom zu rechnen, denn in der Anzeige wird darum gebeten, die frühen Vorstellungen zu besuchen.

Abb. 24: Anzeige »JUD SÜSS«, Saarländische Landeszeitung, 17.10.1940.

---

304 Saarländische Landeszeitung vom 17.10.1940.

In der zweiten Anzeige am Tag der Erstaufführung wird wieder das »deutsche Filmkunstwerk!« gelobt.[305] Hinzu kommen Bezüge zu Stimmen von anderer nationalsozialistischer Presse, worin der große Erfolg des Films in anderen Kinos unterstrichen wird. Am gleichen Tag findet sich die Werbeanzeige des Films, wobei das Prädikat des Films betont wird. Dieses beinhaltet nicht nur den Aspekt »künstlerisch besonders wertvoll«, sondern ganz im Sinne der NS-Ideologie »staatspolitisch und künstlerisch besonders wertvoll«.[306] In dieser Anzeige wird außerdem eine Jugendfreigabe ab 14 Jahren angegeben. Somit durfte ein Großteil der Befragten diesen Film im Kino sehen. In einer dritten Anzeige, für die damalige Zeit unüblich, wird eine zusätzliche Vorstellung am Dienstagmittag angeboten. Der Text bleibt explizit antisemitisch. »Wie der Jude immer sich selbst die Schlinge um den Hals legt, das wird hier zum eindringlichen Erlebnis.«[307] Über den großen »Erfolg« ist zudem in einem großen dreispaltigen Artikel nachzulesen, der mit den Worten beginnt: »Ergriffen und tief bewegt verließen die Besucher des neuen Terra-Films vom ›Jud Süß‹ das Lichtspieltheater.«[308] Ein Hinweis auf die Publikumswirkung findet sich selten in der Presse, denn meist beschränkt sich die Berichterstattung auf eine Wiedergabe des Filminhalts. Der »Erfolg« des Films ist jedoch nicht nachprüfbar, da die Steuerakten des Films mit dem Hinweis auf die Anzahl verkaufter Karten in St. Wendel nicht erhalten geblieben sind. So weit die Presseberichterstattung. Doch wie erinnert sich das damalige Publikum aus heutiger Perspektive an den Propagandafilm? Im Folgenden wird untersucht, wie Zeitzeugen mit dem NS-Hetzfilm JUD SÜSS in der retrospektiven Erzählung umgehen.

> *»Haßtenteufel: Zarah Leander, Willy Fritsch, Lilian Harvey. Die da weniger. Die war da schon nicht mehr so, aber die Zarah Leander (setzt sich vor) und halt eben (…) Veit Harlan, Kristina Söderbaum, wo nachher nach dem Krieg böse (wiegt Kopf hin und her) Stimmen bekommen haben. Weil das Nazifilme (!) waren. Was ich (!) persönlich (…) nicht so wahrgenommen habe. Weil man das gar nicht gewusst hat, dass die damit Propaganda machen. (hmm) Ne? Da war ja nicht bei uns in den Köpfen drin: ›Jetzt wird Propaganda gemacht gegen die Juden.‹ So zum Beispiel JUD SUESS. Der eine Film: JUD SUESS. (.) (setzt sich zurück) Wir haben uns den Film angeschaut. Der war ein bisschen traurig, sage ich dann mal. Endete ja auch traurig. Aber (…) Ich persönlich (Hände zeigen auf sich), mir hat der Film, wenn ich ganz ehrlich bin, in verschiedenen Szenen nicht so gut gefallen, weil man eigentlich nicht verstanden hat, was die damit ausdrücken wollten. Das hat man eigentlich erst nach dem Krieg, wie die Presse das so veröffentlicht hat/ Dann hat man erst nachgedacht. Mit 16 denkt man nicht. Mit 17 (!) denkt man da nicht, ne? Und mit 15 erst recht nicht.*

---

305 Saarländische Landeszeitung, 18. 10. 1940.
306 S. o.
307 Saarländische Landeszeitung, 19. 10. 1940.
308 S. o.

Was waren das für Szenen im Film?

Haßteufel: Der/ Der Film JUD SUESS, das war ein richtiger Propagandafilm. Also (…) jetzt verst/ Ne? Wie alles herum war, ne? Da sind die Szenen gekommen. Man hat auch das zwar gemerkt, aber man hat es nicht/ Ich (!) (Gestik) habe das nicht aufgenommen, dass sie direkt so (.) judenverachtend und (.) ist. (…) Wissen Sie, was ich meine? Das hat/ Das war nicht drin. Das hat man erst anschließend/ Da sind wir sogar mit der Schule rein, in JUD SUESS, ne, weil das war (.) ein Propagandafilm. Das sollte ja ein Aufklärungsfilm sein. Uns aufklären, wie böse die Juden sind. Weil die hatten ja das Geld. Und in denen sind die natürlich noch in dem Film ja auch dementsprechend, nehme ich mal an, noch größer dargestellt worden, als wie das in Wirklichkeit war, ne?«[309]

Erzählinseln zu Propagandafilmen sind selten anzutreffen. Elfriede Haßteufel aus Oberlinxweiler bildet da eine Ausnahme, auch im Hinblick darauf, dass sie dieses Thema aus eigener Initiative im Gesprächsverlauf aufgreift. Nach einer summarischen Aufzählung bekannter Schauspieler aus den Kriegsjahren dienen die Namen »Veit Harlan« und »Kristina Söderbaum« als Stichwortgeber, um über den Film JUD SÜSS zu erzählen. Zunächst argumentiert Haßteufel allgemein in Bezug auf die Verurteilung Veit Harlans und Kristina Söderbaums nach dem Zweiten Weltkrieg aufgrund deren Zusammenarbeit mit den Nationalsozialisten. Elfriede Haßteufel rechtfertigt sich, indem sie betont, nichts von der Propaganda der Nationalsozialisten gewusst zu haben. Mit ihrer nachdrücklichen Distanzierung endet ihre ungewöhnlich lange Erzählinseleröffnung.

Nun betont Haßteufel das kollektive Rezeptionserlebnis und ordnet sich in die soziale Gruppe derer ein, die Propagandafilme in den Kriegsjahren gesehen haben. Die thematische Einführung in den Filmplot beschränkt sich auf dessen emotionalen Gehalt: »Der war ein bisschen traurig, sage ich dann mal. Endete auch traurig.«[310] Wichtiger als der Inhalt ist ihr die Bewertung des Films, und so distanziert sich Haßteufel von ausgewählten Filmsequenzen aufgrund des sich ihr verschließenden Sinns. Damit deutet sie ein gestörtes Rezeptionserlebnis an, ohne dies näher zu erläutern, und betont, dass sie die propagandistischen Zusammenhänge erst nach dem Krieg verstanden habe. Somit gebraucht sie zum wiederholten Male eine Rechtfertigungssequenz, die sie weiter verstärkt, indem sie ihr junges Alter zum Zeitpunkt der Rezeption betont. Dies erfährt jedoch im Folgenden eine korrektive Einschränkung: »Man hat auch das zwar bemerkt. Man hat das nicht/ Also ich habe das nicht so aufgenommen«.[311] Nach dieser erneuten Verteidigung nennt Elfriede Haßteufel nun konkret die

---

309 Interviewausschnitt Elfriede Haßteufel (geb. 1927), aus Oberlinxweiler.
310 S.o.
311 S.o.

Gruppe, mit der sie den Film gesehen hat: ihre Schulklasse. Und damit finden sich Parallelen zu Franz-Josef Denis' Aussagen. Politische Rahmeneinflüsse hängen somit eng mit sozialen Gruppen zusammen, wie in diesem Fall die Schulklasse. Haßtenteufel schließt ihre Erzählinsel mit Überlegungen zur antisemitischen Propaganda im Film ab. Es wird deutlich, wie stark die Reflexionsebene in diesem Erzählbeispiel überwiegt. Hybride Strukturen zwischen Rezeptionswelt und Filmwelt entstehen deshalb nicht. Die Erzählinsel dient schlussendlich dazu, aufzuzeigen, dass die Erzählerin sich der nationalsozialistischen Propaganda damals nicht bewusst gewesen sei. Aus der Retrospektive heraus kommt zudem eine gesellschaftskonforme, negative Wertung des gesehenen Films hinzu.

An späterer Stelle im Interview kommt Elfriede Haßtenteufel wieder auf das Thema Propagandafilm zurück.[312] Ihr Elternhaus habe damals den Propagandafilmen kritisch gegenübergestanden, auch wenn ihr niemand erklärt habe, warum dies so sei: »Bei Propagandafilmen war meine Mutter gar nicht so zu haben. Mein Vater auch nicht. (…) Also irgendwie/ Da war ein großer Abstand. Das wollte die gar nicht.«[313] An dieser Stelle des Interviews reflektiert Elfriede Haßtenteufel, in welcher Form sie allgemein die antisemitische oder rassistische Propaganda der Nationalsozialisten gespürt habe. Sie besuchte eine Haushaltsschule in Neunkirchen. »Da musste man erst den arischen Nachweis erbringen, um diese Schule zu besuchen.« Daran könne sie sich noch erinnern: »Arier, das waren die ›echten‹ Deutschen!«[314]

Dies ist charakteristisch für den politischen Rahmen der Erinnerung. Das Bewusstsein für die NS-Propaganda außerhalb des Kinos ist bei den Befragten stärker ausgeprägt als für Filmpropaganda. Dieser aus heutiger Perspektive belastete Rahmen lässt zwei wesentliche Mechanismen des Umgangs in den Erzählinseln entdecken: das Ausblenden beziehungsweise Verschweigen von Propaganda im Film oder Rechtfertigungsstrategien. Letztere sind derart stark ausgeprägt, dass der Filminhalt als solcher für die Erzählung häufig keine Rolle mehr spielt. Die Reflexionsebene überlagert die Geschichtenebene und damit den Erzählgegenstand der Kinoerinnerung. Die nachträgliche Distanzierung vom Gesehenen aufgrund des heutigen gesellschaftlichen Konsenses lässt es zudem nicht zu, eindeutige Hetzfilme auch aus damaliger Perspektive heraus gutzuheißen. Dies gilt ebenso stellvertretend für andere Gruppenmitglieder, beispielsweise die Familie, und führt dazu, dass die negative Einstellung der Eltern zum Propagandafilm ebenfalls besondere Erwähnung findet, wie es in Elfriede Haßtenteufels Erzählung der Fall ist.

---

312 Interviewausschnitt Elfriede Haßtenteufel (geb. 1927), aus Oberlinxweiler.
313 S. o.
314 S. o.

Doch wie verhält sich der Umgang mit Filmen, die heute innerhalb der Generation nicht offensichtlich mit der NS-Propaganda verbunden werden? Im nächsten Abschnitt wird exemplarisch das Erzählen über den beliebten und häufig erinnerten Film DIE GOLDENE STADT unter Berücksichtigung der latenten Propaganda untersucht.

d)   Über die Vergoldung der Kinoerinnerung

»(…) Sieh mal, die Stadt – die lassen wir den Leuten, die da leben müssen. Wir sind da auf dem Land; geh'n ja so viele Menschlein vom Land in die Stadt; denken, da liegt das Geld auf der Straße. Die können aber auf dem Pflaster gar nicht leben, weil sie da nicht geboren sind. Sie werden alle unglücklich.«[315]

In obigem Filmzitat warnt der Vater seine Tochter Anna vor dem großen Unglück, das in der Stadt auf sie wartet. Der in Agfacolor gedrehte Ufa-Film erzählt die Geschichte der Gutstochter Anna, die in der fernen, großen Stadt Prag ihr Glück sucht und sich am Ende gescheitert im Moor Selbstmord begeht. Das 1942 uraufgeführte Melodram lässt sich in die Blut-und-Boden-Ideologie der Nationalsozialisten einordnen, insbesondere in die Propagandapolitik gegen die Landflucht.[316] DIE GOLDENE STADT gehört zu den am häufigsten von der gefragten Generation genannten Filmerinnerungen:

»Sagt Ihnen der Name ›Die goldene Stadt‹ etwas?

Schubmehl: Da war ich drin, in dem!! Das weiß ich jetzt! Da war ich drin. Ja. Prag.

Können Sie sich da noch dran erinnern? (Überlappung)

Schubmehl: In dem war ich drin! (Überlappung)

Weil der Name fällt öfter.

Schubmehl: Ja, ja! Das war damals etwas ganz Besonderes, der Film. Und dann stürmt ja alles hin!

Können Sie da noch an Begebenheiten erinnern oder an Bilder?

Schubmehl: (.) Eigentlich nicht. Ich weiß nur, es waren schöne Bilder und schöne Bauten. Prag ist ja eine schöne Stadt. Das weiß ich noch. Aber sonst (…) Schade. Dass ich Ihnen nicht helfen kann! Ich weiß wirklich/ Ich habe alles vergessen.«[317]

Die Nennung des Films erweckt bei Hilde Schubmehl euphorische Reaktionen, was sich in ihren akzentuierten Ausrufen zeigt und auch darin, dass sie der Fragestellerin ins Wort fällt. Das erste Indiz, das sie mit dem Film verbindet, ist

---

315 S. o.
316 Burger, Lara: Propagandistische Kunst oder künstlerische Propaganda?. Norderstedt 2011.
317 Interviewausschnitt Hilde Schubmehl (geb. 1926), aus Oberlinxweiler.

der Name der Stadt: Prag. Repräsentiert durch den Hinweis »alles« ist ihr zudem die große Beliebtheit des Streifens für die befragte Generation wichtig.[318] Dennoch: Zu einer in sich geschlossenen Erzählinsel mit einer Binnenhandlung kommt es nicht. Geblieben sind in Fragmenten die Pracht der Stadt Prag und die damit verbundenen positiven Emotionen.

In Elfriede Haßtenteufels Erinnerungen mischen sich in die ihre Euphorie Hinweise auf den Kontext der Filmhandlung.

> »Oh! Filme? (…) DIE GOLDENE STADT, da war die von/ Ja. (…) DIE GOLDENE STADT hat von Prag gehandelt. Und das war die Christina Söderbaum und der Veit Harlan mit/ Das war der Regisseur. Dies sind ja/ Nach dem Krieg ist der ja sogar irgendwie verurteilt worden wegen diesem Film. Das war auch/ Der hat auch diesen Film JUD SUESS gemacht und dann nachher DIE GOLDENE STADT. Aber/ Ich kann den/ (…) Der war so prächtig gemacht, so dass das/ Die goldene (!) Stadt. Da hat man die Pracht (!) von der Stadt gesehen, so dass die Handlung an für sich, weiß ich gar nicht. Weil das hat einen weniger interessiert in dem Film, sondern das, was man an Sehenswürdigkeiten gesehen hat in dem Film. Das war halt eben. Jeder: ›Oh, dann seht ihr mal die goldene Stadt, die goldene Kuppel!‹ Da sind die Leute hin. Das wollten/ Die Leute wollten die Stadt sehen in dem Film, ne. Also ich weiß gar nicht/ ich weiß nur, dass die Kristina Söderbaum ins Wasser ist. Also dass/ Ja! Die Liebesgeschichte ist schlecht ausgegangen. Das ist das, was ich noch von dem Film weiß.«[319]

Wie bereits in ihrer Erzählinsel zu JUD SÜSS behält Haßtenteufel die Reflexionsebene zur Propaganda bei und ist die Einzige, die den Film explizit innerhalb des Bezugsrahmens nationalsozialistischer Ideologie einordnet.[320] Doch die Hintergründe hierfür analysiert sie in ihrer Filmerinnerung nicht. Die Erzählerin beschreibt DIE GOLDENE STADT mit den Augen einer Touristin. Dabei hängen ihre Erinnerungen an den Film eng mit dem colorierten Bild zusammen. Der überwältigende visuelle Eindruck der goldenen Farbe überdeckt den Plot der Geschichte, damals wie auch noch zum Erzählzeitpunkt. Dies unterstreicht sie zusätzlich durch den Ausruf in wörtlicher Rede, der in Form eines kollektiven Staunens einen deutlichen Bezug zum sozialen Rahmen beinhaltet. Im Gegensatz zu vielen anderen Filmerinnerungen erinnert sich Elfriede Haßtenteufel an das tragische Ende des Films. Der Suizid der Hauptfigur bildet als wesentlicher Teil der Filmhandlung den Gegenpol zur zuvor beschriebenen Pracht Prags. Am Ende ihrer Filmerinnerung stehen somit zumindest subtil Bezüge zur latenten Propaganda, indem sie die schwerwiegenden Folgen der Landflucht im Sinne der nationalsozialistischen Blut-und-Boden-Ideologie andeutet.

---

318 S. o.
319 Interviewausschnitt Elfriede Haßtenteufel (geb. 1927), aus Oberlinxweiler.
320 S. o.

»*Sicks: Da ist Prag gezeigt worden und/ Was genau, weiß ich gar nicht mehr so. Auf jeden Fall war eine ein bisschen freizügige Szene da, ne, und deshalb durfte man erst ab 18 dort hinein. Und da ja die HJ damals kontrolliert hat, Ausweise kontrolliert hat während dem Kino, ne, und dann hat man dort gehockt mit Herzklopfen, ne. Da hat man gedenkt: ›Jetzt kommt einer!‹ Ne. Wer dann ein bisschen klein war, der ist dann gefragt worden, ne. Da haben sie gemeint, der wäre nicht alt genug. Wie das so war damals. Ne.*

Sie sind damals reingekommen?

Sicks: Wir sind rein gekommen. Ja, aber waren auch nicht alt genug. (lacht)«[321]

Sicks' Erinnerungen an den Film DIE GOLDENE STADT beleuchtet ebenfalls die Welt der Rezeption, aber im Gegensatz zu anderen Erinnerungen konzentriert sie sich nicht auf die imposanten Filmbilder. Einzig eine »freizügige Szene« wird angedeutet, um die Altersfreigabe ab 18 Jahre zu begründen.[322] Ihr Augenmerk liegt auf dem durch die Hitler-Jugend überwachten Rezeptionserlebnis. Der Film war am 7.8.1942 von der deutschen Zensur mit dem Jugendverbot versehen worden.[323] Nachdrücklich erzählt Sicks, durch Wiedergabe ihrer Gedanken, die beängstigende Situation im Kinosaal. Diese Emotionen überdecken das gesehene Bild auf der Leinwand. Das Durchschreiten der Grenze zur Filmwelt als Form der Reise in eine andere Welt spielt in ihrer Erinnerung keine Rolle und folglich lässt sich auch kein Hinweis auf Propaganda im Film finden. Sicks nennt in ihrer Filmerinnerung explizit die nationalsozialistische Jugendorganisation als Kontrollinstanz, die Einfluss auf ihr Kinoerlebnis nahm. Somit geschieht hier die Verbindung zum Rahmen des Nationalsozialismus nicht über den Filminhalt oder das Strafverfahren nach dem Zweiten Weltkrieg, sondern über die ideologische Gruppe. Da ihr die latente Propaganda nicht bewusst scheint, finden sich auch keine Rechtfertigungssequenzen, wie es bei Erinnerungen an nationalsozialistische Hetzfilme oftmals der Fall ist.

»Vergib mir, Vater, dass ich die Heimat nicht so sehr liebte wie du«, so lautet Annas letzte Botschaft an ihren Vater.[324] In der Intention des Regisseurs verkörpert die ländliche Umgebung den positiven Gegenpol zur menschenfeindlichen Stadt voller Gefahren. Doch in der retrospektiven Erinnerung ereignet sich genau der umgekehrte Fall. Das Land, den die Protagonistin Heimat nennt, wird in den analysierten Filmerinnerungen komplett ausgeblendet. Die fremde Stadt Prag erscheint nicht unheilvoll, sondern wird im Gegenteil als touristisches Reiseziel empfunden und erfährt dadurch in der Retrospektive eine zusätzliche Vergoldung. Dies steht konträr zum Filminhalt. Es fällt beispielsweise kein böses

---

321 Interviewausschnitt Lieselotte Sicks (geb. 1928), aus Oberlinxweiler.
322 S. o.
323 Zensur (DE): 07.08.1942, B.57464, Jugendverbot (Quelle: http://www.filmportal.de/film/die-goldene-stadt_113a6ae95ab9426f93fe66c28f80985e, Stand: 8.4.2014).
324 S. o.

Wort über die Stadtbevölkerung, sprich über die Tschechen. Das tragische Ende des Films ist nur bei Elfriede Haßtenteufel in Erinnerung geblieben. Die in den Augen der Nationalsozialisten verwerfliche Landflucht und damit der Verrat an der Heimat bezahlen Anna und ihr ungeborenes Kind mit dem Tod. Am Ende aber finden gerade die Filmbilder aus Prag einen Platz im Gedächtnis der reisehungrigen Generation, die rassistischen Untertöne der Blut-und-Boden-Ideologie bleiben häufig unerzählt.

Drei Interviewausschnitte, drei unterschiedliche Arten des Umgangs mit dem Film DIE GOLDENE STADT. Dies zeigt noch einmal deutlich, wie individuell sich die Perspektive auf den Erinnerungsgegenstand gestaltet. Auch wenn alle drei Erinnerungen durch Ausblendungen des propagandistischen Inhalts geprägt sind, zeigen sich diese Ausblendungen in Abstufungen. Während in Hilde Schubmehls Erinnerung der Rahmen zum Nationalsozialismus völlig fehlt, finden sich in Elfriede Haßtenteufels Erzählung Hinweise auf den propagandistischen Hintergrund des Films. In Sicks' Beispiel zeigt sich der Einfluss des Nationalsozialismus in anderer Funktion, nämlich in Form der Kontrollen durch die Gruppe der Hitler-Jugend.

7.2.2   Kino und Krieg – Der einschneidendste Rahmeneinfluss

Im Gegensatz zur Saarabstimmung sind Erfahrungen aus dem Zweiten Weltkrieg, insbesondere das Kriegsende, noch in deutlicher Erinnerung bei der befragten Generation und werden aus heutiger Sicht häufig lebendiger erzählt als Kinoerinnerungen. Dies hat sicherlich damit zu tun, dass Kriegserlebnisse emotionale Einschnitte in der Biografie der Erzähler darstellten, zum Teil auch lebensbedrohliche Situationen einnahmen. In der Kreisstadt wurde 1938 eine Kaserne eingerichtet und mit fortschreitenden Kriegsjahren prägten immer mehr Soldaten das Stadtbild.[325] Spätestens mit den häufigen Fliegeralarmen kam der Krieg in St. Wendel an: »Ab Spätsommer 1944 flogen die Alliierten ziemlich oft Angriffe gegen den St. Wendeler Raum. Im Stadtgebiet galten sie oft vor allem den Bahnanlagen einschließlich des Ausbesserungswerkes; zerstört und beschädigt wurden denn auch vor allem sie und Bauwerke in ihrer näheren Umgebung. Die ständige Bedrohung aus der Luft hielt bis zum Einmarsch der Amerikaner an.«[326]

Im Folgenden wird untersucht, wie sich die historischen Rahmeneinflüsse des Kriegs in den Kinoerinnerungen widerspiegeln. Der erste Teil dieses Kapitels befasst sich konkret mit der Beziehung Kinobesuch und Krieg. Im zweiten Teil

---

325 Schumann, Franz-Josef: Heimatbuch des Landkreises St. Wendel. St. Wendel 1994, S. 169 ff.
326 Kretschmer (1994), Bd. 3, S. 488–489.

werden Erzähllinseln betrachtet, die außerhalb der konkreten Kinoerinnerung liegen, um deren Bedeutung für den Untersuchungsgegenstand aufzuzeigen.

a)   Ins Kino gehen im Krieg? – Rahmeneinflüsse auf den Kinobesuch

>*[...] Auch während der Kriegsjahre. War das auch so voll. Ja, ja. Da ist das/ (.) Ja. Da habe ich schon/ Nachher, wie ich schon geschafft habe schon, da sind wir als öfters nach Arbeitsschluss/ ›Jetzt gehen wir noch ins Kino um 8 Uhr.‹ Ja, und da gab es Fliegeralarm. Dann sind wir in die Parkstraße spazieren gegangen. Wenn es Entwarnung gab, sind wir wieder ins Kino. Dann ist es wieder weiter gelaufen. Dann gab es wieder Alarm. Dann ist man heimgegangen.*«[327]

Mit Beginn des Kriegs enden die Kinoerinnerungen nicht sofort. Wie an Elfriede Haßtenteufels Beispiel erkennbar ist, gehörte der Kinobesuch anfänglich noch zum Alltag der Befragten. Jedoch bildet der Fliegeralarm bereits eine nachhaltige Störung des Rezeptionserlebnisses. »Nachher, wie die Flieger so oft gekommen sind, da sind wir ins Kino nicht mehr gegangen.«[328] Ilse Caspari markiert das Ende ihrer Kinobesuche in den Kriegsjahren mit der Ankunft der Flieger. Die Kampfflugzeuge stehen in diesem Zusammenhang für die erste direkte Bedrohung der Lebenswelt der Befragten während des Zweiten Weltkriegs. Die einzige Ausbruchsmöglichkeit aus dem familiären Rahmen endete damit abrupt mit den veränderten Lebensbedingungen. »Ins Kino gehen, das war das Einzige. Dann ist ja dann nachher der Krieg angegangen.«[329] Der Bruder sei im Krieg gewesen und sie habe »schaffen müssen wie ein Mann, obwohl man noch in der Schule war«. Caspari ist zu dieser Zeit wenig unter Leute gekommen. »Das haftet ein Leben lang an den Leuten. Wir waren immer daheim. Das war ein Hemmschuh.«[330] Ilse Caspari betrachtete damals das Kinoerlebnis als ein Stück Freiheit. Dies zeigt die Bedeutung des Kinobesuchs für viele auf, insbesondere für weibliche Befragte, und es macht deutlich, wie einschneidend diese Änderung mit dem Zweiten Weltkrieg für sie gewesen sein muss. Helene Schubmehl ist in den Kriegsjahren noch zur Schule gegangen und hat keine Filmvorführungen gesehen. Viele Befragten gingen nicht mehr auf die Straße, so dass sich der Bewegungsradius noch weiter einschränkte. Die Vorstellungen seien meistens für Soldaten aufrechterhalten worden. Damit gibt Schubmehl einen Hinweis auf eine neue Zielgruppe des Kinos: die Soldaten. »Damit die mal etwas anderes gesehen haben.«[331] Der nächste Abschnitt befasst sich mit der veränderten Atmosphäre im Kino resultierend aus der veränderten Zusammensetzung des Kinopublikums.

---

327 Interviewausschnitt Elfriede Haßtenteufel (geb. 1927), aus Oberlinxweiler.
328 Interviewausschnitt Ilse Caspari (geb. 1927), aus Oberlinxweiler.
329 S. o.
330 S. o.
331 Interviewausschnitt Helene Schubmehl (geb. 1929), aus Oberlinxweiler.

b)   Die Welt des Kinos unter Beobachtung

> »[...] Da war Ruhe. Im Kino war absolute Ruhe. Zu unserer Zeit, ne? (zeigt auf sich) Also
> da war Stille. Ja, man hat mal gelacht, wenn es etwas zum Lachen war, aber sonst war da
> absolute Stille gewesen. Im Krieg erst recht. (hmm) Da hat ja auch immer draußen (.) das
> war die letzten [19]44, [19]43 noch nicht so, [19]44/ (...) Da haben meistens noch zwei
> Soldaten gestanden. (...) Und die hatten solche (zeigt Position der Kette), wie soll ich
> sagen, Ketten umhängen mit einen großen Schild. Da hat drauf gestanden: ›Feldjäger‹.
> (hmm) Die sind/ Eigentlich waren die angesetzt auf Soldaten, die (.) das Heer verlassen
> haben, also die wo weg sind, ne? Die haben die/ die haben uns (!) nicht kontrolliert, ne?
> Aber vor denen hatte man trotz allem Respekt! Wenn die nur schon da gestanden haben.
> Dann hat man schon: ›Oje! Die Feldjäger sind da!‹, ne? (...)«[332]

Mit dem Auftauchen der Soldaten im Kinosaal änderte sich die Rezeptionsatmosphäre, die Elfriede Haßtenteufel in Form einer veränderten Akustik umschreibt. Der Einzug der Stille steht konträr zum audiovisuellen Eindruck des Rezeptionserlebnisses. Haßtenteufel ergänzt die angespannte Atmosphäre durch ein weiteres Detail, indem sie von den Soldaten der Wehrmachtspolizei vor dem Kino erzählt, die ein Schild »Feldjäger« an Ketten um den Hals trugen. »Respekt hatte man vor denen.«[333]

> »Dann hat/ War jeder ruhig und still. Da hat man schon/ Irgendwie war das ein bisschen
> unheimlich. (...) Und dann/ Die haben sich dann so (zeigen), wenn wirklich Männer da
> waren, rausgepickt, wo eventuell hätten können Soldaten sein können und laufen da in
> Zivil rum. Ja, ja. Die haben die scheinbar scharf beobachtet. Wenn die da waren, dann
> war es immer ein bisschen anderes Gefühl gewesen. Aber sonst war eigentlich große
> Disziplin im Kino. Muss man schon sagen.«[334]

Allein der Anblick der Soldaten bereitete ihr damals große Angst. Wie emotional diese Kinoerinnerung war, lässt sich erahnen, wenn die Aufgaben der Feldgendarmen im Zweiten Weltkrieg vor Augen führt werden. Nach dem Motto »Der Soldat kann sterben, der Deserteur muss sterben!«[335] wurden unzählige »Fahnenflüchtige« erschossen. Somit ist Elfriede Haßtenteufels Erzählung ein charakteristisches Beispiel dafür, wie einschneidend mit dem Krieg verbundene Ereignisse wie die Kontrollen der Feldjäger auf die Atmosphäre des Kinobesuchs und die Rezeption einwirkten.

---

332 Interviewausschnitt Elfriede Haßtenteufel (geb. 1927), aus Oberlinxweiler.

333 S. o.

334 S. o.

335 Dieckmann, Christoph: Manneszucht. Online unter: http://www.zeit.de/2007/27/Mannes
zucht (Stand: 8.4.2014).

c) Zwei Phasen der Kinogehfrequenz

Kriegsereignisse wirken sich nachhaltig auf die Frequenz des Kinobesuchs und die Atmosphäre im Saal aus. Es lassen sich zwei Phasen erkennen: Zu Beginn des Kriegs stellte Kino einen willkommenen Gegenpol zum Alltag der Befragten dar. In den Erinnerungen der Frauen war der Krieg nur indirekt spürbar, beispielsweise weil Familienmitglieder eingezogen waren und immer mehr Soldaten das Stadtbild prägten. Letztere wurden das neue Zielpublikum der Kinos und sorgten für eine angespannte Atmosphäre im Kinosaal. Die Situation in St. Wendel änderte sich maßgeblich mit dem Beginn der Luftangriffe, die ihren Höhepunkt im Winter 1944/45 fanden.[336] In der zweiten Phase des Kriegs nahm die Kinogehfrequenz entschieden ab, die Kriegsereignisse bestimmten das Leben und Überleben der befragten Generation.

d) »Als die Amis kamen« – Erfahrungsrahmen ohne Kino

Wird mit Zeitzeugen über ihre Kinoerlebnisse der Jugendzeit gesprochen, wird eines schnell deutlich: Es werden immer wieder selbstbestimmt Erzählinseln integriert, die augenscheinlich zunächst nichts mit dem eigentlichen Gesprächsthema zu tun haben. Darunter fallen vor allem Kriegsereignisse, die häufig viel lebendiger erzählt werden als Erinnerungen an Filme. Den Erzählenden sind die Geschichten so wichtig, dass sie diese aus eigener Initiative in das Gespräch einbauen. Gerade das Ende des Kriegs mit der Ankunft der Amerikaner in St. Wendel rief ein Wechselbad der Gefühle hervor. Auf der einen Seite wurde die Ankunft mit Ängsten verbunden. Helene Schubmehl beispielsweise musste ihr Haus verlassen, geprägt von Unsicherheiten, wie es weitergehen wird: »Da kann ich mich noch dran erinnern, wie der Ami kam. Das war am 19. März. (hmm) 45. Da kamen die von … ach Richtung Remmesweiler, Winterbach kamen die Amis mit den Panzern. (…) Das war schon … schon 'ne harte Zeit«, fasst sie zusammen.[337] Auf der anderen Seite überwogen positive Gefühle. »Es ist vorbei!« Diese erlösenden Ausrufe finden sich in vielen Erinnerungen zum Kriegsende. Sie habe nun keine Angst mehr vor den Fliegern zu haben brauchen, betont Ilse Caspari.[338] Die Ankunft der amerikanischen Armee und die anschließende Kapitulation der deutschen Wehrmacht bedeutete das Ende einer angstvollen Zeit, gerade auch für die damals noch junge Generation.

»[…] Und dann sind nachher sind die Amis/ sind die ›Hohl‹ da runter gekommen (zeigt in deren Richtung), die Straße runter gekommen, rechts und links sind sie marschiert

---

336 Kretschmer (Bd. 3, 1986), S. 489–490.
337 Interviewausschnitt Helene Schubmehl (geb. 1929), aus Oberlinxweiler.
338 Interviewausschnitt Ilse Caspari (geb. 1927), aus Oberlinxweiler.

und (…) sind dann in die Häuser gekommen überall hinein. Sind sogar mit bis in den Keller, wo wir da waren. Wo die Leute geschlafen haben dann. (…) Ja. Das sind so Erinnerungen und Bilder(!), die vergisst man nicht. (…) Und dann hat man morgens und abends/ hat man müssen da runter gehen und hat müssen das Vieh versorgen. (…) Und wenn dann/ Man kann sagen, da hat man ja fast die ersten Schwarzen so richtig gesehen, ne. Dann, wie die Amis dann da waren, da hat man müssen oben ins Dorf. (zeigt in die Richtung) Haben wir ganz müssen hier raus. Und da war/ Es war wunderbar Wetter. Da haben wir dort vor der Türe gesessen. Und dann sind die großen Autos vorbei gefahren mit den Sold/, also mit den Amerikanern und die Schwarzen da drauf. Also das war ja alles etwas, was man noch nie gesehen hat, ne. Das war schon/ (…) Aber wenn nur so nichts mehr kommt! (…) Kann man nur sagen, ne.«[339]

Ilse Casparis Erinnerungen an die Ankunft der Amerikaner sind ein gutes Beispiel dafür, wie Erzählinseln außerhalb des Kinos eine viel wichtigere Rolle in der Lebenserinnerung einnehmen als Erinnerungen die Filmrezeption. Ilse Casparis Erzählung ist geprägt von vielen Details zum Ablauf und Setting. Selbst welches Wetter an diesem Tag herrschte, erinnert sie noch. »Das sind Bilder, die vergisst man nicht«, betont sie.[340] Ihre Erinnerungen besitzen noch aus der Retrospektive heraus eine starke visuelle Kraft. Diese werden ferner verstärkt durch völlig neue Eindrücke, zum Beispiel der erste Kontakt mit schwarzen amerikanischen Soldaten. Ähnlich detailreiche Sinneseindrücke finden sich in keiner der Kinoerzählungen von Ilse Caspari, die Kriegserfahrungen in ihrer visuellen Kraft überlagern ihre Kinoerinnerungen. Dies zeigt sich sowohl in der Länge beziehungsweise dem Detailreichtum als auch in der Häufigkeit der Erzählinseln zum Krieg.

Mit Abnahme der Kinogehfrequenz gegen Ende des Kriegs traten andere Ereignisse in den Mittelpunkt des Lebens der Befragten und dadurch auch in den Fokus der Erzählinseln. Was im Rahmen einer Erzählinsel versprachlicht wird, ist bedeutsam für den Sinnhorizont des Erzählers. So stellen Kinoerinnerungen ohne Kino in Form von Erzählinseln einen bedeutsamen Teil des erinnerten Lebenszusammenhangs dar und beeinflussen auch im Sinne einer Kontextualisierung die Kinoerinnerungen. Kriegserinnerungen bilden einen wesentlichen einschneidenden Rahmen der Erfahrung für die vorgestellten Welten der Kinoerinnerung, um diese so in einen größeren Zusammenhang der Generation einordnen zu können. So wurde die wieder auflebende Kinogehkultur in den provisorischen Saalbau-Lichtspielen im Gesellenhaus nach dem Zweiten Weltkrieg zum Zeichen der langsam einkehrenden Normalität.

Ein weiterer Rahmen der Kinoerinnerung bildet die Lebensbiografie des Erzählers. Um weitere Hinweise auf die Bedeutung des Kinobesuchs in der Jugendzeit herausarbeiten zu können, muss dessen Bedeutung im Wandel der

---

339 S. o.
340 S. o.

Lebensbiografie berücksichtigt werden. Maurice Halbwachs geht von einer relationellen Vorstellung der sozialen Bezugsrahmen aus, die sich je nach Situation und Zeit ändern und somit das Gedächtnis beeinflussen.[341] Ausgehend von der Veränderbarkeit der Rahmen nach Halbwachs wird im Folgenden der Kinobesuch im Lebenslauf untersucht.

7.2.3 Der veränderbare Rahmen oder die Bedeutung des Kinobesuchs im Lebenslauf

Dieses Kapitel beleuchtet die Bedeutung des Kinobesuchs entlang der Lebensbiografie, beginnend mit der Kindheit und dem ersten Kinobesuch über die Jugendzeit bis hin zum Zeitpunkt des Interviews.[342] Von besonderer Bedeutung sind dabei markante Punkte in der Kinogehfrequenz, d. h. Wendepunkte der Zu- und Abnahme der Häufigkeit der Kinobesuche. Dabei wird Halbwachs' wichtigste und stabilste Gruppe, die Familie, näher untersucht.[343] Wie beeinflusst diese den Bezugsrahmen des Kinobesuchs im Leben? Welche sprachlichen Hinweise dazu finden sich in den Erzählinseln? Dieses Kapitel endet chronologisch betrachtet mit der Untersuchung des letzten Kinobesuchs.

a) Der familiäre Rahmen des Kinobesuchs

Es sind meist Familienmitglieder, die die Befragten zum ersten Mal mit ins Kino nahmen. Bei Walter Schmitt war es der Onkel, der ihn zu seinem ersten Film einlud, Elfriede Haßtenteufel sah ihren ersten Film mit ihren Eltern an. Damit ist die Familie diejenige Institution, die der befragten Kinojugend damals die Tür zur Welt des Films öffnete. Die Kehrseite bedeutete jedoch, dass das Elternhaus, noch lange vor dem Kartenhäuschen, die wichtigste Kontrollinstanz in Bezug auf den Kinobesuch verkörperte:

> »Wir sind ja nur ins Kino gegangen, wenn wir das Kinogeld bekommen haben, ne. ›Wer geht noch mit?‹ ›Ei, der geht noch mit und der geht mit.‹ (Waltraud Schmidt im Hintergrund, nachahmend vorwurfsvoll: ›Willst du wieder ins Kino gehen?!‹)«[344]

---

341 J. Assmann (2013), S. 42.

342 Elisabeth Prommer hat mit ihrer Publikation »Der Kinobesuch im Lebenslauf« wichtige Forschungsarbeit in diesem Feld geleistet. Vgl. Prommer (1999).

343 Halbwachs, Maurice: Das Gedächtnis und seine sozialen Bedingungen. Frankfurt 1985, S. 373.

344 Interviewausschnitt Waldtraud Schmidt (geb. 1932), aus Niederkirchen, und Ilse Kraushaar (geb. 1932), aus Oberkirchen.

Dieser Gesprächsausschnitt zeigt deutlich die Einflussnahme der Familie auf den Kinobesuch. Sowohl Waltraud als auch Martin Schmidt ist der gewöhnliche Ablauf solcher Dialoge, oder genauer Verhandlungen, mit den Eltern in lebendiger Erinnerung. Deren Abhängigkeit von der Gunst der Eltern manifestiert sich in Form der Herausgabe des Kinogelds. Waltraud Schmidt imitiert an dieser Stelle die Reaktion ihrer Eltern nicht nur in wörtlicher Rede, sondern auch in der Art ihrer Intonation. Ihr Ausruf deutet darauf hin, dass insbesondere die Häufigkeit des Kinobesuchs reglementiert wurde. Ob dies rein monetäre Gründe hatte oder ob die Eltern nicht wollten, dass ihr Kind zu oft ins Kino ging, bleibt an dieser Stelle unbeantwortet. Martin Schmidts Dialog mit den Eltern deutet auf ein weiteres Kriterium, das den Kinobesuch beeinflusste: die Mitgänger. Sie beeinflussten die Entscheidung der Eltern mit.

Walter Schmitt und Franz-Josef Denis stammen aus bildungsbürgerlichen Familien, die dem Kinobesuch kritisch gegenüberstanden. »Vielleicht lag es daran, dass, also, Filme gezeigt wurden, die mehr so der Unterhaltung dienten, nicht, die also für Jugendliche doch nicht das Richtige waren, nicht. Die Jugendlichen hatten damals anderes zu tun. Mussten lernen, nicht, gell u.s.w.«[345] Walter Schmitt sah die Ursache darin, dass im Kino meist Unterhaltungsfilme gelaufen seien. Somit kommt noch ein weiteres Entscheidungskriterium hinzu, ob ein Film sehen werden durfte oder nicht: das Genre. Er sei »kein Kinogänger« gewesen, betont Franz-Josef Denis. Notgedrungen, denn die Eltern erlaubten es ihm selten:

»Ich muss ehrlich sagen. (...) Man (...) hat da überhaupt kein Problem damit gehabt. Man war zu Hause einfach so erzogen. Und wenn ich mal, weil die Mitschüler gesagt haben ›Wir gehen heute Mittag ins Kino. Da wird irgend ein Film gespielt vom – was weiß ich – vom Fußball – oder sonst was-.‹ und ich habe das dann zu Hause erwähnt, da hieß es: ›Ach, das ist nicht so. Da brauchst du nicht hin zu gehen.‹ Aber man hat das nicht als/ gar nicht empfunden als irgendwelche Unterdrückung. Das war alles normal. Das war so. Man war von klein auf so erzogen. Und solche Dinge wirken sich auch noch aus bis weit ins hohe Alter. (lacht)«[346]

Die Einstellung der Eltern damals wirkte sich nachhaltig auf den medienbiografischen Lebenslauf von Franz-Josef Denis aus, denn er gehe auch heute nicht oft ins Kino. Die Filme, die er dennoch in seiner Kindheit gesehen hat, blieben bedingt durch ihre Rarität besonders in Erinnerung. Dies gilt beispielsweise für den Film DER ABTRÜNNIGE. »Das war auch ein Film wegen dieses Inhalts und des Themas, den meine Eltern dann (.) mir erlaubt haben zu sehen.«[347] Es wird

---

345 Interviewausschnitt Walter Schmitt (geb. 1915), aus St. Wendel.
346 Interviewausschnitt Franz-Josef Denis (geb. 1927), aus St. Wendel.
347 S.o.

deutlich, dass die Elternhäuser von Walter Schmitt und Franz-Josef Denis stärker aus inhaltlichen Gesichtspunkten den Kinobesuch einschränkten.

Bei den weiblichen Befragten spielt ein weiterer Gesichtspunkt eine Rolle: In ihren Erzählungen wird deutlich, dass sie als Mädchen kaum aus ihrem familiären Umfeld herauskamen. »Ich bin gar net oft ins Kino gegangen. Ich ging gar net oft fort«, betont Helene Schubmehl.[348] Somit bedingen die gesellschaftlichen Rahmenbedingungen stark das Kinogehverhalten der Generation. In vielen Interviewstellen wird deutlich, dass das Kino meist die einzige Möglichkeit war, diesem engen familiären Rahmen temporär zu verlassen. »Man hat ja sonst nichts gehabt. Und wenn man einen schöner Film war. Warum nicht? Das ist man schon gerne reingegangen«, beschreibt Hilde Schubmehl und betont, dass das Kino eine Abwechslung zum Alltag gewesen sei.[349] In Ilse Casparis Erzählungen kommt vor allem das Gemeinschaftliche am Kinobesuch zum Ausdruck: »Die Wege (zum Kino) waren immer schön. (...) Das war Gesellschaft.«[350] Damit bildet die Gruppe der Kinogehclique einen Gegenpol zum Elternhaus. Das Ins-Kino-Gehen als sozialer Akt symbolisiert eine Form der Liberalisierung vom Elternhaus.

Die Auswertung des Rahmens der Familie in der Kindheit und Jugendzeit hat gezeigt, dass dieser einen wichtigen Einfluss auf die Kinoerinnerung einnimmt. Es ist somit notwendig, die Familienhintergründe in die Analyse zu integrieren, um das Erzählte einordnen und auswerten zu können. Was erinnert wird, ist stark abhängig von den Möglichkeiten, das Kino zu besuchen und vor allem welche Einstellung die Eltern zum Kino besaßen. Familieneinstellungen beeinflussen die gesamte Medienbiografie. Dass Zeitzeugen wie Franz-Josef Denis immer noch nicht häufig ins Kino gehen, zeigt, wie prägend Medienerfahrungen aus der Jugendzeit sind. Dabei sind die Kinoerinnerungen meist nicht nur von einer Gruppe alleinig beeinflusst, sondern Instanzen wie die Kirche, Schule und parteipolitische Gruppen, aber auch der Freundeskreis spielen eine wichtige Rolle.

Doch wie ändert sich das Verhältnis zum Kino innerhalb der Lebensbiografie? Welchen Einfluss haben sich verändernde Rahmenbedingungen auf die Kinogehfrequenz? Im Folgenden wird der Kinobesuch im weiteren Verlauf des Lebens der Befragten untersucht.

---

348 Interviewausschnitt Helene Schubmehl (geb. 1929), aus Oberlinxweiler.
349 Interviewausschnitt Hilde Schubmehl (geb. 1926), aus Oberlinxweiler.
350 Interviewausschnitt Ilse Caspari (geb. 1927), aus Oberlinxweiler.

b)   Kino, Fernsehen oder Tanzmusik? – Das Aufkommen von
        Konkurrenzveranstaltungen

Ilse Caspari beschreibt anschaulich das Ansteigen der Kinogehfrequenz in der
Nachkriegszeit:

> »*Erzählen Sie mal, was war denn das Besondere des ›Ins-Kino-Gehens‹?*
>
> *Caspari: Ei, weil sonst gar nichts war! Es war sonst gar nichts. Man ist sonntags spa-*
> *zieren gegangen und ist zusammen gegangen, aber sonst war ja nichts. Und das war*
> *auch nach dem Krieg so. Gleich nach dem Krieg war das Kino samstags. Auch wie ich*
> *schon verheiratet war. Samstags sind wir ins Kino gegangen und da hat man immer die*
> *einen und selben Leute getroffen. Das war halt/ Kino war das einzige Vergnügen, was*
> *noch war, ne. […] Und wie nachher die Tanzmusiken angegangen sind, da ist das halt*
> *weniger geworden. Ne, dann ist man nicht mehr so oft ins Kino gegangen. […]*«[351]

Das Kino gehörte als samstägliches Ritual zum Lebensalltag Casparis, bedingt
durch die fehlenden Alternativen in der Freizeitgestaltung. Sie ordnet diese Zeit
nicht nur in den historischen Kontext nach dem Zweiten Weltkrieg ein, sondern
auch in ihre eigene Biografie, indem sie betont, dass sie dieses Ritual auch nach
ihrer Verheiratung weiter durchführte. Das Aufkommen von Konkurrenzver-
anstaltungen wie der Tanzmusik lässt die Zahl ihrer Kinobesuche absinken. Zwei
weitere alternative Angebote sind in diesem Rahmen hinzuzufügen: das Theater
und Fernsehen. »Aber jetzt (…) 30 Jahre war ich schon nicht mehr im Kino. Ach,
schon länger! Aber, nachher, wenn ich/ Da bin ich ins Theater gegangen abends
nach St. Wendel. Da habe ich dort ein Abonnement gehabt«, erzählt Irma
Klein.[352] Auch Walter Schmitt wurde im Laufe seines Lebens vom Kino- zum
Theatergänger. Weit häufiger wird jedoch das Fernsehen genannt, welches das
Kino ablöste.

> »*Wo es dann nachher den ersten Fernseher gab, dann haben die Wirtschaften zuerst*
> *einen Fernseher gehabt. Und dann ist dann abends alles in die Wirtschaft gegangen für*
> *dort fernsehzuschauen. Daheim hat noch keiner eines gehabt. Da waren zwei, drei im*
> *Dorf. In jeder Wirtschaft eines und das war's dann. Dann sind die Männer dann abends*
> *dort hingegangen einen trinken, dass sie konnten fernsehkucken.*«[353]

Helene Schubmehls Erzählung zeigt deutlich, dass hier der Zugang zeitversetzt
stattfand. Zunächst war das Fernsehschauen Sache der Männer, dadurch bedingt, dass es nicht gesellschaftlich konform ging, dass Frauen eine Gaststätte
besuchten. Damit erhielten sie erst später Zugang zum Fernsehen, nämlich mit
dem Einzug des Fernsehers in die privaten Räume. Seit Anfang der 1970er Jahre

---

351 Interviewausschnitt Ilse Caspari.
352 Interviewausschnitt Irma Klein (geb. 1919), aus Oberlinxweiler.
353 Interviewausschnitt Helene Schubmehl (geb. 1929), aus Oberlinxweiler.

habe Helene Schubmehl zu Hause einen Fernseher besessen.[354] Der Fernseher trat in vielen Erzählungen an die Stelle des Kinos. Somit traten neben musikalischen Vergnügungsmitteln wie die Tanzmusik auch andere Räume des Geschichtenerzählens in das Leben der Zeitzeugen, sei es öffentlich im Theater oder im heimischen Fernsehzimmer.

c) Der zweite familiäre Rahmen des Kinobesuchs

»*Klein: Und dann nachher habe ich meinen Mann kennen gelernt. Dann sind wir als einmal ins Kino. Und wie wir verheiratet waren, ist er gar nicht mehr ins Kino.*

Nein? War das dann gar kein Thema mehr, ins Kino zu gehen?

Klein: (fällt ins Wort) Ach, wissen Sie, das war so. Wir haben dann die Kinder bekommen und haben niemanden gehabt, der auf die Kinder aufgepasst hat. Meine Mutter war gestorben. Mein Vater wollte nicht Kindermädchen spielen. Und dann sind wir/ waren wir schon mal gezwungen zu Hause zu bleiben. Ne? Und dann haben wir einen großen Garten gehabt, sind gerne in den Garten gegangen. Wir waren mehr so für die Natur.«[355]

Mit Heirat und Kindern ändert sich insbesondere bei den weiblichen Befragten der Lebensrahmen entscheidend. Waren es zuvor die Eltern, die den Kinobesuch beeinflussten, so ist es nun die eigene Elternschaft und Rolle als Ehefrau. Die Kinogehfrequenz nimmt bei vielen Befragten in dieser Zeit völlig ab. Elisabeth Prommers Untersuchung zum Kinobesuch im Lebenslauf kam auf ähnliche Ergebnisse. »Geschlechtsspezifische Unterschiede werden in dieser Phase sehr deutlich. Das Ende des regelmäßigen Kinobesuchs fällt bei den Frauen (16n) wesentlich häufiger mit der Familiengründung zusammen als bei Männern (7n). Umgekehrt verhält es sich mit der beruflichen Situation. Bei 13 Männern fällt der Berufseinstieg mit dem Kinoende zusammen, aber nur bei 5 Frauen.«[356] Es entstehen durch die veränderte Lebenssituation neue Rückzugsräume aus dem Alltag, die auf die Familie abgestimmt sind, wie in Hilde Schubmehls Erzählungen der Garten beziehungsweise die Natur.[357]

d) Der letzte Film liegt lange zurück – Über das Ende der Kinogehzeit

»*Der letzte Film, den ich gesehen habe, war (.) in Neunkirchen und zwar war das CHINATOWN. Das ist schon ewig (!) her. Dreizig, vierzig Jahre eventuell schon, wenn nicht schon länger.*«[358]

---

354 S.o.
355 Interviewausschnitt Hilde Schubmehl (geb. 1926), aus Oberlinxweiler.
356 Prommer (1999), S. 243.
357 Interviewausschnitt Hilde Schubmehl.
358 Interviewausschnitt Inge Schmuck (geb. 1930), aus Frohnhofen.

Damit fällt Inge Schmucks letzter Kinobesuch in die 1970er Jahre. Dass sie sich noch an den Namen des Films erinnert, ist im Vergleich zu den anderen Erinnerungen untypisch. Viele können den letzten Kinobesuch gar nicht mehr genau datieren. Im Gegensatz zum ersten Kinobesuch fehlt es meist an einem besonderen Ereignis rund um den Besuch oder den gesehenen Film in Form eines Erinnerungsankers. Auf die Frage hin, wann Walter Schmitt das letzte Mal einen Film im Kino gesehen hat, geht sein Blick fragend zu seiner Ehefrau. Sie kommentiert: »Es ist lange her.«[359] Er sei das letzte Mal in den 1950er Jahren ins Kino gegangen, berichtet er nach längerem Nachdenken.[360] Er beschreibt an anderer Stelle im Interview, wie er hierfür eigens nach Saarbrücken gefahren sei, um einen kritisierten Film vorab zu sichten. Und somit endet seine Kinogehzeit in einer veränderten Rolle, denn er sieht seinen letzten Film nicht mehr rein aus Zuschauerperspektive, sondern als Begutachter für die Kreisverwaltung.

Auch Elfriede Haßtenteufel sieht ihren letzten Film in einer veränderten Rolle. An Weihnachten begleitet sie ihren Enkel ins Kino, so wie es ihre Eltern damals mit ihr gemacht haben:

> *»[...] Wann sind Sie das letzte Mal ins Kino gegangen?*
>
> *Haßtenteufel: Ich? Ei, das ist noch gar nicht so lange her. Das war an Weihnachten. Gell, Erika? (schaut nach hinten) Ja. An Weihnachten.*
>
> *Was für ein Film?*
>
> *Haßtenteufel: (hält Hände vor das Gesicht) Langsam! (Lachen) (...) Nach Neunkirchen waren wir. Also der Enkel, ihr Sohn, der wollte den sehen. Und dann sagt er: ›Mutti und Oma? Gehst du mit!?‹ Und da ich schon ewig nicht mehr im Kino war, waren wir nach Neunkirchen.«*[361]

Damit übernimmt sie nun die Rolle der Begleiterin ins Kino. Den Titel des Films erinnert sie nicht mehr, obwohl der Besuch zum Zeitpunkt des Interviews kein halbes Jahr zurückliegt. Der Kinobesuch bleibt in ihrer Biografie ein soziales Ereignis in der Familie.

e)   Der Kinobesuch im Lebenslauf

Die Analyse hat gezeigt, wie wichtig es ist, den Lebenslauf der Befragten bei der Analyse der Kinoerinnerung mit einzubeziehen. Einflüsse, insbesondere die der Familie, prägen das Verhältnis zum Kino ein Leben lang und beeinflussen damit die Erzählinhalte und -formen. Die Lebenssituation zu berücksichtigen, hilft, zwischen den Zeilen zu lesen und Funktionen der entstehenden Kinowelten

---

359 Interviewausschnitt Walter Schmitt (geb. 1915), aus St. Wendel.
360 S. o.
361 Interviewausschnitt Elfriede Haßtenteufel (geb. 1927), aus Oberlinxweiler.

näher zu bestimmen. Das Kino stellte in der Jugendzeit Treffpunkt und Erlebnisort dar. Oftmals war es die einzige Möglichkeit, insbesondere für junge Frauen, dem Alltag zu entfliehen. Ins Kino zu gehen besaß eine gemeinschaftliche Komponente und damit wird der soziale Akt stärker erinnert als der gezeigte Film. Für viele Befragten bildete im Rahmen dieser Untersuchung die Jugendzeit die Blütezeit ihrer Kinobesuche. »Ins Kino zu gehen war / das war eigentlich so ein bisschen die Krönung«, betont Elfriede Haßtenteufel.[362] Dennoch darf nicht ungeachtet bleiben, dass dies nicht bei allen Befragten so war; denn der Kinobesuch stand unter der Beobachtung des Elternhauses. Bereits die kleine, untersuchte Gruppe der Befragten zeigt eine Heterogenität in Bezug auf die Einstellungen zum Kino.

Entlang des Lebenslaufs lässt sich ein typischer Wandel der Kinogehfrequenz feststellen. Für viele Befragte endete die Kinozeit im jungen Erwachsenenalter. Es wurde zudem deutlich, dass genderspezifische Unterschiede innerhalb der Kinoerinnerungen bedeutsam sind. Frauen erzählen andere Kinoerinnerungen als Männer, bedingt durch ihre unterschiedliche Rolle in der Familie. Nach Heirat und Geburt der Kinder gingen viele Frauen immer weniger ins Kino und für viele blieb dies so bis zum heutigen Tag. Diese genderrelevanten Aspekte können jedoch an dieser Stelle nur exemplarisch angedeutet werden.

Auffällig bei der Untersuchung des letzten Kinobesuchs ist, dass häufig die Erinnerung an den ersten Kinobesuch viel lebendiger erzählt werden als die Erinnerungen an den letzten Kinobesuch. Die Blütezeit des Kinos fällt somit für die Befragten mit der großen Bedeutung des Kinobesuchs im Lebenslauf zusammen und zeigt, wie wichtig, aber auch wie heterogen die Erinnerungen an den Kinobesuch in der Jugendzeit sind.

Im Folgenden werden noch einmal wesentliche Erkenntnisse über die Narratologie der Kinoerinnerung zusammengefasst.

---

362 S. o.

Abb. 25: Das Central-Theater, aufgenommen am 7.4.2014.[363]

---

363 Fotografie erstellt von Jessica Forster (2014). Das Central-Theater schloss 1996 (vgl. »Ein leuchtender Stern am Kinohimmel«, Saarbrücker Zeitung, 26.11.2012).

8. Zur Narratologie des Kinobesuchs der 1930er bis 1950er Jahre

Das Central-Theater heute. Gitter versperren den Eingangsbereich, die verbliche Leuchtschrift strahlt abends schon lange nicht mehr, die Filmplakate in den Schaukästen sind Zeugen vergangener Kinoerlebnisse. Nichts erinnert mehr an die langen Schlangen an den Abendkassen, an das Herzklopfen bei der Ausweiskontrolle oder an die gebannten Gesichter des jugendlichen Publikums, als die Fährfrau Maria das erste Mal am anderen Ufer des Flusses den Tod erblickte. Die Fotografie des Central-Theaters steht sinnbildlich für einen verlorenen Ort, dessen alternierende Belebung durch sein Publikum längst Geschichte geworden ist. Die Erinnerungen an das Kino ihrer Jugendzeit nahmen die Zeitzeugen mit nach Hause, sie sind Teil des Generationengedächtnisses geworden. Als Memorandum an die Blütezeit des Kinos kehrten die Erinnerungen dorthin zurück, wo sie einst entstanden, nämlich in die Köpfe des rezipierenden Publikums. Innerhalb dieses Forschungsvorhabens wurde die Kinojugend der 1930er bis 1950er Jahre befragt, um Formen des Erinnerns lokaler Zeitzeugen an das Kino im Saarland herauszukristallisieren und zu typisieren. Durch Zeitzeugeninterviews gelang es, an der Schwelle eines Wechsels der Generationen einen Beitrag dazu zu leisten, das bislang wenig erforschte Feld der narrativen Erinnerung an das Kinos auf lokaler Ebene zu bestimmen, um darauf aufbauend deren Bedeutung für das kollektive Kinogedächtnis aufzuzeigen.

8.1 Ein neuer Ansatz zur Analyse der Kinoerinnerung

Die Methode des narrativen Interviews ermöglichte die Erhebung einer Kinoerinnerung, die außerhalb der archivalischen Quellen liegt; denn der Erinnerungsträger, sprich das ehemalige Publikum der 1930er bis 1950er Jahre, steht im Mittelpunkt der Exploration. Der offene Charakter des narrativen Interviews schuf den nötigen Entfaltungsfreiraum zur Entstehung von Stegreiferzählungen, um Kinogeschichten mündlich zu kommunizieren. Eine Besonderheit stellt die filmische Dokumentation der Interviews dar, die auch nonverbale Erinnerungsmodi festhält. Zur Analyse des audiovisuellen Materials wurde ein vierstufiges, interdisziplinäres Analysemodell entwickelt, das so angelegt ist, dass es im Bereich der narrativen Kinoerinnerung auf andere Forschungsfragen übertragbar ist. Das schrittweise Vorgehen von der Mikro- zur Makroebene dient als klar definierter Leitfaden, um die Analyse unter besonderer Berücksichtigung von Methoden aus der Germanistik, Medienwissenschaft und Kulturwissenschaft durchzuführen.

8.2   Ausdrucksformen der Kinonarrative

Die Analyse der Narratologie des Kinobesuchs hat gezeigt, dass Kinoerinnerungen den Erzähler vor besondere Herausforderungen stellen. Gesehenes und Erlebtes muss in Sprache geformt werden, um Erinnerungen zu kommunizieren. Zur Rekonstruktion von Kinoerinnerungen werden im Gesprächsverlauf so genannte Erzählinseln verwendet, deren Spezifika an dieser Stelle noch einmal skizziert werden sollen.

Die in sich geschlossenen Erzählinseln weisen eine spezifische Bauform auf, die sie klar in Form einer Erzählrahmung von dem restlichen Inhalt des Interviews separieren. Allein durch die spezifische Struktur der Erzähleröffnung lässt sich eine erste Typisierung der Kinoerinnerung unterscheiden, Erinnerungen an Filme und Erinnerungen an den Kinobesuch als sozialen Akt. Weitere Spezifika finden sich in der Binnenstruktur der Erzählinsel, die durch unterschiedliche Formen der Annäherung an den Erinnerungsgegenstand charakterisiert sind. Analeptisch aufgebaute »Erinnerungsspiralen« gleichen einer schrittweisen Schärfung des Blicks auf den Erinnerungsgegenstand, indem diese Form der schleifenartigen Rückwendung so lange wiederholt wird, bis der Erzähler eine für ihn größtmögliche Annäherung an seine Kinoerinnerung erreicht hat.

Um die gespeicherten Bilder im Kopf zu versprachlichen, verwendet der Erzähler vor allem Metaphern und physisches Erzählen. Mithilfe dieser Visualierungsstrategien werden Erinnerungen aus ihrer Sprachlosigkeit befreit und erzählbar gemacht. Visuelle Erinnerungen erfordern visuelles Erzählen, das Wohnzimmer wird zur Bühne des Reenactments und Wortneuschöpfungen beziehungsweise Metaphern ersetzen fehlende lexikalische Begriffe. Eine besondere Nähe zum Erinnerungsgegenstand zeigt sich durch den Wechsel in den dramatischen Erzählmodus und das resultierende Zusammenfallen von Erzählzeit und erzählter Zeit. Die Dialoge erzeugen beim Zuhörer die Illusion des Miterlebens und helfen dem Erzähler zudem bei der Strukturierung der Kinoerinnerung, indem sie wichtige Punkte im Erzählplot markieren.

Darüber hinaus sorgen erklärende Einschübe, die meist Routinen des Kinobesuchs beinhalten, für einen stabilen Rahmen, innerhalb dessen besondere, singuläre Ereignisse erzählt werden können. Solche Verzahnungen auf der zeitlichen Ebene der Frequenz finden sich auch in den erinnerten örtlichen Deixis, indem erinnerter und heutiger Ort interferieren. Diese Orte auf der Landkarte jugendlichen Lebensraums dienen als »Erinnerungsanker«, um Kinoerinnerungen zu verorten. All dies sind Ausdrucksformen eines verbalen und nonverbalen Annäherungsprozesses, die die Erzählinseln zur Kinoerinnerung charakterisieren.

8.3 Vom Wesen der Erzählinseln zur Kinoerinnerung

Die narrativen Annäherungen an den Erinnerungsgegenstand zeichnen sich durch den Umgang des Erzählers mit dem eigenen Erinnern und Nicht-Erinnern aus, der durch die Dynamik der Mündlichkeit geprägt ist. Die daraus entstehenden Charakteristika werden im Folgenden noch einmal zusammengefasst.

8.3.1 Reflexivität

Momente des Nachdenkens über die eigene Erinnerungsleistung finden sich in nahezu allen Erzählinseln. Die Reflexionsebene neben der Kommunikations- und Geschichtenebene dient dazu, mit Erinnerungslücken im Erzählen umzugehen. Darüber hinaus entstehen Kinoerinnerungen im Rahmen einer dialogischen Interaktion. Die direkte Ansprache des Zuhörers, beispielsweise in Form von Rückfragen, gleicht dabei einer Einladung zum Mitproduzieren beziehungsweise Mitbetrachten der Kinogeschichten und zeigt, dass diese nicht isoliert, sondern aus einer kommunikativen Gesprächssituation heraus entstehen. Die selbstgewählten Kommentierungen der Zuhörer im Hintergrund unterstreichen dieses Charakteristikum. Die Auswirkungen der Reflexivität auf den Erzählfluss gestalten sich jedoch ambivalent. Zum einen hilft das reflektierende Nachdenken bei der Wiederauffindung von Details im Gedächtnis. Zum anderen wird durch die reflexiven Einschübe eine Distanz zum Erzählten geschaffen, indem die Handlung der Geschichte unterbrochen wird. Diese Zäsuren im Erzählfluss wirken antiillusionistisch, denn sie lassen den Zuhörer die Gesprächssituation als Fiktionalisierungsprozess bewusst werden.

8.3.2 Fragmentierung

Kinonarrative besitzen häufig den Charakter eines Unvollständigseins. Sie gleichen einem kleinteiligen Mosaik, aus dem nur einzelne »Erinnerungssteine«

im Gedächtnis geblieben sind, die erzählerisch miteinander verbunden und geordnet werden müssen. Dies gilt insbesondere für audiovisuell geprägte Erinnerungen, denn aus Filmen sind meist nur noch einzelne, emotional aufgeladene Bilder oder Szenen im Gedächtnis geblieben. Handlungen zerbrechen, das Ende der begonnen Geschichten bleibt unerzählt. Ähnliche Fragmentierungstendenzen finden sich auch auf der rein auditiven Ebene, beispielsweise einzelne Melodielinien, die ohne Bezug auf den Filminhalt erinnert werden. Konservierungsmittel, wie die Schallplatte zum Film, lassen rein musikalische Fragmente im Gedächtnis bleiben. Das Höchstmaß an Fragmentierung findet sich in der Sprachlosigkeit. Dies geschieht immer dann, wenn die Mosaikteile nicht mehr narratologisch miteinander verbunden werden können. Sprechpausen, Satzabbrüche, aber auch Fragen, die unbeantwortet bleiben, lassen den Erzählfluss stocken oder ganz abbrechen.

8.3.3 Auswahlprozesse

Der Begriff Auswahlprozesse beinhaltet im Gegensatz zur Fragmentierung den aktivischen Entscheidungsprozess des Erzählers, nur das zu erzählen, was er in der Erzählsituation als bedeutsam empfindet. Kinogeschichten erfüllen häufig eines der beiden folgenden Kriterien: Zum einen enthalten die Geschichten in Bezug auf die Textart ein komisches Element. Darunter fallen sicherlich Geschichten, wie die Anekdote »Bei den Patres« von Martin Schmidt, in der das Stibitzen des Zuckers den komischen Höhepunkt der Geschichte bildet.[364] Zum anderen spielt das Kriterium des herausragenden Moments eine wichtige Rolle. Hierzu zählen frühe Rezeptionserlebnisse, wie Franz-Josef Denis' Geschichte zum Film DER ABTRÜNNIGE, deren erinnerte Szene mit den Geistlichen so ergreifend war, dass Denis sie in eine Erzählinsel formt.[365] Routinehandlungen ohne Bezug auf das Außergewöhnliche finden häufig keine narratologische Bearbeitung und verbleiben auf einer paraphrasierenden Ebene. Des Weiteren werden bestimmte Erinnerungsinhalte explizit ausgelassen, die nicht dem heutigen gesellschaftlichen Konsens entsprechen oder einen traumatischen Hintergrund besitzen. In Kinoerinnerungen mit nationalsozialistischen Bezügen überdecken häufig Rechtfertigungstendenzen den Erzählgegenstand, so dass keine narrativen Muster entstehen. Emotionale Erinnerungen, wie die Walter Schmitts an die Verfolgung seines Schwiegervaters, verhindern eine Versprachlichung von Erinnerungen zum Thema Nationalsozialismus.[366]

---

364 Interviewausschnitt Martin Schmidt (geb. 1926), aus Niederkirchen.
365 Interviewausschnitt Franz-Josef Denis (geb. 1927), aus St. Wendel.
366 Interviewausschnitt Walter Schmitt (geb. 1915), aus St. Wendel.

8.3.4 Fiktionalisierung

Dadurch, dass die Befragten Kinogeschichten als Erzählinseln konstruieren, machen sie sich das Erlebte zu eigen; denn fiktionale Filmplots werden im Erinnerungsprozess noch einmal transformiert und mit biografischen Details verwoben – gewissermaßen als Fiktion der Fiktion. Doch nicht nur filmische Handlungen werden angeeignet, sondern auch fremde Erfahrungen, indem beispielsweise Marianne Müller die Erinnerung ihres Mannes in ihrer erzählerischen Interpretation wiedergibt. Insbesondere durch physisches Erzählen wird der Erzähler selbst zur imaginativen Filmfigur. Fiktionalisierungsprozesse finden sich vor allem in den Verformungen der filmischen Erinnerung: Die schwarz-weißen Fingernägel der Schauspielerin färben sich rot, der Ruf des Tods nach der Fährfrau Maria wird in die erzählte Handlung hineintransplantiert. Der Effekt der Interferenz zeigt sich folglich besonders im Verschwimmen der Filmwelt und realen Welt. In Geschichten auf dem Weg ins Kino tauchen Fiktionalisierungsprozesse in subtiler Art und Weise auf, beispielsweise durch die spezielle Ordnung der Zeit in der Erzählinsel. Durch die erzählerische Einflussnahme in die Chronologie der Ereignisse werden in der retrospektiven Erinnerung spannungssteigernde Elemente konstruiert, wie es in Form der Parallelmontage in Helene Schubmehls Geschichte zum Kinobesuch mit ihren Cousinen geschieht.[367]

8.3.5 Auf der Suche nach Trittsteinen

Die Dynamik der mündlichen Erzählung gleicht einem Suchen nach Trittsteinen, wobei die Formen der narrativen Annäherung an die Kinoerinnerung dazu dienen, Erinnerungsfragmente aus ihrer Isolation herauszuführen und diese in einen rekonstruierbaren Zusammenhang einzuordnen. Kausalitäten werden geschaffen, Erklärungsversuche in die Erzählung integriert. Die Rekonstruktivität der Kinoerinnerungen ist durch die häufigen reflexiven Momente in den Erzählungen allgegenwärtig. Gehen Trittsteine, folglich die Erinnerungsanker, verloren, so können die Geschichten nicht mehr innerhalb eines Bezugsrahmens erzählt werden und die Erinnerung verstummt. Dabei verkörpern Erzählinseln mehr als eine möglichst genaue Reproduktion des Erlebten. Die zeitweilige Lückenhaftigkeit der Erinnerung versieht der Erzähler mithilfe seiner gestalterischen Fantasie, um für ihn bedeutsame kinematografische Sinnwelten zu erschaffen. Das Eigene verbindet sich mit dem Fremden. Transfigurationen und Fiktionalisierungsprozesse in ihrer erzählerischen Kraft laden den Zuhörer zum

---

367 Interviewausschnitt Hilde Schubmehl (geb. 1926), aus Oberlinxweiler.

Miterleben und Mitfühlen ein. Jedes Mal, wenn eine Kinogeschichte als Teil eines kommunikativen Prozesses erzählt wird, erfährt diese eine Modifikation. In Form einer narratologischen Mehrleistung entstehen aus der Retrospektive heraus immer wieder neue Kinowelten.

8.4 Erinnerte Kinowelten – Zwischen Individualität und Kollektivität

Die erhobenen und analysierten Kinoerinnerungen verbleiben als solche individuell und geografisch verortbar. Die Regionalität stellt für die befragte Generation eine wichtige Grundlage in der Generierung eines Erinnerungsrahmens dar, denn das Kino als Ort fungiert für die Zeitzeugen als Akkumulationspunkt auf der Landkarte ihrer Kinoerinnerungen.

8.4.1 Die Verortung der Kinoerinnerung

Biografische Kinoerinnerungen sind an einen Ort gebunden, indem sie häufig lokale Bezüge zur eigenen erinnerten Lebenswelt aufweisen. Die räumlichen Bezugspunkte auf dem erinnerten Stadtplan St. Wendels sind jedoch vielfältig – von der Filmwelt, dem Kino als Ort, den Kinowegen bis hin zum Zuhause der Erzähler. Dabei variiert durchaus auch der Blickwinkel auf den Erinnerungsort, da gerade die Kinolandschaft im ländlichen Milieu Möglichkeiten des Blicks hinter die Kulissen bot. So kommt es, dass Marianne Müller beim Kartenverkauf ihrer Tante zusah oder Walter Schmitt einen Film auf der Leinwand im Kinosaal live kommentierte.[368] Örtliche Erinnerungsanker dienen gleichzeitig als Gedächtnisstütze und Katalysator zur Generierung der Erzählung, denn häufig ist der Ort essentieller Bestandteil der Handlung. Der Erinnerungsort des Kinos der 1930er bis 1950er Jahre existiert jedoch nur noch als fiktionaler Ort in den Gedanken der Kinogänger, indem sich darin der erinnerte, historische Ort und der heutige Ort überlagern.

In den erinnerten Räumen treffen jedoch individuelle Erinnerungen auf kollektive Spuren einer Kinojugend der 1930er bis 1950er im ländlichen Raum, die Hinweise auf ein Kinogedächtnis geben.

---

368 Interviewausschnitt Marianne Müller (geb. 1937), aus Saal, und Walter Schmitt (geb. 1915), aus St. Wendel.

8.4.2   Spuren eines kollektiven Kinogedächtnisses – Das Kino als Teil des jugendlichen Erfahrungsraums

»Ins Kino zu gehen war für mich die Krönung!«, ruft Elfriede Haßtenteufel euphorisch während des Interviews.[369] Der Kinobesuch besaß eine wichtige emotionale Funktion innerhalb der Adoleszenz der befragten Generation. Ins Kino gehen zu dürfen, bedeutete, sich ein Stück weit erwachsen zu fühlen, und stellt somit ein Symbol der zumindest zeitweiligen Befreiung vom Elternhaus dar, insbesondere aus der Perspektive der weiblichen Erinnerungen. Dies zeigt sich deutlich durch den gezeigten Gruppeneinfluss auf den Kinobesuch, sei es in Form der Familie, Schule oder auch der parteipolitischen Organe. Die Filme auf der Leinwand luden zum Reisen in eine fremde Welt ein, die sich konträr zur eigenen Alltagswelt darstellte, wobei der regelmäßige Kinogang bei vielen fest zur Freizeitgestaltung gehörte. Die Ausflüge in die Filmwelt vereinen somit sowohl Routine als auch »Verzauberung«.

Ausgehend von diesen Betrachtungen finden sich in den untersuchten Erzählinseln ähnliche Erfahrungshorizonte, die in der generierten »Matrix der Kinoerinnerung« mithilfe der beiden Dimensionen Orte und Erzählperspektive zugeordnet werden können. Die »Welt der Kinowege« vereint Erzählungen zum gemeinschaftlichen Kinobesuch, die auf den Stationen zum oder vom Kino handeln. Der Kinobesuch in seiner Funktion als sozialer Akt ist hier am stärksten ausgeprägt. So spielt der Film in Geschichten wie Hilde Schubmehls »Ein Kinobesuch mit Cousinen« keine Rolle.[370] Endpunkt dieser Kinowege bilden Geschichten an den Aus- und Eingängen des Kinos. In der »Welt der Rezeption« spielt die Seherfahrung im Kinosaal eine wichtige Rolle, währenddessen es dem meist jungen Publikum schwerfiel, zwischen Realität und Fiktion zu unterscheiden. Der Kinosaal wird zum Transitort in die »Welt der Filme«, wobei es zu einer zeitweiligen hybriden Überlappung beider Welten kommt. Die letzte »Welt der Verzauberung des Alltags« weist ebenfalls hybride Strukturen auf, denn in den Erzählungen finden sich immer wieder Formen der Adaption aus der Filmwelt in die eigene Wirklichkeit. Filmgeschichten dienen als Ideengeber und Sinnstifter für die eigene Lebenswelt, wie es in den Schneiderarbeiten Helene Schubmehls zum Ausdruck kommt, deren Inspiration die Kleider der Filmstars darstellte.[371] Die Matrix der Kinoerinnerung zeigt deutlich die Erweiterung des Kinoraums in seiner Funktion über die reine Filmrezeption hinaus.

Diese Funktionswelten sind jedoch in einem historisch-politischen Kontext

---

369 Interviewausschnitt Elfriede Haßtenteufel (geb. 1927), aus Oberlinxweiler.
370 Interviewausschnitt Hilde Schubmehl (geb. 1926), aus Oberlinxweiler.
371 Interviewausschnitt Helene Schubmehl (geb. 1929), aus Oberlinxweiler.

zu betrachten. Bedingt durch die geografische Lage und historische Situation des Saarlands beeinflussen vor allem die Ideologie des Nationalsozialismus und der Zweite Weltkrieg die Entstehung und Formung von Kinoerinnerungen. So lassen emotional aufgeladene Ereignisse wie die Ankunft der Amerikaner 1945 und das damit empfundene Ende des Zweiten Weltkriegs Erinnerungen an die Routine des Kinobesuchs oder die fiktionale Filmwelt verblassen. Es zeigt sich, dass die analysierten autobiografischen Kinoerinnerungen kollektive Spuren enthalten. Kinogeschichten verweisen häufig auf Gruppenerinnerungen aus der Wir-Perspektive, in denen der gesehene Film zur Nebensache wird. Die Erzählperspektive ist somit ein erstes Indiz auf kollektive Erfahrungen. Ein gutes Beispiel hierfür sind die Geschichten zum Jugendverbot ab 18. Die ideenreichen Überwindungsversuche und damit verbundenen Konflikte mit der Erwachsenenwelt stehen sinnbildlich für Liberalisierungsversuche der damals jugendlichen Generation gegenüber der Erwachsenenwelt. Darüber hinaus lassen sich subtilere Formen kollektiver Spuren finden. Der analysierte Begriff »Rasiersitz« als generationenspezifischer Ausdruck für die vorderste Sitzreihe im Kinosaal ist in diesem Zusammenhang hervorzuheben.

Kollektive Einflüsse sind jedoch einem dynamischen Prozess untergeordnet, denn Kinogeschichten rekonstruieren sich fortwährend im Laufe der Zeit neu. So ist die Bedeutung des Kinos der Veränderungsdynamik des Lebenslaufs untergeordnet und mit jedem Wechsel der Generationen ändert sich auch der Bezugsrahmen kinomatografisch geprägter Erinnerungen an die Jugendzeit.

8.5   Ausblick – An der Schwelle zum kulturellen Gedächtnis

Die vorliegende Publikation zeigt entlang vieler Erzählbeispiele Formen des Erinnerns lokaler Zeitzeugen an das Kino im Saarland der 1930er bis 1950er Jahre und derer Bedeutung für das kollektive Gedächtnis. Am Ende bleibt ein Blick auf mögliche weiterführende Forschungsfelder. Erste Ergebnisse der Analyse deuten darauf hin, dass es im Untersuchungszeitraum genderspezifische Unterschiede in der Kinoerzählung gibt, indem Frauen anders erinnern als Männer. Dieser wichtige gesellschaftliche Rahmen konnte in dieser Arbeit nur angeschnitten werden, so dass eine detaillierte Betrachtung der Unterschiede der Formen des Erinnerns im Hinblick auf das Geschlecht lohnenswert erscheint. In diesem Zusammenhang bietet sich im Hinblick auf weibliche Kinoerinnerungen eine Genrebetrachtung über Erzählinseln zum Heimatfilm an. Letztlich ist es durch die generierte Matrix der Kinoerinnerung nun möglich, eine geografische Vergleichsstudie durchzuführen. Im Anschluss an die Untersuchung der ländlich geprägten Region St. Wendels stellt sich die Frage, wie sich die Matrix der Kinoerinnerung im Gegensatz dazu im großstädtischen Raum verhält.

Die im Rahmen dieser Forschungsarbeit aufgezeichneten Interviews gehen als Teil einer narrativen Erinnerung an das Kino in das kulturelle Gedächtnis ein. Die in einem kommunikativen Prozess angefertigten Erinnerungen haben durch die filmische Dokumentation die dazu nötige Mediatisierung erfahren. In ihrer spezifischen audiovisuell-biografischen Form leisten sie, neben den archivalischen Quellen, wie zeitgenössische Fotografien, Presseberichte und Dokumente, einen wichtigen Beitrag zur Untersuchung der Erinnerungsformen des ehemaligen Publikums an das Kino der 1930er bis 1950er Jahre. Das Zeitfenster zur Erhebung der Kinoerinnerungen ist jedoch im Begriff, sich zu schließen. Somit ist die Forschung gefragt, an der Schwelle des Wechsels der Generationen die vielfältigen Kinoerinnerungen zu konservieren und wissenschaftlich auszuwerten.

9. Abbildungsverzeichnis

10. Literaturverzeichnis

Assmann, Aleida: Das neue Unbehagen an der Erinnerungskultur. Eine Intervention. München 2013.

Assmann, Aleida: Soziales und kulturelles Gedächtnis. Vortrag im Rahmen eines Internationalen Symposiums in Berlin 2006. Online unter: www.bpb.de/system/files/pdf/0FW1JZ.pdf (Stand: 16.4.2014).

Assmann, Jan: Das kulturelle Gedächtnis. München 2013.

Boer/ Duchhardt/ Kreis/ Schmale (Hg.): Europäische Erinnerungsorte. München 2012.

Brinker, Klaus/ Sager, Sven: Linguistische Gesprächsanalyse. Eine Einführung. Berlin 2006.

Brill/ Planz/ Plettenberg/ Zimmer (Hg.): Die Nazis aus der Nähe. Marpingen 2014.

Brownlow, Kevin: Pioniere des Films: Vom Stummfilm bis Hollywood. Frankfurt a.M. 1997.

Burger, Lara: Propagandistische Kunst oder künstlerische Propaganda?. Norderstedt 2011.

Ekman, P. / W. V. Friesen: The repertoire of nonverbal behavior- Categories, origins, usage, and coding. In: Semiotica 1. (1969), S. 45.

Erll, Astrid: Kollektives Gedächtnis und Erinnerungskulturen. Stuttgart 2011.

Erll, Astrid/ Nünning, Ansgar (Hg.): Medien des kollektiven Gedächtnisses. Konstruktivität – Historizität – Kulturspezifität. Berlin 2004.

Erll, Astrid: Travelling Memory, In: Parallax 17, 4, 2011, S. 4–18.

Flick, Uwe/ Kardorff, Ernst von/ Steinke, Ines (Hg.): Was ist qualitative Forschung. Einleitung und Überblick. In dies.: Qualitative Forschung. Ein Handbuch. Reinbeck bei Hamburg 2000.

Fludernik, Monika: Erzähltheorie. Eine Einführung. Darmstadt 2010.

François, Étienne / Schulze, Hagen (Hg.): Deutsche Erinnerungsorte. München 2001.

Genette, Gérard: Die Erzählung. Paderborn 2010.

Halbwachs, Maurice: Das Gedächtnis und seine sozialen Bedingungen. Frankfurt 1985 (französisches Original: Les cadres sociaux de la mémoire. Paris 1925).

Halbwachs, Maurice: Das kollektive Gedächtnis. Frankfurt 1985 (französisches Original: La mémoire collective. Paris 1925).

Hickethier, Knut: Die Bedeutung regionaler Filmforschung für die überregionale Filmgeschichte. In: Steffens, Joachim/ Thiele, Jens/ Poch, Bernd (Hg.): Spurensuche-Film und Kino in der Region. Oldenburg 1993, S. 32 ff.

Hermanns, Harry: Die Auswertung narrativer Interviews. Ein Beispiel für qualitative Verfahren.In: Hoffmeyer, Zlotik, Jürgen (Hg.): Analyse verbaler Daten. Opladen 1992.

Keitz, Ursula von/ Weber, Thomas (Hg.): Mediale Transformationen des Holocausts. Berlin 2013.

Kirsch, Hans: Neues von Gestern. Niederkirchen im Spiegel der Presse 1863–1973. Neunkirchen 1991.

Koschorke, Albrecht: Wahrheit und Erfindung. Grundzüge einer Allgemeinen Erzähltheorie. Frankfurt a.M. 2012.

Kramer, Thomas (Hg.): Lexikon des deutschen Films. Stuttgart 1995.

Kuhn, Annette: An everyday magic. London und New York 2002.

Kuhn, Annette: Was tun mit der Kinoerinnerung? In: montage AV 19/1/2010, S. 117–134.

Kuhn, Annette: Heterotopie, Heterochronie: Ort und Zeit der Kinoerinnerung. In: Schenk, Irmbert/ Tröhler, Margrit/ Zimmermann/ Yvonne (Hg.) Film – Kino – Zuschauer: Filmrezeption. Marburg 2010.

Küsters, Ivonne: Narrative Interviews. Grundlagen und Anwendungen. Wiesbaden 2009.

Kretschmer, Rudolf: Geschichte der Stadt St. Wendel 1914–1986 (3 Bände). St. Wendel 1986.

Landsberg, Alison: Prosthetic Memory. Remembering the Holocaust in the Age of Mass Culture. New York 2004.

Lauer, Georg: St. Wendel in alten Ansichten. Erfurt 2004.

Lauer, Georg / Gräff, Franz J. (Hg.): St. Wendel. Alte Bilder erzählen. Erfurt 2000.

Lewis Wallace: Ben-Hur. Eine Erzählung aus der Zeit Christi. München 2002.

Maltby, Richard / Bitereyst, Daniel / Meers, Philippe: Explorations in New Cinema History. Wiley-Blackwell, Chichester 2011.

Martinez, Matias/ Scheffel, Michael: Einführung in die Erzähltheorie. München 2009.

Monaco, James: Film verstehen. Reinbeck 1995.

Niethammer, Lutz: Lebenserfahrung und kollektives Gedächtnis. Frankfurt a.M. 1985.

Nora, Pierre (Hg.): Erinnerungsorte Frankreichs. München 2005.

Prommer, Elisabeth: Kinbesuch im Lebenslauf: eine historische und medienbiographische Studie. Konstanz 1999.

Prümm, Karl: Ergebnisse, Tendenzen, Perspektiven. Zum Stand regionaler Forschung. In: Steffens, Joachim/ Thiele, Jens/ Poch, Bernd (Hg.): Spurensuche-Film und Kino in der Region. Oldenburg 1993, S. 19ff.

Ricoeur, Paul: Die Zeit und die Erzählung. München 1988.

Sager, Sven F.: Osnabrücker Hefte zur Sprachtheorie. Heft 70 (2005) OBST Nonverbale Kommunikation im Gespräch.

Schmidt, Oliver: Hybride Räume. Filmwelten im Hollywood-Kino der Jahrtausendwende. Marburg 2012.

Schneider, Karl Heinz/ Kießler, Stefan: Oral History. Online unter: http://www.lwg.uni-hannover.de/w/images/6/68Oral_history_Schneider_Kiessling_2003.pdf (Stand: 22.2. 2014).

Schönert, Jörg: Was ist und was leistet Narratologie? Anmerkungen zur Geschichte der Erzählforschung und ihrer Perspektiven. In: literaturkritik 4 (April 2006).

Schumann, Franz Josef: Heimatbuch des Landkreises St. Wendel. St. Wendel 1994.

Schütze, Fritz: Biographieforschung und narratives Interview. In: Neue Praxis. Kritische Zeitschrift für Sozialarbeit und Sozialpädagogik. Bd. 13, S. 283–293.

Schütze, Fritz: Was ist kommunikative Sozialforschung? Thesen zur Arbeitstagung »Regionale Sozialforschung«. In: Gärtner, Adrian/ Hering, Sabine: Regionale Sozialforschung. Modellversuch »Soziale Studiengänge« an der GhK, Materialien 12, Kassel 1978. S, 117ff.

Schütze, Fritz: Das narrative Interview in Interaktionsfeldstudien I. Studienbrief der Fernuniversität Hagen 1987.

Sprenger, Ulrike: Proust-ABC. Leipzig 1997.

Stahr, Gerhard: Volksgemeinschaft vor der Leinwand? Der nationalsozialistische Film und sein Publikum. Berlin 2001.

Strauss, Anselm/ Corbin, Juliette: Grounded Theory: Grundlagen qualitativer Sozialforschung. Weinheim 1996.

Strohmaier, Alexandra (Hg.): Kultur – Wissen – Narration: Perspektiven transdisziplinärer Erzählforschung für die Kulturwissenschaften. Bielefeld 2013.

Thiele, Jens: Der begrenzte und der weite Blick – Fragen an die regionale Filmforschung. In: Steffens, Joachim/ Thiele, Jens/ Poch, Bernd (Hg.): Spurensuche-Film und Kino in der Region. Oldenburg 1993, S. 9ff.

Vogt, Jochen: Aspekte erzählender Prosa. Paderborn 2008.

Vorländer, Herwart (Hg.): Oral History. Mündlich erfragte Geschichte. Göttingen 1990.

Welzer, Harald: Das kommunikative Gedächtnis. Eine Theorie der Erinnerung. München 2008.

Welzer/ Moller/ Tschunggnall: »Opa war kein Nazi«. Nationalsozialismus und Holocaust im Familiengedächtnis. München 2010.

Wetzel, Dietmar J.: Maurice Halbwachs. Konstanz 2009.

Weitere Zeitungsartikel und Internetseiten

Rezension über Harald Welzers Publikation »Das kommunikative Gedächtnis«: Frankfurter Allgemeine Zeitung, 08.10.2002, Nr. 233 / Seite L34. Online unter: http://www.faz.net/aktuell/feuilleton/buecher/rezension-sachbuch-wer-sich-erinnert-luegt-1550 094.html (Stand: 1.3.2014).

Kritik über den Film DER ABTRÜNNIGE: DER SPIEGEL 47/1954 vom 17.11.1954, S. 41.

Hanfeld, Michael: »Der schnellste Ben Hur aller Zeiten«, Online unter: http://www.faz.net/aktuell/feuilleton/fernsehen/neuverfilmung-der-schnellste-ben-hur-aller-zeiten-1827 774.html (Stand: 16.3.2014).

Dieckmann, Christoph: Manneszucht. Online unter: http://www.zeit.de/2007/27/Man neszucht (Stand: 8.4.2014).

Artikel »Ein leuchtender Stern am Kinohimmel«, Saarbrücker Zeitung, 26.11.2012.

Anhang

Anhang 1: Hinweise zur Transkription

Legende

(.), (...)	Sprechpause (kurz, lang)
/	Satzabbruch
(hmm)	Hörer- und Sprechersignale
(Gestik)	Hinweise auf nonverbales Erzählen, Überlappungen und sonstige Anmerkungen
(!)	Betonung
[...]	Auslassungen in der Zitierung aus dem Transkript

Anhang 2: Liste der Themenfelder der Befragung

- Angaben zur Person, Klärung des Forschungsvorhabens und des Interviewablaufs (insbesondere der Umgang mit der Kamera)

- Einstiegsfrage zum ersten Film: Erfahrungen mit dem neuen Medium, soziale Rahmenbedingungen und Ort des Kinobesuchs

- Erinnerungen an Filme: Titel, Genre, Bilder, Filmsequenzen, Handlungen, Schauspieler, Musik, etc.

- Routine des Kinobesuchs: Ablauf, Kino als Ort, Central-Theater oder Neues Theater?, Zusammensetzung des Publikums und der Mitgänger, Werbung, Preise und Sitze, Vorführtechnik, Kinobesitzer, Vorführzeiten, Länge, zielgruppenspezifische Programme, Altersbeschränkungen und Kontrollen, Konkurrenz-Angebote in der Freizeitgestaltung, etc.

- Historische und politische Rahmenbedingungen: Der Kinobesuch im Krieg, Film und Propaganda, Einflüsse der Saarabstimmung auf das Kinoprogramm, etc.

- Positionen zum Kino: eigenes Verhältnis zum Kino gestern und heute, Gründe des Kinobesuchs, Kinobesuch im Lebenslauf, Einstellungen der Familienmitglieder und anderer sozialer Gruppen wie Kirche, Schule, etc.

- Abschließende Frage zum letzten Film: Titel und Inhalt, soziale Rahmenbedingungen, etc.

Anhang 3: Liste der Interviewpartner

Anna Ulrich (geb. 1926), aus Oberlinxweiler, Hausfrau

Ilse Caspari (geb. 1927), aus Oberlinxweiler, Hausfrau

Franz-Josef Denis (geb. 1927), aus St. Wendel, pens. Schulleiter

Ria Dröse (geb. 1927), aus St. Wendel, Hausfrau

Elfriede Haßtenteufel (geb. 1927), aus Oberlinxweiler, pens. Verkäuferin

Irma Klein (geb. 1919), aus Oberlinxweiler, Hausfrau

Ilse Kraushaar (geb. 1932), aus Oberkirchen, Hausfrau

Marianne Müller (geb. 1937), aus Saal, Metzgerei-Fachangestellte

Martin Schmidt (geb. 1926), aus Niederkirchen, pens. Sparkassen-Mitarbeiter

Waltraud Schmidt (geb. 1932), aus Niederkirchen, Hausfrau

Walter Schmitt (geb. 1915), aus St. Wendel, pens. Jurist

Inge Schmuck (geb. 1930), aus Frohnhofen, Hausfrau

Helene Schubmehl (geb. 1929), aus Oberlinxweiler, pens. Schneiderin

Hilde Schubmehl (geb. 1926), aus Oberlinxweiler, pens. Verkäuferin

Lieselotte Sicks (geb. 1928), aus Oberlinxweiler, Hausfrau

Anhang 4: Liste der Filme aus den Erzählinseln

BEN HUR (USA, 1925)

BEN HUR (USA, 1959)

DER ABTRÜNNIGE (Deutschland, 1920)

DER ABTRÜNNIGE (Frankreich, 1954)

DER DRITTE MANN (Großbritannien, 1949)

DIE GOLDENE STADT (Deutschland, 1941/1942)

FÄHRMANN MARIA (Deutschland, 1935/36)

HITLERJUNGE QUEX (Deutschland, 1933)

IM WESTEN NICHTS NEUES (USA, 1930)

JUD SÜSS (Deutschland, 1940)

MAMAN COLIBRI (dt. Titel MAMA KOLIBRI, Frankreich, 1937)

PRINZESSIN TURANDOT (Deutschland, 1934)

... REITET FÜR DEUTSCHLAND (Deutschland, 1940/1941)

SA MANN BRAND (Deutschland, 1933)